智者乐水
——林秉南传

程晓陶 王连祥 范昭 等◎著

| 1920年 | 1938年 | 1943年 | 1946年 | 1956年 | 1991年 | 1997年 | 2014年 |
|---|---|---|---|---|---|---|---|
| 生于马来西亚 | 考入交通大学唐山工学院 | 在修文水电工程处工作 | 在美国爱荷华大学攻读硕博研究生 | 在中国水科院开展研究工作 | 当选中国科学院学部委员 | 获美国土木工程学会水利工程奖 | 逝世于北京 |

老科学家学术成长资料采集工程
中国科学院院士传记 丛书

# 智者乐水
## 林秉南 传

程晓陶 王连祥 范昭 等 ◎ 著

中国科学技术出版社
上海交通大学出版社

#### 图书在版编目（CIP）数据

智者乐水：林秉南传 / 程晓陶，王连祥，范昭等著．
—北京：中国科学技术出版社，2014.3
（老科学家学术成长资料采集工程 中国科学院院士传记丛书）
ISBN 978-7-5046-6478-5

Ⅰ．①智… Ⅱ．①程… ②王… ③范… Ⅲ．①林秉南
－传记 Ⅳ．① K826.16

中国版本图书馆 CIP 数据核字（2013）第 283999 号

| | |
|---|---|
| 出 版 人 | 苏 青 韩建民 |
| 责任编辑 | 韩 颖 吕秀齐 |
| 责任校对 | 刘洪岩 |
| 责任印制 | 张建农 马宇晨 |
| 版式设计 | 中文天地 |

| | |
|---|---|
| 出 版 | 中国科学技术出版社 上海交通大学出版社 |
| 发 行 | 科学普及出版社发行部 |
| 地 址 | 北京市海淀区中关村南大街16号 |
| 邮 编 | 100081 |
| 发行电话 | 010-62173865 |
| 传 真 | 010-62179148 |
| 网 址 | http://www.cspbooks.com.cn |

| | |
|---|---|
| 开 本 | 787mm×1092mm 1/16 |
| 字 数 | 260千字 |
| 印 张 | 16.5 |
| 彩 插 | 2 |
| 版 次 | 2014年3月第1版 |
| 印 次 | 2014年3月第1次印刷 |
| 印 刷 | 北京华联印刷有限公司 |
| 书 号 | ISBN 978-7-5046-6478-5/K·138 |
| 定 价 | 50.00元 |

（凡购买本社图书，如有缺页、倒页、脱页者，本社发行部负责调换）

## 老科学家学术成长资料采集工程领导小组专家委员会

主　任：杜祥琬

委　员：（以姓氏拼音为序）

巴德年　　陈佳洱　　胡启恒　　李振声
王礼恒　　王春法　　张　勤

## 老科学家学术成长资料采集工程丛书组织机构

**特邀顾问**（以姓氏拼音为序）

樊洪业　　方　新　　齐　让　　谢克昌

**编委会**

主　任：王春法　　张　藜

成　员：（以姓氏拼音为序）

艾素珍　　曹振全　　董庆九　　胡化凯　　韩建民
景晓东　　李虹鸣　　廖育群　　罗　晖　　吕瑞花
苏　青　　王康友　　王扬宗　　夏　强　　张柏春
张大庆　　张　剑　　张九辰　　周德进

**编委会办公室**

主　任：张　藜　　许向阳

副主任：许　慧　　张利洁　　刘佩英

成　员：（以姓氏拼音为序）

崔宇红　　冯　勤　　何继红　　何素兴　　李金涛
李俊卿　　李惠兴　　刘　洋　　罗兴波　　沈林苣
万红军　　王传超　　言　挺　　余　君　　张晓华
周　勇

# 老科学家学术成长资料采集工程简介

老科学家学术成长资料采集工程（以下简称"采集工程"）是根据国务院领导同志的指示精神，由国家科教领导小组于2010年正式启动，中国科协牵头，联合中组部、教育部、科技部、工信部、财政部、文化部、国资委、解放军总政治部、中国科学院、中国工程院、国家自然科学基金委员会等11部委共同实施的一项抢救性工程，旨在通过实物采集、口述访谈、录音录像等方法，把反映老科学家学术成长历程的关键事件、重要节点、师承关系等各方面的资料保存下来，为深入研究科技人才成长规律，宣传优秀科技人物提供第一手资料和原始素材。按照国务院批准的《老科学家学术成长资料采集工程实施方案》，采集工程一期拟完成300位老科学家学术成长资料的采集工作。

采集工程是一项开创性工作。为确保采集工作规范科学，启动之初即成立了由中国科协主要领导任组长、12个部委分管领导任成员的领导小组，负责采集工程的宏观指导和重要政策措施制定，同时成立领导小组专家委员会负责采集原则确定、采集名单审定和学术咨询，委托中国科学技术史学会承担具体组织和业务指导工作，建立专门的馆藏基地确保采集资料的永久性收藏和提供使用，并研究制定了《采集工作流程》、《采集工作规范》等一系列基础文件，作为采集人员的工作指南。截至2012年底，已启动247位老科学家的学术成长资料采集工作，获得手稿、书信等实物原件资料21496件，数字化资料72310件，视频资料96582分钟，音频资料104289分钟，具有重要的史料价值。

采集工程的成果目前主要有三种体现形式，一是建设一套系统的"老科学家学术成长资料数据库"（本丛书简称"采集工程数据库"），提供学术研究和弘扬科学精神、宣传科学家之用；二是编辑制作科学家专题资料片系列，以视频形式播出；三是研究撰写客观反映老科学家学术成长经历的研究报告，以学术传记的形式，与中国科学院、中国工程院联合出版。随着采集工程的不断拓展和深入，将有更多形式的采集成果问世，为社会公众了解老科学家的感人事迹，探索科技人才成长规律，研究中国科技事业的发展历程提供客观翔实的史料支撑。

# 总序一

### 中国科学技术协会主席　韩启德

老科学家是共和国建设的重要参与者，也是新中国科技发展历史的亲历者和见证者，他们的学术成长历程生动反映了近现代中国科技事业与科技教育的进展，本身就是新中国科技发展历史的重要组成部分。针对近年来老科学家相继辞世、学术成长资料大量散失的突出问题，中国科协于2009年向国务院提出抢救老科学家学术成长资料的建议，受到国务院领导同志的高度重视和充分肯定，并明确责成中国科协牵头，联合相关部门共同组织实施。根据国务院批复的《老科学家学术成长资料采集工程实施方案》，中国科协联合中组部、教育部、科技部、工业和信息化部、财政部、文化部、国资委、解放军总政治部、中国科学院、中国工程院、国家自然科学基金委员会等11部委共同组成领导小组，从2010年开始组织实施老科学家学术成长资料采集工程。

老科学家学术成长资料采集是一项系统工程，通过文献与口述资料的搜集和整理、录音录像、实物采集等形式，把反映老科学家求学历程、师承关系、科研活动、学术成就等学术成长中关键节点和重要事件的口述资料、实物资料和音像资料完整系统地保存下来，对于充实新中国科技发展的历史文献，理清我国科技界学术传承脉络，探索我国科技发展规律和科技人才成长规律，弘扬我国科技工作者求真务实、无私奉献的精神，在全社会营造爱科学、学科学、用科学的良好氛围，是一件很有意义的事情。采集工程把重点放在年龄在 80 岁以上、学术成长经历丰富的两院院士，以及虽然不是两院院士、但在我国科技事业发展中作出突出贡献的老科技工作者，充分体现了党和国家对老科学家的关心和爱护。

自 2010 年启动实施以来，采集工程以对历史负责、对国家负责、对科技事业负责的精神，开展了一系列工作，获得大量反映老科学家学术成长历程的文字资料、实物资料和音视频资料，其中有一些资料具有很高的史料价值和学术价值，弥足珍贵。

以传记丛书的形式把采集工程的成果展现给社会公众，是采集工程的目标之一，也是社会各界的共同期待。在我看来，这些传记丛书大都是在充分挖掘档案和书信等各种文献资料、与口述访谈相互印证校核、严密考证的基础之上形成的，内中还有许多很有价值的照片、手稿影印件等珍贵图片，基本做到了图文并茂，语言生动，既体现了历史的鲜活，又立体化地刻画了人物，较好地实现了真实性、专业性、可读性的有机统一。通过这套传记丛书，学者能够获得更加丰富扎实的文献依据，公众能够更加系统深入地了解老一辈科学家的成就、贡献、经历和品格，青少年可以更真实地了解科学家、了解科技活动，进而充分激发对科学家职业的浓厚兴趣。

借此机会，向所有接受采集的老科学家及其亲属朋友，向参与采集工程的工作人员和单位，表示衷心感谢。真诚希望这套丛书能够得到学术界的认可和读者的喜爱，希望采集工程能够得到更广泛的关注和支持。我期待并相信，随着时间的流逝，采集工程的成果将以更加丰富多样的形式呈现给社会公众，采集工程的意义也将越来越彰显于天下。

是为序。

# 总序二

中国科学院院长　白春礼

　　由国家科教领导小组直接启动，中国科学技术协会和中国科学院等12个部门和单位共同组织实施的老科学家学术成长资料采集工程，是国务院交办的一项重要任务，也是中国科技界的一件大事。值此采集工程传记丛书出版之际，我向采集工程的顺利实施表示热烈祝贺，向参与采集工程的老科学家和工作人员表示衷心感谢！

　　按照国务院批准实施的《老科学家学术成长资料采集工程实施方案》，开展这一工作的主要目的就是要通过录音录像、实物采集等多种方式，把反映老科学家学术成长历史的重要资料保存下来，丰富新中国科技发展的历史资料，推动形成新中国的学术传统，激发科技工作者的创新热情和创造活力，在全社会营造爱科学、学科学、用科学的良好氛围。通过实施采集工程，系统搜集、整理反映这些老科学家学术成长历程的关键事件、重要节点、学术传承关系等的各类文献、实物和音视频资料，并结合不同时期的社会发展和国际相关学科领域的发展背景加以梳理和研究，不仅有利于深入了解新中国科学发展的进程特别是老科学家所在学科的发展脉络，而且有利于发现老科学家成长成才中的关键人物、关键事件、关键因素，探索和把握高层次人才培养规律和创新人才成长规律，更有利于理清我国科技界学术传承脉络，深入了解我国科学传统的形成过程，在全社会范围内宣传弘扬老科学家的科学思想、卓越贡献和高尚品质，推动社会主义科学文化和创新文化建设。从这个意义上说，采集工程不仅是一项文化工程，更是一项严肃认真的学术建设工作。

中国科学院是科技事业的国家队，也是凝聚和团结广大院士的大家庭。早在1955年，中国科学院选举产生了第一批学部委员，1993年国务院决定中国科学院学部委员改称中国科学院院士。半个多世纪以来，从学部委员到院士，经历了一个艰难的制度化进程，在我国科学事业发展史上书写了浓墨重彩的一笔。在目前已接受采集的老科学家中，有很大一部分即是上个世纪80、90年代当选的中国科学院学部委员、院士，其中既有学科领域的奠基人和开拓者，也有作出过重大科学成就的著名科学家，更有毕生在专门学科领域默默耕耘的一流学者。作为声誉卓著的学术带头人，他们以发展科技、服务国家、造福人民为己任，求真务实、开拓创新，为我国经济建设、社会发展、科技进步和国家安全作出了重要贡献；作为杰出的科学教育家，他们着力培养、大力提携青年人才，在弘扬科学精神、倡树科学理念方面书写了可歌可泣的光辉篇章。他们的学术成就和成长经历既是新中国科技发展的一个缩影，也是国家和社会的宝贵财富。通过采集工程为老科学家树碑立传，不仅对老科学家们的成就和贡献是一份肯定和安慰，也使我们多年的夙愿得偿！

鲁迅说过，"跨过那站着的前人"。过去的辉煌历史是老一辈科学家铸就的，新的历史篇章需要我们来谱写。衷心希望广大科技工作者能够通过"采集工程"的这套老科学家传记丛书和院士丛书等类似著作，深入具体地了解和学习老一辈科学家学术成长历程中的感人事迹和优秀品质；继承和弘扬老一辈科学家求真务实、勇于创新的科学精神，不畏艰险、勇攀高峰的探索精神，团结协作、淡泊名利的团队精神，报效祖国、服务社会的奉献精神，在推动科技发展和创新型国家建设的广阔道路上取得更辉煌的成绩。

# 总序三

中国工程院院长　周　济

由中国科协联合相关部门共同组织实施的老科学家学术成长资料采集工程，是一项经国务院批准开展的弘扬老一辈科技专家崇高精神、加强科学道德建设的重要工作，也是我国科技界的共同责任。中国工程院作为采集工程领导小组的成员单位，能够直接参与此项工作，深感责任重大、意义非凡。

在新的历史时期，科学技术作为第一生产力，已经日益成为经济社会发展的主要驱动力。科技工作者作为先进生产力的开拓者和先进文化的传播者，在推动科学技术进步和科技事业发展方面发挥着关键的决定的作用。

新中国成立以来，特别是改革开放 30 多年来，我们国家的工程科技取得了伟大的历史性成就，为祖国的现代化事业作出了巨大的历史性贡献。两弹一星、三峡工程、高速铁路、载人航天、杂交水稻、载人深潜、超级计算机……一项项重大工程为社会主义事业的蓬勃发展和祖国富强书写了浓墨重彩的篇章。

这些伟大的重大工程成就，凝聚和倾注了以钱学森、朱光亚、周光召、侯祥麟、袁隆平等为代表的一代又一代科技专家们的心血和智慧。他们克服重重困难，攻克无数技术难关，潜心开展科技研究，致力推动创新发展，为实现我国工程科技水平大幅提升和国家综合实力显著增强作出了杰出贡献。他们热爱祖国，忠于人民，自觉把个人事业融入到国家建设大局之中，为实现国家富强而不断奋斗；他们求真务实，勇于创新，用科技为中华民族的伟大复兴铸就了辉煌；他们治学严谨，鞠躬尽瘁，具有崇高的科学精神和科学道德，是我们后代学习的楷模。科学家们的一生是一本珍贵的教科书，他们坚定的理想信念和淡泊名利的崇高品格是中华民族自强不息精神的宝贵财富，永远值得后人铭记和敬仰。

通过实施采集工程，把反映老科学家学术成长经历的重要文字资料、实物资料和音像资料保存下来，把他们卓越的技术成就和可贵的精神品质记录下来，并编辑出版他们的学术传记，对于进一步宣传他们为我国科技发展和民族进步作出的不朽功勋，引导青年科技工作者学习继承他们的可贵精神和优秀品质，不断攀登世界科技高峰，推动在全社会弘扬科学精神，营造爱科学、讲科学、学科学、用科学的良好氛围，无疑有着十分重要的意义。

中国工程院是我国工程科技界的最高荣誉性、咨询性学术机构，集中了一大批成就卓著、德高望重的老科技专家。以各种形式把他们的学术成长经历留存下来，为后人提供启迪，为社会提供借鉴，为共和国的科技发展留下一份珍贵资料。这是我们的愿望和责任，也是科技界和全社会的共同期待。

周济

林秉南

采集小组成员合影
（第一排左起：任定安、王连祥、何少苓、陆吉康；第二排左起：周虹、余锡平、程晓陶、范昭、周建军、向立云、尚静石。2013年3月摄于泥沙中心会议室）

2012年4月，采集小组采访原钱塘江管理局总工程师戴泽蘅
（左起：韩曾萃、王连祥、戴泽蘅。尚静石摄于浙江杭州戴泽蘅家中）

林秉南向采集小组讲解材料情况
（2012年9月，王连祥摄于北京友谊医院）

# 目 录

**老科学家学术成长资料采集工程简介**

**总序一** ································ 韩启德

**总序二** ································ 白春礼

**总序三** ································ 周 济

**导 言** ································ 1

**|第一章|林家有楠初长成** ················ 9

    人生之初 ···························· 9
    文学少年 ···························· 12
    青春转折 ···························· 14
    弃文从理 ···························· 17

　　　　大学时光 ·············· 21
　　　　结缘水利 ·············· 24
　　　　赴美留学 ·············· 29

| 第二章 | 彼岸求学游子心 ·············· 31

　　　　漂洋过海 ·············· 31
　　　　求学初期 ·············· 32
　　　　初露尖角 ·············· 35
　　　　才华闪烁 ·············· 37
　　　　良师益友 ·············· 42
　　　　执子之手 ·············· 50
　　　　海外执教 ·············· 54
　　　　回归故土 ·············· 57

| 第三章 | 艰难创业奠基础 ·············· 61

　　　　受命择业 ·············· 61
　　　　基石初奠 ·············· 66
　　　　开拓进取 ·············· 75
　　　　为人师表 ·············· 84

| 第四章 | 忍辱负重度困境 ·············· 91

　　　　厄运降临 ·············· 91
　　　　下放干校 ·············· 94
　　　　潜心文献 ·············· 96
　　　　执着探索 ·············· 99
　　　　情系钱塘 ·············· 102

| 第五章 | 重整旗鼓攀高峰 | 108 |
|---|---|---|
| | 大地回春 | 108 |
| | 勇担重任 | 109 |
| | 厚积薄发 | 114 |
| | 矢志不渝 | 118 |
| | 传道授业 | 121 |

| 第六章 | 高峡平湖遂夙愿 | 131 |
|---|---|---|
| | 结缘三峡 | 131 |
| | 论证三峡 | 135 |
| | 立言三峡 | 144 |

| 第七章 | 国际交流结纽带 | 153 |
|---|---|---|
| | 再出国门 | 153 |
| | 请进派出 | 158 |
| | 促进交流 | 161 |
| | 搭建平台 | 168 |

| 结　语 | 洒下浓荫蔽后人 | 177 |
|---|---|---|

| 附录一 | 林秉南年表 | 186 |
|---|---|---|
| 附录二 | 林秉南主要论著目录 | 204 |
| 附录三 | 我的求学之路 | 212 |

参考文献 … 228

# 图片目录

| 图 1-1 | 林秉南的父亲母亲 | 10 |
| --- | --- | --- |
| 图 1-2 | 中学时代的林秉南 | 18 |
| 图 1-3 | 2011 年，广州市第一中学领导到北京友谊医院看望林秉南 | 19 |
| 图 1-4 | 广州市第一中学院士展览墙 | 20 |
| 图 2-1 | 1948 年，在爱荷华大学水力学研究所附近留影 | 33 |
| 图 2-2 | 1981 年 5 月，林秉南接待恩师饶斯教授到中国讲学和参观 | 45 |
| 图 2-3 | 1949 年，林秉南结婚时与部分朋友合影 | 52 |
| 图 2-4 | 1949 年，林秉南与妻子王宝琳在爱荷华大学水利研究所合影 | 53 |
| 图 2-5 | 1954 年，在美国与妻子、儿子的合影 | 57 |
| 图 2-6 | "留美科协"人员合影 | 58 |
| 图 2-7 | 回国的路上在夏威夷岛上岸观光 | 59 |
| 图 3-1 | 中国科学院水工室全体人员合影 | 63 |
| 图 3-2 | 林秉南与妻子、儿女在中国水科院北院合影 | 67 |
| 图 3-3 | 水工所部分员工在水工一厅前合影 | 69 |
| 图 3-4 | 水科院领导同苏联专家林嘉耶夫合影 | 74 |
| 图 3-5 | 林秉南在水工试验的模型上 | 75 |
| 图 3-6 | 林秉南带队赴海南进行原型观测 | 76 |
| 图 5-1 | 1984 年元旦，林秉南、陈椿庭与水力学所领导班子合影 | 111 |
| 图 5-2 | 1989 年，水力学所学术会议 | 112 |
| 图 5-3 | 林秉南中国科学院院士证书 | 118 |
| 图 5-4 | 林秉南 80 华诞座谈会 | 119 |
| 图 5-5 | 原水工所老工程师新春联欢会 | 121 |
| 图 5-6 | 1981 年，林秉南与研究生在北京紫竹院公园合影 | 122 |
| 图 5-7 | 林秉南与妻子王宝琳合影 | 123 |
| 图 5-8 | 2012 年 4 月，学生在友谊医院为林秉南举办 92 华诞聚会 | 130 |
| 图 6-1 | 1997 年 11 月 4 日，塘沽天津水运科研所三峡工程 | |

| | | |
|---|---|---|
| | 模型试验现场 ········································································ | 139 |
| 图6-2 | 1999年，林秉南在清华大学三峡坝区模型试验现场 ········ | 140 |
| 图6-3 | 1997年11月12日，林秉南在清华大学三峡模型试验现场 ········ | 141 |
| 图6-4 | 三峡工程泥沙专家组2002年度工作总结会 ·························· | 144 |
| 图6-5 | 2001年，长江三峡"九五"泥沙研究表彰大会合影 ············ | 145 |
| 图6-6 | 2012年1月，林秉南同来友谊医院看望他的钱正英院士讨论工作 ········································································ | 151 |
| 图7-1 | 中国水利专家代表团访问荷兰代尔夫特水利研究所 ········ | 154 |
| 图7-2 | 二滩水电代表团访问美国科罗拉多水利电力工程研究中心 ········ | 155 |
| 图7-3 | 1984年，在日本东京参加中日河川水利学会议 ··················· | 156 |
| 图7-4 | 1985年，在清华大学举办的水库泥沙国际培训班 ··················· | 162 |
| 图7-5 | 1988年秋，在北京友谊宾馆参加高坝国际会议 ··················· | 163 |
| 图7-6 | 1989年11月，林秉南在第四次河流泥沙国际学术讨论会上发言 ········································································ | 164 |
| 图7-7 | 1992年，林秉南在印度普纳第8届亚太地区国际水力学大会上作主旨报告 ········································································ | 165 |
| 图7-8 | 1992年，林秉南在印度普纳参加第8届亚太地区国际水力学大会，在主席台就座 ········································································ | 165 |
| 图7-9 | 中日双边环境流体力学国际研讨会合影 ·························· | 166 |
| 图7-10 | 1998年9月7日，流域综合治理国际研讨会参会人员合影 ········ | 167 |
| 图7-11 | 国际泥沙研究中心在北京友谊宾馆科学会堂召开第一届顾问委员会会议 ········································································ | 168 |
| 图7-12 | 国际泥沙研究培训中心第一届顾问委员会成员在杭州考察 ········ | 169 |
| 图7-13 | 1987年，在北京举办冲积河流数学模型高级国际研讨班 ········ | 170 |
| 图7-14 | 1991年，水利部副部长张春园在北京会见出席亚洲地区流域治理投资政策研讨会的各国代表 ··················· | 171 |
| 图7-15 | 2000年，林秉南在北京参加洪泛平原及湿地开发与治理国际研讨会 ········································································ | 172 |
| 图7-16 | 林秉南被授予世界泥沙学会荣誉会员 ·························· | 176 |

# 导 言

## 传主简介

林秉南，1920年4月21日生于马来西亚，是我国著名的水力学与河流动力学专家。现任中国水利水电科学研究院名誉院长，中国科学院资深院士。早年留学美国，长期从事水力学及河流动力学研究。他的研究涉及明渠不恒定流、高速水流以及泥沙运动力学等方面，为我国水利科学的理论研究及其工程应用、为应对和解决三峡工程建设中的泥沙问题、为推动海内外水利科技界的学术交流和中国水利走向世界做出了重大贡献。

## 学术经历和主要贡献

林秉南的学术经历可以分为：留学美国、回国创业、逆境自强与大展宏图四个阶段。

### 留学美国

1946年林秉南抵达美国爱荷华大学，1947年在普赛（C. J. Posey）教授指导下开始硕士论文研究，通过对比利时人马素（J. Massau）特征理论的研究，开创性地提出了计算明渠不恒定流的指定时段构造特征线网法。此项成果于1949—1976年先后被收入美国、日本的学术专著。

1948年，林秉南在导师麦克南（J. S. McNown）教授指导下开始研读博士学位，题目确定为泥沙群体沉降速度的研究。林秉南第一次通过较准确的实验证实了泥沙沉降中浓度效应的存在。他还认识到泥沙颗粒雷诺数是研究浓度效应的另一重要参数，以奥辛方程为基础扩展了原来的近似分析，改变了以往的泥沙沉速公式只适用于单颗粒在无穷介质中沉降的状况。林秉南的博士论文后续在饶斯教授指导下完成。1951年8月博士论文获得通过。

在爱荷华水利研究所工作期间，林秉南通过近两年的输沙试验，发现水沙运动同时达到恒定均匀需要较长过程。在泥沙研究负责人拉尔森（E.M. Laursen）的咨询下，林秉南还设计了供试验室使用的精密泥沙取样器，可在流量高度稳定的水流中沿水深提取沙样，结果发现在床面附近泥沙浓度高度不稳定。1952年林秉南转入科罗拉多州大学工作后，将已有的经验移植到该校，写成的报告因资料可靠曾被广泛引用。

**回国创业**

1956年，林秉南担任中科院水工室水力学组副组长。根据国内解决非恒定流问题的需要，撰写"明渠不恒定流的解法和验证"，刊登在《水利学报》1956年的创刊号上。同时按照国内高坝建设的需要，组织编译出版了120万字的高速水流论文译丛，成为当时该领域唯一的专业参考文献。1958年担任水利水电科学研究院水工所副所长，主持完成了中国第一座高速水流试验用大型活动陡槽的设计。水槽长约15米，变坡幅度约57度，最大流速约19米/秒，为当时世界上3座试验用大型活动陡槽之一。

他领导的研究小组提出了掺气水流浓度和速度的测量方法。他在高坝溢流边界层问题的研究中，首次认识了它的自模性质，应用紊流自模理论简化了计入水流加速、减速影响的掺气发生点计算，提出了等空穴数溢流坝面曲线。

1958年，他受命进行长江三峡水库突然泄放对下游影响的试验研究。提交并发表了"长江三峡水库水体突然泄放问题研究"、"三峡洪水演进计算方法研究"，不仅为三峡工程论证提供支持，而且为研究溃坝问题打下基础。

### 逆境自强

"文化大革命"初期，林秉南及其家属受到无情冲击，科研与行政工作的权利均被剥夺。尽管身处逆境，但他从未放弃对科研工作的追求。1972年从五七干校返回北京后，他回原单位无果，被安置到情报所做资料的整编工作。他将国外有关水库过鱼工程的文献编译成册，为葛洲坝工程选择适宜的过鱼方式提供了参考。同时，他在查阅了大量资料基础上，编写出"国外高水头泄水建筑物"，成为当时国内高坝建设的一份重要的参考文献。

1973年根据钱塘江口整治的需要，林秉南再次参与了钱塘江涌潮的计算分析工作。1974—1977年，他指导并参与浙江河口海岸研究所相关研究工作，开发出了二维潮汐水流的数学模型和一维潮流输沙的动床模型，为钱塘江河口开发与治理做出了重大贡献。

### 大展宏图

"文化大革命"后，林秉南重返科研工作岗位。1977年起任清华大学水利系兼职教授；1978年参加全国科学大会，并荣获先进个人称号。以后，先后任水科院水力学所所长、水科院院长等重要职务。1991年当选中国科学院院士。这一时期是他学术生涯中又一个厚积薄发的活跃期，此间撰写的学术论文占2000年出版的《林秉南论文选集》总篇数的2/3。

（1）1985年他主持完成的《宽尾墩、窄缝挑坎新型消能工及掺气减蚀的研究和应用》获得全国科技进步奖二等奖（水力学所集体），宽尾墩是他与龚振瀛于1973年在工程实践中共同发明的，后来又参考国外的经验，指导水力学所开展一系列试验研究，改变了高坝泄洪消能传统概念与方法，开发出新型消能工系列成果，为中国高坝建设提供了有效的技术支撑，该成果已成功用于安康、潘家口、岩滩等水电站的泄洪建筑上，使中国在高坝泄洪消能方面走进了世界的前列。

（2）1980年他与浙江河口所合作运用特征理论法分析杭州湾潮流运动，研究成果"河口建坝对毗邻海湾潮波影响的计算"获省二等奖。从1981年起他指导研究生在国内首次将破开算子法应用于二维非恒定流的计算，逐步开发出多用途、成系列的数学模型，并已成功运用于杭州湾、长江口、珠江口、鸭绿江口、渤海湾、太湖、重庆港等水域。

（3）他是国内最早开展溃坝波研究并进行实体模型试验的学者。他在1958年三峡工程溃坝水流研究的基础上，从1978年起指导研究生对溃坝水流的解析方法进行研究，并取得较大进展。该成果2008年在处理汶川地震堰塞湖过程中曾发挥作用。

（4）自1985年起，林秉南先后担任了长江三峡工程泥沙论证专家组组长，三峡工程泥沙专家组组长、顾问，协调几十位专家和组织全国的大专院校和科研院所的上百名科研工作者进行了三峡工程的泥沙研究，为三峡工程上马和建成后的运行提供了科学依据，为三峡工程建设做出了重要贡献。

（5）在改革开放初期，林秉南大胆邀请一批国际著名学者来华访问讲学，并用英文撰写了一批高水平的论文，在各种国际会议上介绍我国水利科技的成果。1983年他率团访日促成的中日河工坝工会议至今已成功举办26届；在他积极推动下，1984年国际泥沙研究培训中心在北京成立，林秉南兼任中心顾问委员会主席，为开展国内外学术交流搭建了重要的平台。1987年带团参加第22届国际水利与工程研究协会（IAHR）大会期间，与台湾代表见面，开创了海峡两岸水利学者交流的先河。1991—1996年起担任IAHR亚太地区分会主席，1997年获得IAHR终身荣誉会员奖。

## 采集工作的情况与成果

中国科协"老科学家学术成长资料采集工程"正式启动后，林秉南先生于2011年被列入采集对象。他所在单位中国水利水电科学研究院对此高度重视，组织成立了由中国水利水电科学研究院、国际泥沙研究培训中心、清华大学等相关人员组成的采集小组。采集小组从2011年10月正式开始工作。由于林秉南自2010年底一直住院治疗，为了尽量得到第一手资料，按照中国科协提出的"完成抢救工程"的要求，我们的工作思路是先采访林秉南本人和现在年龄已高的当事人，再进行各种档案和资料的查询和搜集。具体情况是：

### 资料采集

（1）首先对林秉南本人按计划分8个方面44条内容进行了8次访谈

（录音 685 分钟），每次 1 小时以上。虽然林秉南一直住在医院，但是他对此项工作非常配合，我们把 8 次口述访谈的录音记录按照内容进行了分类整理，并添加了小标题。

（2）对林秉南工作单位的同事、学生、秘书、同行专家召开座谈会（录音 147 分钟），并整理成录音记录。

（3）在林秉南的子女回国探亲期间分别对他们进行了访谈（录像 98 分钟），同时向他们征集到了各类资料和照片。

（4）查阅了林秉南所在的中国水科院的人事档案，抄写了重要资料，复制的资料包括：博士学位证书、在国外大学的聘书和荣誉证书；回国早期自传、入党志愿书、履历表、出国审批表、院士当选证书等 55 页。

（5）查阅了中国水科院资料档案室，检索出 1958 年以来林秉南完成并提交的科研成果报告 57 卷，17427 页。

（6）从林秉南的计算机中收集到的电子文件包括：自传底稿、回忆、林秉南父亲的资料、林秉南夫人王宝琳的自传、本人早期的照片、高中毕业证书的扫描件、王宝琳父亲王琎的资料，还有不同时期针对黄河、珠江、三峡工程等的研究底稿、诗歌，在不同时期与国内外的老师、同行、学生和家人的来往信件等。

（7）搜集到林秉南关于"三峡工程建设"的有关信件、文章、发言等电子稿 96 篇和已发表论文 94 篇的目录和全文。

（8）派人赴广州到林秉南所在的小学和中学等进行了实地采访，并联系林秉南在广州的亲属，并对采集成果进行了整理。

（9）走访了相关的老部长、老院长、老领导、老同学、老同事等水利专家，进行了录音、录像采访（录音 300 多分钟），了解林秉南在我国水利建设中作出的贡献。

（10）走访国际泥沙研究培训中心，了解国际泥沙中心的创建及与国际组织的合作情况，进行录音采访 60 分钟。

（11）赴浙江河口海岸研究所及浙江大学进行了调研，进行了录音采访 160 分钟。

（12）走访国务院三峡工程泥沙专家组多位老专家，了解了三峡论证及三峡工程泥沙问题研究和应对中林秉南所作出的贡献，进行视频采访120分钟。

（13）从林秉南就读大学（西南交通大学前身）收集到当年毕业生名册与成绩单。

（14）与林秉南在美国留学的爱荷华大学联系，收集到部分论文原稿复印件。

**采集成果的使用**

通过对到目前为止已搜集到的资料认真整理、研读，提炼成一个资料长编，在进行考证、筛选和精炼后形成了大事年表。对于撰写研究报告如何使用这些资料，我们进行了认真的分析，资料大约分为5部分。

第一部分，个人内存资料。在林秉南的积极配合下，我们在他的计算机里，找到了几十份本人在不同年份写的回忆、自传、诗歌、信件、老照片等，这些材料虽没有公开发表过，但对于我们研究林秉南的学术成长过程是非常宝贵的，也是撰写报告的基础素材。

第二部分，本人访谈记录。共分8部分。这些材料是第一手资料，很宝贵。但由于林秉南年事已高，有些情况也难免记不清楚，与文字资料有差异。因此，引用时要进行甄别，特别是历史事件，要反复核对后使用。

第三部分，人事档案资料。包括：在中国水科院入职时填写的简历；20世纪50年代提交给组织的自传；博士学位证书复印件等等。这些档案资料也是撰写报告时可以直接使用的资料。

第四部分，访问子女，相关单位和领导、人员的材料。在这些访谈的材料中，有一些可以作为旁证材料使用，也有的材料由于是间接的原因，历史事件和时间有出入，使用时需要尽量找到文字根据。

第五部分，采访相关的老领导、老专家、老同事的材料。经过整理，选用部分内容可以作为撰写中的同行评价和编写中的重要内容。

由于林秉南及其亲属的积极配合，中国水科院和各相关单位领导、专家等的大力支持，我们的采集工作获得了大量第一手资料，对我们还原传主生平经历有很大帮助，也为研究报告的撰写奠定了良好的基础。

## 研究报告的思路与框架

林秉南学术成长研究报告的撰写如同一项复杂的工程，由于时间跨度大，历史背景复杂，即便是资料采集和梳理都不是件容易的事。因此，最初对如何写好报告心中无数。然而随着资料采集工作的深入，我们意识到，先生的学术成长过程不仅艰辛和复杂，而且动人和传奇。研究报告的撰写无需做技术处理，只要以史实为依据，以时间为线索，将各时期的典型事件串联起来，在历史背景的衬托下，表达出先生学术成长的不凡经历，反映出他为国家、为人民作出的卓越成绩与贡献，体现出他求学专研、待人接物的优秀品质，对于后人就有很好的教益。我们认识到林先生的成长经历，不仅要表达个人的努力，还要反映时代与历史、家庭与国家、师长与同仁对他的影响。基于这个认识，我们按时间顺序将先生学术成长的过程分为青少年时期、国外留学、回国创业、"文化大革命"期间与改革开放等五个阶段，又根据各阶段学术活动的主要内容，将报告分为七章，即：林家有楠初长成、彼岸求学游子心、艰难创业奠基础、忍辱负重度困境、重整旗鼓攀高峰、高峡平湖遂夙愿、国际交流结纽带。其中每一章都要围绕中心思想展开。将家庭背景、求学历程、师承关系、科研环境、学术交往、同行评价及重要的思想转变等内容穿插其中，尽量使内容充实、语言生动。

林秉南的一生如同一幅富有传奇色彩与深刻寓意的画卷，如果真的能将这幅画卷掀展开来，我们就心满意足了。

## 项目执行说明

林秉南学术成长资料采集小组的负责人是中国水利水电科学研究院的副总工程师程晓陶，参加项目工作的主要人员（按姓氏笔画排列）有：王连祥、向立云、任定安、刘树坤、何少苓、余锡平、陆吉康、范昭、周虹、周建军、尚静石、程晓陶。在资料采集和报告撰写中，采集小组的成员分工合作，充分发挥了集体的力量，按要求完成了林秉南学术成长资料采集项目的全部工作。项目工作自始至终得到了中国科协有关部门的指导、中国水科院领导和相关部门的大力支持。

　　资料采集工作：王连祥、向立云、任定安、刘树坤、何少苓、余锡平、陈业平、陆吉康、范　昭、周建军、尚静石、程晓陶

| | | |
|---|---|---|
| 研究报告总统稿 | 撰写人：程晓陶、王连祥、何少苓、范　昭 |
| 导　言 | 撰写人：范　昭 |
| 第一章　林家有楠初长成 | 撰写人：向立云、周　虹 |
| 第二章　彼岸求学游子心 | 撰写人：陆吉康、周　虹 |
| 第三章　艰难创业奠基础 | 撰写人：王连祥、周　虹 |
| 第四章　忍辱负重度困境 | 撰写人：程晓陶、任定安 |
| 第五章　重整旗鼓攀高峰 | 撰写人：刘树坤、时启燧、王连祥 |
| 第六章　高峡平湖遂夙愿 | 撰写人：范　昭 |
| 第七章　国际交流结纽带 | 撰写人：王连祥 |
| 结　语　洒下浓荫蔽后人 | 撰写人：程晓陶、范　昭 |
| 附录一　林秉南年表 | 撰写人：范　昭、尚静石、王连祥 |
| 附录二　林秉南主要论著目录 | 撰写人：周建军、尚静石 |
| 附录三　我的求学之路 | 整理人：程晓陶 |
| 参考文献 | 撰写人：尚静石 |
| 全部采访录音整理 | 撰写人：尚静石 |
| 全部资料数字化归档 | 归档人：尚静石 |

# 第一章
# 林家有楠初长成

## 人 生 之 初

1920年4月21日,马来亚(现马来西亚)挂罗庇叻的华侨公立学校校长林黄卷[①]一家忙碌而喜庆。长子的诞生,让已育有一女的林黄卷喜不自禁。

林黄卷为新生儿取名秉兰,其音与出生地庇叻相近。大概是兰字女性化成分明显,加上福建方言中"兰"、"南"的发音相同,后改名为秉南。

林秉南的父亲林黄卷,生于清光绪十八年(1892年),祖籍福建莆田洋尾乡(今福建莆田白塘镇洋尾村)。福建人以吃苦耐劳、正直仁义、重视教育、富于探索精神著称,这些品德在他身上皆有体现。母亲黄坤仁,为林家育有一女二男,长女林雪兰(1918年生,参加工作后改名林畹),

---

① 林黄卷(1892-1968),字经农,福建莆田人。早年加入中国同盟会,追随孙中山先生,1924年1月出席国民党第一次全国代表大会,并当选国民党中央监察委员会秘书,20世纪50年代初,在广州参加国民党革命委员会。

图 1-1　林秉南的父亲母亲

长子林秉南（1920 年生），次子林秉芎（1922 年生）。

林黄卷家境贫寒，但聪颖好学。幼时，常常与长兄共同协助父亲打造银饰。1905 年，林黄卷 13 岁才得以进入涵江铸新小学读书。1909 年，17 岁时考入县城里的官立兴郡中学堂[①]。其间，每周一早晨，天还未亮，便扛上一袋红薯，步行几十里到城里中学念书。因住校自炊，一袋红薯便是他一周的伙食。周末回家，仍会主动帮助其父打银器。如此艰难求学，成绩依然优异。1913 年中学毕业后，考取了位于省城福州的福建法政学堂[②]。

林黄卷的青少年时期，中国正处于社会大动荡中，满清王朝腐败无能，西方列强肆意侵略，百业凋敝民不聊生。1894 年，中日甲午战争中国战败之后，"祖父对清廷的腐败以致败于日本，痛心疾首。在家中经常评论清廷腐败，训勉子女要自强，为父亲林黄卷青年时期即参加反清的革命活动，播下种子。"[③] 1911 年 5 月，因反清而远下南洋避难的林师肇[④]奉孙中山之命从马来亚槟榔屿回到莆田，秘密发展同盟会组织，积蓄革命力量，图谋举事。还在中学念书的林黄卷受其影响，毅然加入了同盟会，承

---

[①] 兴郡中学堂，创办于清光绪三十二年（1906），初名官立兴郡中学堂，1973 年定名为福建莆田第一中学并沿用至今。

[②] 福建法政学堂，创办于清光绪三十三年（1907），是福建历史上出现最早的法学高等教育学校。

[③] 林秉南：关于林黄卷的文史资料，存于采集工程数据库。

[④] 林师肇（1882-1924），乳名阿麟，俗名邦尾（丰美）麟，笔名香宇（一说字香宇），莆田城关东门外坂尾村人。兴郡中学堂首届生，因组织反清活动被开除。时任兴化同盟会会长。林黄卷加入同盟会的介绍人。

担起联络兼宣传的工作①。辛亥革命爆发后,同盟会福建支会认为,响应武昌起义的条件已经成熟,必须在省城福州抓紧发动武装起义。遂于1911年11月4日,正式组织了学生敢死炸弹队、学生洋枪队、民团联合救火队、学生体育队、民团义勇队、闲散官兵先锋队等,准备与起义新军协同作战,林师肇被推举为炸弹队队长,林黄卷随之参加了光复之役。

1913年,孙中山发动"二次革命"讨伐袁世凯,失败后许多革命党人远避海外。1915年,林黄卷辍学在家,与黄坤仁完婚后,偕妻南渡新加坡、马来亚一带谋生。最初在华人集中的马来亚挂罗庇叻华侨公立学校担任教员。除教国文外,他还兼任音乐和体育教师。音乐教员必须会弹风琴,他每日早起晚睡,自己苦学风琴,不久,练就了右手弹奏正曲、左手弹奏和音的本领。校董邓泽如②还要求学校在节假日派出铜乐队参加游行,为此林黄卷每天早上到空旷无人处自学吹喇叭和打鼓。经过努力也能吹成调子,并帮助学校建立了铜乐队,参加编队游行。

恰逢学校要向华侨募捐,校董邓泽如让林黄卷起草一份募捐书。他尽己所学,悉心起草了一份四六骈文,文情并茂,募捐效果很好,得到了邓泽如的高度赏识。从此升任校长并兼任校董的私人秘书。在林秉南印象中,父亲是一个苦干、有毅力的人——"一个人教语文、算术、外文、体育,还教柔软操。为了学会风琴,他每天早晨5点就起来练习。"③

后来,林黄卷除教书外,周末还和兄弟驾车去马来亚垦殖橡胶园并开采锡矿。

校董邓泽如系孙中山先生在南洋筹饷革命总机关主任,主持为孙中山讨袁护法筹集军费。经邓泽如介绍,林黄卷于1920年加入中华革命党,兼任南洋筹饷革命总机关秘书,帮办筹饷,支持孙中山反北洋军阀的斗争。

1921年,讨袁胜利后,孙中山在广州成立大元帅府,就任非常大总统,召集筹饷会人员回国工作。因有开采锡矿的经验,林黄卷也应召返回

---

① 林黄卷简历。存于采集工程数据库。
② 邓泽如(1869-1934),字远秋,号泽如。清光绪年间,以契约劳工身份到马来西亚谋生,逐步发展成为南洋知名的实业家。1907年,加入同盟会,时任马来西亚分会会长。为孙中山领导的革命数次筹款,接济军费。
③ 林秉南:关于林黄卷的文史资料。存地同①。

广州，任孙中山大元帅府内政部矿务科科长。次年，妻子携女儿林雪兰与1岁的林秉南回到国内，一家人重新团聚，定居广州。1924年1月，林黄卷当选为国民党第一次全国代表大会代表，并出席会议。1924年3月，任广州中央党部监察委员会秘书。林黄卷在孙中山大元帅府任职期间，继续利用晚上的时间念业余大学，学习法律。因学习成绩优异，免考毕业。

林秉南的母亲黄坤仁，因其父亲早逝，家庭贫苦，只念到高小就辍学。后来在福建涵江基督教会举办的成人文化班学会罗马字拼音法（类似现在的汉语拼音法），可以用拼音通信。

从家贫辍学到身任校长，从经营实业到政府任职，父亲林黄卷白手起家、艰苦创业、努力改变自身现状到事业有成的每一分努力，既给了林秉南成长成才的良好家庭影响，也赋予了林秉南从小就不怕从零开始，努力通过自身努力去改变环境的愿望和勇气，父亲的言传身教早已内化为根植于骨髓的品行和气质，影响着他的成长和人生道路，为他日后在学术研究与事业发展中执着追求、勇于开拓种下了种子。

## 文 学 少 年

1922年6月16日凌晨，陈炯明发动羊城兵变。面对叛乱后的险境，林黄卷决定带家人到香港避难。到港后，林黄卷继续随邓泽如参加筹饷平叛，任香港讨陈机关筹饷员，支持孙中山反对陈炯明叛乱的斗争。

在林秉南的记忆里，儿时的广州"一年之中总会有一二次在凌晨被密集的枪声惊醒"。记得一天早上，枪声四起，乱兵放火烧屋，火势向自家蔓延过来，父母又不在家，危急时刻，7岁的姐姐"很有决断，找了几件姐弟换洗的衣服，打了个小包袱斜挎在肩上，身无分文，便一手牵一个弟弟，从自家住的三层楼下到街上，去街西头约300米处的'善堂'躲避。"三个孩子惊恐不安地蹲在善堂的大墙角边，直到从人群里看见慌忙寻找的父母，姐姐才"大哭起来"①。

1924年，叛乱平复后，林黄卷返回广州，担任孙中山大本营财政部参事。时年5岁的林秉南进入仰忠街附近的广东省立女子体育学校附属幼稚园。次年1月，林秉南入读广东女子体育学校附属小学，姐姐和他先后在此就读，期间互相照应。

1928年9月，林秉南转入广州市立第67小学就读。天资聪颖、家教良好的林秉南小学学习成绩一直名列前茅。林秉南的母亲喜爱读诗。每当父亲在晚饭后为全家讲解诗文时，她都十分专注。每次听到刘禹锡的"朱雀桥边野草花，乌衣巷口夕阳斜。旧时王谢堂前燕，飞入寻常百姓家。"时，母亲都唏嘘不已，泫然欲涕。后来林秉南还常见她在家务之余披卷阅读这首诗。受父母影响，他自幼喜爱古文、旧诗和书法，从小学四年级（9岁）开始读古文评注、唐诗和千家诗，也学会了平仄和绝诗与律诗的格式，10岁时已能作旧体诗。他回忆道：

> 上小学因为有小聪明，不用怎么学就排在前面了。举个例子，小学四年级老师教古文，在课堂上领大家读两遍，我就背下来了。对我来说，古文文字优美、朗朗上口，比白话文好背。②

在这样的家庭环境下，幼时的林秉南打算以后学文科，所以小学时对数学成绩只求及格。加上自己不打算做外交官，而且鄙视买办，他对英文也不感兴趣。

1931年9月，12岁的林秉南考入广州市立师范学校③附中初中部。刚上初中时，林秉南对不感兴趣的课程基本不下功夫，功课一般都不做或者做得很马虎，差不多每门课程都不及格，成绩几乎是全班最后一名。

贪玩是孩子的天性，加上父亲在外任职，无拘无束的林秉南在初中的

---

① 林秉南：追念大姐林畹，存于采集工程数据库。
② 林秉南访谈，2011年10月13日，北京。存地同上。
③ 广州市立师范学校，创办于1921年。1931年7月林砺儒任校长，以民主思想办学，重大校务用民主方式决定，在学生中提倡思想自由，颇得学生爱戴和社会人士推崇。

第一章　林家有楠初长成

前两年将这种天性发挥得淋漓尽致，喜欢打篮球、踢足球、放风筝及看电影。每天放学先去踢足球或者打篮球，玩够了，耗到玩伴都已离去，他才回家。回家后接着放风筝。一般孩子放风筝都会拽着风筝线跑，林秉南就在家里的晒台上放，晒台很小，但他的技术很高，不用跑，站在小晒台上放，风筝也能飞得很高，一直放到风筝消失于视野。

初一时，每一次老师在课堂上对林秉南提问，他大多是答非所问，或者即兴发挥、不得要领。因此，每一次答题都惹得同学们哄堂大笑，后来发展到只要老师一叫他的名字大家就笑起来。

爱好体育和文学的少年林秉南，有着玩的技术和文学的天赋，却似乎不善于学。如果没有后来日本侵华事件的影响，他很可能像父亲一样走人文道路，或许在文学方面有所建树。

## 青春转折

林秉南升入初二后，当时的广东省政府要以广州市立师范学校为基础，建立广东勷勤师范学院。为此，将北京师范大学的教务长林砺儒先生请来，筹建师范学院兼任中学部校长。林校长德高望重（新中国成立后，曾任教育部副部长），为学校请来了一批优秀教员，学校面貌焕然一新。

新来的数学老师方斗垣先生，是广州中学数学界的"八大天王"（即最好的八位数学老师）之一。他第一天上课就对全班进行测验，发现孩子们的基础太差（初中一年级时，因学校聘不到数学教员，由化学老师代课）。方老师便从头教起，用两年的时间把初级代数、平面几何和平面三角等初中三年的数学课程教完。方老师教学条理清晰，声音洪亮，善于吸引学生的注意力，学生们上课都很专注。在方老师执教的两年中，学生们对数学的兴趣都普遍增加，星期天还常有近一半的同学主动回校，在教室集体做功课，互相讨论。全班数学水平显著提高。一向对数学漫不经心的林秉南，也开始转变为学数学的积极分子。

新来的英文老师黄云蔚兼任林秉南的班主任，他特别重视英文文法教学。当时的初中英文课本，并不注重语法，因此黄老师讲课常常越出课本范围。他会选一些句子作图解，使学生了解句子的结构。对主语、谓语、宾语等文法名词，他会直接引用英文。他要求同学们去旧书店买英国人Nestfield为印度学生编写的文法课本[①]作为补充读物。这套文法课本共4册，他从最浅近的第三册开始教授。进入初中三年级后，黄老师提出每周6天、每天早上7—8点，为学生补习纳氏文法最完备的第二册。他的义务补习使学生的英文文法水平远远超出当时对初中毕业生的要求。也正是黄老师"像学几何定理那样学文法"的严格要求，为林秉南打下了良好的英文文法基础。

作为班主任，黄云蔚老师还很注重学生的德育教育，经常在下课前留出10分钟和学生谈心，鼓励他们爱国和注意体育锻炼。他自己也以身作则，每天坚持晨跑和打球。同时，对学生的行为养成也提出了严格要求，比如，不许大声喧哗、不许随地扔杂物、不许随地吐痰，甚至不许在街上吃零食等。黄老师还要求学生写日记，并规定用毛笔书写，然后用红笔批还，这对林秉南中文写作能力的提高和书法的改进帮助很大。

新来的教语文的叶老师常常在讲完课文后，结合诗词，讲一些富有启发性的故事。他选用王国维三句宋词，表达做学问的三个阶段："昨夜西风凋碧树，独上高楼，望尽天涯路"；"衣带渐宽终不悔，为伊消得人憔悴"；"众里寻他千百度，蓦然回首，那人却在灯火阑珊处"。十几岁的林秉南第一次听得此三个阶段的说法，很受感染，体会出做学问必须努力的含义，也从中感受到了中国文学文字的优美和魅力。如今回忆起自己的初中时光，年逾九旬的林秉南，仍铭感这些老师给过自己的教诲和帮助。

苏联著名教育家凯洛夫曾在他的专著《教育学》中写道："天赋仅给予一些种子，而不是既成的知识和德性。这些种子需要发展，而发展是必须借助教育和教养才能达到的。"林秉南在他初中后两年遇到的这些良师，正可谓是浇灌了他的天赋、让这些种子慢慢破土萌芽的春雨。可见，良师

---

① 《纳氏文法》即《纳氏英文法》，指的是英国人纳斯菲尔德（J.C.Nesfield）编写的一本英语语法著作，原名是 *English Grammar Series*。

注重对学生为人品德、好学情趣的培养，也是他得以成才的重要因素。

除了良师的出现，家庭的变故也是促成林秉南学习状况转变的重要原因。父亲林黄卷当年应招回国后，赞同孙中山"联俄、联共、扶助农工"的三大政策，并积极宣扬，连续当选为国民党一大、二大代表[①]。1925年孙中山病逝之后，林黄卷不满国民党右派的行为，即遭排挤，1928年9月至1930年底，一度重返马来亚整理橡胶园和店务。1931年回国后，再次当选为国民党四大代表，曾任中央党部执行委员会秘书，1932年4月被下放，先后担任海丰、博罗两县县长，两处任职都未超过半年，皆因任职期间严惩了横行乡里的恶霸，得罪了与恶霸沆瀣一气的上层权贵而被免职[②]。1933年6月，41岁的林黄卷开始赋闲家居。父亲没了工作，作为林家长子的林秉南第一次感受到生活的压力。

"他（林秉南）觉得自己初三开始转变，跟家庭情况有关。如果家庭条件一直特别好，他还得每天踢足球去。"[③] 林秉南的儿子林寿华[④] 如是说。

这样一来，林黄卷便有了管教林秉南的时间。据林秉南女儿林衍翔[⑤] 回忆，父亲在指导她学习时，曾讲起当时祖父与他有过一次严肃的谈话。林黄卷问他："秉南，你这样的成绩，将来准备做什么工作？你有没有认真想过？"林黄卷的话使林秉南深受震动。

采访中林秉南说："家教很严。父亲挺厉害，会打我们，但他鼓励我们念书。"[⑥]

不知是父亲的管教起了作用，还是随着年龄的增长，林秉南开始懂事

---

① 林黄卷简历表，存于采集工程数据库。
② 林衍翔访谈，2011年10月21日，北京。存地同上。
③ 林寿华访谈，2012年1月10日，北京。存地同上。
④ 林寿华（Raymond Lin，1950-），林秉南儿子，1950年出生于美国爱荷华州。"文化大革命"中作为知识青年到山西。1984年赴美国学习电子工程。现在美国加利福尼亚州硅谷工作。
⑤ 林衍翔（Elaine Y. Lin，1955-），林秉南女儿，1955年出生于美国纽约。"文化大革命"中分配到工厂工作，1977年考入首都医科大学主修儿科，1982年赴美国学习并获得美国宾夕法尼亚大学细胞生物学及分子生物学博士学位。现在美国纽约爱因斯坦医学院从事肿瘤生物学研究工作。
⑥ 林秉南访谈，2011年10月13日，北京。存地同①。

了。初二结束后的整个暑假，他收起了玩心，打点精神，开始用功。他每天约学习6—8个小时，努力地补课，遍及各科。聪敏和勤奋开始发挥作用。初三开学时，老师又叫林秉南起来回答问题。像往常一样，一叫到他的名字，依然是哄堂大笑，回答完之后还是一片笑声。可这一次，老师说："等一下，你们笑什么，他回答得非常好，也很深入！"或许是林秉南长期给同学们留下的有答必错的坏印象，其实他暑期的深入补习起了作用，回答正确，而其他同学一时还没有完全领会他的回答，以为他又答错了。

应该说，家庭的变故，让林秉南在原本无忧的青春期遭遇了真实的逆境，也成为他发掘自身潜力、实现人生逆转的契机。而父亲给他的严格家教和面对家庭变故的态度及经历，也默默影响着林秉南，成为他多年后淡然面对生活磨难的支撑力量。

此后，林秉南在学业上异军突起，变成了一名好学生。

## 弃 文 从 理

正如林秉南所言：中学时代是人生的一个关键时期。身体处于发育阶段，精力旺盛，而且可塑性很强，只要真下决心，几乎什么都可以学会。所以在这个时期，青年人要立志向上，为自己选定努力方向，然后沿着这个志向，努力为德、智、体、美全面发展打下基础。林秉南也正是在中学阶段，实现了自己的立志和人生转折。

1931年，林秉南进入初中后不久，便爆发了九一八事变，日本入侵东北。广州群情愤激，很多群众从商店搜出日货当街烧毁，以示抵抗。学生罢课，上街游行，到附近各县宣传抗日。林秉南也曾跟随一个学生小组四处宣传。几个月后，日本人不但没有退出东北，反而继续进攻上海，珠江上停泊的日舰依旧没有开走。日本侵华局势的持续恶化，让林秉南开始感到救国需要实力，并萌生了将来学习理工，建设中国工业的思想。

图 1-2　中学时代的林秉南

1934 年 9 月，15 岁的林秉南考入广州市立第一中学①高中部。升入高中的林秉南最终选择了理科。

> 我初中时本想学文科，高中后决定学理科了，尤其想学物理。这个转变跟日本侵略有关，因为觉得学理科可以发展国家工业啊。②

正如波兰著名作家显克微支所言："祖国和信仰是一座大祭坛，人只是一段香，命中注定为祭坛增光而点燃。"民族的危难、国家的命运多舛点燃了林秉南心中的爱国情怀，也成为他郑重立志的原动力。

市立第一中学是广州名校之一，师资原本就较强，加之当时的校长由黄文山担任（他原是北京师范大学的教授），邀请了许多名师任教，像数学教师林松生也是广州中学数学界的"八大天王"之一，从美国回来的英文教师谢凤池，还有化学教师陈沛京等，连画家关山月也被请来教高中图画课。

林秉南对英文老师谢凤池的印象很深："我高中的英语老师很好，他教学有方，富幽默感，很受学生欢迎。可以说，为我打下了英文的基础。"③谢凤池老师在美国出生和长大，大学毕业后回国定居。当时的高中英文课本，选用的都是古典名作，像莎士比亚的《莎氏乐府本事》、鲍斯韦尔的《约翰逊传》等。谢老师用通俗易懂的方式讲解这些文选，将莎翁的《威尼斯商人》等故事讲得引人入胜，提高了学生对名著的理解能力。同时，他也指出这些作品是阳春白雪，大大超越了高中生的程度。谢老师

---

① 广州市立第一中学，始创于 1928 年，是民国时期广东国民政府创办的第一所公立中学。
② 林秉南访谈，2011 年 10 月 13 日，北京。资料存于采集工程数据库。
③ 林秉南自述。存地同上。

要求学生熟读他自己编写的《实用英语》，让大家着重学习一些用现代英语写的短小精悍文章，如《爱迪生传》和林肯的《葛底斯堡演说》等。他明确指出高中生学习英语，应重点学会写文法无误的短句。谢老师曾专门用了几节课的时间，为同学们讲解虚拟语气，并强调它的重要性。

化学老师陈沛京非常重视实验。当时，市立一中有一个比较大的实验室，陈老师带领学生们自己动手做实验，增加感性认识，还教会他们了一些需注意的实验安全措施。在陈老师的引导下，林秉南在高中时对化学很感兴趣。加上高中二年级之后，自己开始感受到升学的压力，且听说大学里常使用英语教材，所以高二暑假林秉南便去旧书店买回一本英语化学教材（Deming 著）开始研读，既复习化学，又学习英语。这本书是大学教材，所以在内容方面大有可学。同时，林秉南把学英语作为重点，对每句话都作文法分析。他把商务印书馆出版的《英汉双解字典》放在身边，遇到生词便查字典，而且试着记下英文解释。起初阅读速度很慢，第一天花了 8 小时只读完一页。但林秉南坚持每天都读 8 小时，两个月下来，阅读速度提高到每天能阅读 30—40 页。一个暑假的学习，为林秉南打下了习读英文课本的基础。

图 1-3　2011 年，广州市第一中学领导到北京友谊医院看望林秉南

第一章　林家有楠初长成

教授语文课的黄老师则常常评论时事,抨击社会上的不良现象。他油印过杜甫的《秋兴八首》及《登高》等诗作为课外读物,为学生们讲解,启发他们从杜甫的处境联想当时的国难深重更甚于唐王朝的安禄山入侵为患。林秉南既同情杜甫,又深忧中国的前途。

英文功底、英语阅读的基础,工科实验研究的方法和从文字反观现实的思考,高中时期的林秉南从多位名师的教导中获益良多。林秉南晚年回顾起中学时代,依然感叹:

> 我要感谢中学给予的良好培养。师恩深重,永志不忘,固不待言;中学教育,从为人到学问,都要为学生打下基础,也很重要,中学师恩也令人终生铭感。①

1937年6月,18岁的林秉南以优异的成绩毕业于广州市立第一中学,开始为考大学做准备。那时大学各校自行招生,学生需要去其向往的多所大学参加入学考试。林秉南心仪的大学有浙江大学与交通大学,当时二者都是工科最好的学校,而他最想学习的专业是土木工程。广州市第一中学先后出了6位院士,学校设立一个院士展览墙,还成立一个院士班,鼓励

图1-4 广州市第一中学院士展览墙(任定安摄)

---

① 林秉南自述,存于采集工程数据库。

学生努力学习，要向先辈那样多做贡献。林秉南院士是该学校毕业最早的一位院士。

# 大 学 时 光

1937年，抗日战争全面爆发。1938年1月，陈立夫被任命为教育部部长之后，为了避免战时学生为参加考试到处奔波的状况，改变以往大学各校自行招生的办法，制定并公布了《国立各院校统一招生办法大纲》。1938年林秉南参加了首次实行的大学统考，如愿考取了交通大学唐山工学院（今西南交通大学）[①] 土木系。卢沟桥事变爆发后不出10日，校园即落入日寇魔掌。同年10月初，在赣组织复校上课。后迫于战争形势，决定迁往湘潭。经历了5个多月的流浪奔波和艰苦奋斗，在湖南湘潭临时校址举行开学典礼，复校上课，弦歌再续。1938年3月下旬，交通大学北平铁道管理学院并入唐山工学院，5月23日学校迁往湘乡杨家滩。10月武汉陷落，11月初日寇进攻湘北，学校被迫迁移。唐山工学院在茅以升院长率领下，历时70多天，行程2000余里，终于在1939年1月底抵达贵州平越（今福泉）藜峨山下，在清澈的犀牛滩畔继续办学。在茅以升的努力下，学院的老教师几乎原班西迁到平越任教，在战火中为培育出一批日后对中国土木工程举足轻重的人才打下了基础。

而这期间，林秉南跟着家人四处躲避战乱。1938年10月21日，广州沦陷。当天早晨，父亲林黄卷带着全家在日军入城前，随着狂奔的逃难人潮在密集的枪炮声中匆忙逃出广州。辗转珠江三角洲西部和澳门，于1939年春节前到达香港。林秉南带着父亲向一位华侨老朋友借来的100港元，辞别父母，以借读生的身份和高中同学马弘睿一道，随中山大学的迁校队

---

① 唐山交通大学，其前身是创建于1896年的山海关北洋铁路官学堂，后迁唐山，更名为唐山路矿学堂。该校校名几经更易，1971年由唐山迁往峨眉山，更名为西南交通大学，后定址于成都。该校是中国近代建校最早的高等学府之一，土木系是该校的主要院系之一。

伍，从香港经越南到云南昆明。马弘睿随即转去中山大学工学院的所在地抚仙湖。林秉南在昆明停留了约一周，打听到交通大学唐山工学院的所在地贵州平越，明确旅程后，继续独自乘长途车向北去往贵阳。

当时正处于抗日战争时期，各方面条件异常艰苦。从昆明去往贵阳的长途公共汽车以木炭为燃料，一路经行崇山峻岭、弯道陡坡。汽车艰难地驶上陡坡时，总是需要司机助手拿着木垫块、步行跟在车后。一旦遇到大的坡度、发动机熄火时，助手便立即向后轮推上木垫块，制止汽车后滑。一路上，行经无数险路。在到达盘县以前，有一段险路被叫作"72 拐"，意为公路在一个高陡坡面上接连经过 72 处弯道才能到达坡顶。林秉南乘坐的汽车在经过最后的弯道时突然熄火，车直往后退，林秉南和其他乘客都吓得叫出声来[①]。幸亏助手及时向后轮推上木垫块，汽车止动及时，后轮离悬崖边缘已不到 1 米。

林秉南一路颠簸，最终于 1939 年 3 月进入交通大学唐山工学院贵州分校，开始了他的大学生活。入学时全班近 30 名学生。当他到达平越时，正值早春，校区内的福泉山桃花初放，稍有点春寒。初游福泉寺，林秉南曾写下诗文《新生借福泉寺开学》（1939 年）：

　　　　禅舍坐春风　　寺鹅惊课钟
　　　　新生还未识　　追啄过花丛

他的大学一年级基本上是在温暖的天气中度过，来自广州的他对平越的气候并无明显的不适应。第一学年林秉南在交通大学唐山工学院土木系学习的课程包括力学、微分方程、物理、测量学、建筑材料、经济学、工程图画等，林秉南平均成绩为 77.68 分（上学期）和 75.15 分（下学期）[②]，在班上处于第四、五位。全班成绩最好的是杨渭汶，他平均成绩为 83.56 分（上学期）和 81.91 分（下学期），林秉南铭记心中，直到 2001 年他给班友的信中还称道"渭汶兄是我班很优秀的人才"，"且不说他以后参加和

---

[①] 林秉南自述，存于采集工程数据库。
[②] 交通大学贵州分校土木系三十年度班级成绩单，存于西南交通大学档案馆。

负责了许多大、小水电站的建设，直到担任电力部成都水电勘测设计院的总工程师，他青年时代在修文已有很突出的表现"①。

学校为了抢时间，这一学年假期只休息了约一周，便接着开学。不久，林秉南就迎来了大学四年里的第一个严冬。他赋诗道（1940年）：

居处肥塘畔　浓蒸入梦中<br>暗窗寒暑后　鲍肆兰室同

平越的冬天，常有屋檐滴水成冰和早起满地冰霜、路滑霜浓的日子。潮湿阴冷、寒气如刀、切肤透骨，与林秉南习惯的广州冬天相差甚远。林秉南写诗描述了严冬赶集的情形（1941年）：

瑟缩寒城集　裂肤雪蔽空<br>单衣沽炭者　赤脚踏冰红

由于准备不充分，加上手头拮据，大学二年级的冬天，林秉南因御寒衣物不足，手脚长满了冻疮，还害了胃病和牙病，身体变得很虚弱，学习成绩也受到影响。在当时缺药和缺乏医疗设备的困难条件下，林秉南所幸得到了校医陈大夫和老师、同学的帮助，在大学二年级结束时病愈，熬过了被他称作"多灾多难"的一年。

第二年度林秉南学习的课程有材料力学、水力学、工程地质、构造理论、电机工程、道路工程、机械工程、天文学、水文学、营造学、钢骨混凝土学、铁路测量、给水工程等，各科平均成绩为76.70分（上学期）和81.00分（下学期）。

虽然因病影响了成绩，但在大学三年级开学时，林秉南还是获得了学校新设立的一项高额奖学金，在奖学金支持和同室同学的帮助下，林秉南逐渐恢复了健康，学习成绩也很快提高。这一年度学习的课程包括铁路建筑、城市计划、石工基础、海港工程、桥梁计划、铁路计算、高等构造、

---

① 林秉南给班友的信，2001年1月11日。存于采集工程数据库。

建筑理论、铁路养护、卫生工程、水利机械等，各科平均成绩回升到86.38分（上学期）和85.63分（下学期）。

大学四年级，林秉南成绩在班中再次名列前茅，论文成绩是85分，是全班得此最高成绩的7位学生之一。毕业前夕他被选入斐陶斐励学会[①]，拥有了佩带金钥匙的会员资格。

林秉南在大学就读期间，茅以升任交通大学唐山工学院院长。在他的领导和争取下，唐山工学院的老教师几乎原班从唐山迁到平越任教。像数学教授黄寿恒、力学教授罗忠忱、铁路学教授伍镜湖、结构工程教授顾宜孙、英文教授李斐英、测量教授罗河和工程制图教师李汶等，真可谓良师云集。他们的共同特点是学问好，对待学生和工作严格、认真。除了为学生打好专业基础，唐山工学院的教授们还通过身教言传，将严谨敬业、光明正大、刚直不阿的精神传承给了学生们。老师们渊博的学识和高尚的人品令林秉南折服，林秉南至今还记得茅以升院长当时常给学生们讲话，宣传一些进步思想，进行抗日爱国教育，"当时大家就想好好学习，学好后对抗战有帮助，大学时同学们的学习目标很明确，就是为了学好本领，支持抗日。"[②]

1942年6月，23岁的林秉南以优异成绩从交通大学唐山工学院毕业，留校在顾宜孙教授指导下任混凝土建筑设计助教。

## 结 缘 水 利

1943年，林秉南在唐山工学院担任助教一年后，转赴贵州修文资源委

---

[①] 斐陶斐励学会，一个鼓励学习的学术组织。总会在美国，会员有资格佩戴金钥匙。1921年，交通大学成立斐陶斐励学会唐山分会，会员由罗忠忱、茅以升、李斐英、伍镜湖、陈茂康、黄霭如、黄寿恒、薛卓斌、谭真等著名教授组成，罗忠忱任会长，李斐英任书记，学会先后邀请美国铁路桥梁专家华岱尔等来校作学术报告。1939年学校在贵州平越县复学后，迅速恢复了斐陶斐励学会。

[②] 林秉南自述，存于采集工程数据库。

员会修文水电工程处担任工务员。离校前夕，林秉南重登教学楼远眺，联想到当时日寇西侵正剧，感慨由心而发（1943年）：

凭眺弦歌寂　　明霞覆远峰
漫怜峦壑秀　　烽火遍江东

带着对国家命运、民族前途的忧虑和对新工作领域的未知，林秉南离开学习生活了5年的母校，开始了水利人的生涯。在林秉南的回忆中，有这样的记载：

> 转到贵州修文县参加修文河水电厂的勘测设计工作，是我进入水电界的开始。但是，我当时并非对水力发电情有独钟。唐山交大土木系的强项是结构工程和铁路工程。我在大学时期的专业是结构工程，曾梦想当一名桥梁工程师，建造大跨度的悬索桥。我之所以参加水电工作，一是因为自己无意长远留校做教学工作，二是大学时期在图书馆借阅过美国人Barrows著的《水电工程》一书，认为也很有趣。刚好有同学在当时的资源委员会水电勘测总队工作，便托他们介绍前去工作。[①]

林秉南与他的同班同学杨渭汶一起在工程科工作，其间还结识了中央大学毕业的戴泽蘅[②]。多年后，戴泽蘅回忆道：

> 他（林秉南）1942年交大毕业，1943年参加工作，同他一起还有同班同学杨渭汶。他1944年考上教育部公费留学，那时候考的公费，招10人，他到美国学了水电，刚刚毕业的没资格考，要工作一年的，他一考就考上了。我在工程科，他在设计科，我1943年年底去

---

① 林秉南自述，存于采集工程数据库。
② 戴泽蘅（1920—），1943年毕业于中央大学水利系，原钱塘江管理局总工，2008年在浙江省水利河口研究院被授予"钱塘功臣"。

的，资源委员会水电工程与设计是两个摊子，是对等的。我毕业后先到资源委员会水力发电勘测队，工程科头儿叫黄辉，还有一个头儿叫黄育贤，再往上就是张光斗[①]、孙玉琦、翁文浩。设计科主要有两个人——林秉南和杨渭汶，这两个人是干实事的，还有一个科长，本事不如他们，但年纪比他们大。[②]

修文河是一条小河，为猫跳河的支流，而猫跳河又是乌江支流鸭池河的支流。修文河在河口以瀑布形式泻入猫跳河，修文水电厂主要利用这段落差发电。

1943年，林秉南到达修文时，修建水电厂的勘测工作还未结束。他先后参加了坝址、输水渠和运料公路的选线和地形测量。后来主要负责输水渠道的选线、定线以及渠道水流的波动计算。

技术资料奇缺是工程进展中遇到的首个难题。当时，整个修文水电工程处只有一本美国垦务局为Semino工程[③]发包用的图集。不但没有技术说明，而且该工程属于拱坝坝后厂房形式，和修文水电厂毫无相似之处，因而其技术指导价值甚微。此外，工程处就只有一些个人工作笔记和通识性书籍。

在输水渠道的水力计算中，工程处曾遇到电厂荷载变化引起的渠道水流波动问题，当时无法解决。设计科科长手上只有一本白克米德夫（Bakhmeteff）编著的《明渠水力学》。这是一本恒定流方面的名著，与渠道水流波动问题关联度很小。林秉南和同事们只好作一些假定，提出渠道末端的放宽率和管道进口的淹没水深，试图应对工程难题。

对水利知识的欠缺是林秉南在修文工作中遇到的又一问题。修文河是一条卵石河流，冬季清澈见底，许多地方水深仅及膝，可以涉水进行水文

---

① 张光斗（1912-2013），江苏常熟人。中国著名水利水电工程专家，清华大学教授，中国科学院和中国工程院两院院士。

② 戴泽蘅访谈，2012年4月6日，杭州。资料存于采集工程数据库。

③ Semino水利枢纽工程，位于美国俄怀明州的北Platte河上，是美国著名的水利工程之一。1936年开工，1939年竣工，混凝土重力拱坝，高90m，长160m。工程的设计和施工曾为水利水电领域提供了很多有价值的理论和经验。现在Semino水库是美国著名的旅游、游乐景点。

测验。但夏季遇雨时河水暴涨，便变得异常湍急，而且浑浊不堪。猫跳河平时水色碧绿，到了夏天雨后也变成一条湍急的黄泥河。对这些现象，林秉南当时并不了解它的内部机理。

对水利知识的贫乏，也成为林秉南后来出国留学选择学习水利，并特别关注明渠水流波动和泥沙问题的最初动因。或许又因为之前的渠道水流波动计算让林秉南绞尽了脑汁，以致后来美国留学期间，他选择了明渠不恒定流作为自己的硕士论文题目，由此也成就了他最主要的成果之一——明渠不恒定流计算的指定时段构造特征线网法。

> 选择这个题目是由于出国前在国内的工作中遇到了渠道水流波动这个问题。当时没有真正解答，带着这个问题去做硕士论文，以解答这个题目。[1]

从工作实践中发现自身不足，并由此寻找人生后续阶段的努力方向和动力，林秉南认为，这是做学问者应有的积极态度和求索品质。

在修文时，林秉南还曾参加从修文工地到贵阳公路的测量工作。贵州地处高原，耕地往往是山脊上散布的一些小块田地，每块只有一两亩，而山脊线又常是公路选线必经的地方。当时，许多农户家的丈夫被抓去当了壮丁，留守的妇女在家务农，依靠小块耕地的收成养家糊口。每次遇到自己的耕地被公路线路选中，农妇都伤心地大哭，跪下来央求测量队员们改线。年轻队长的带领下，林秉南和测量队的同事们在公路选线上虽然很注意避开耕地，但有时受地形限制，线路不得不经过一些小片耕地，很难完全避开，这让林秉南既同情又爱莫能助。尽管工程处用地是有偿的，但以当时通货膨胀的激烈，即使得到了补偿，不久也会一文不值。每当想到建设修文水电厂只是为了改善贵阳的照明，却因此影响了一些当地居民的生存，年轻的林秉南心中十分矛盾和懊恼。正是这次公路线路测量的经历，让林秉南真切地认识到，修建工程必须高度重视移民工作，应真正妥善安

---

[1] 林秉南自述，存于采集工程数据库。

置受影响的人。修文的工作经历成为林秉南工程与民生需兼顾思想的萌发点。他后来在三峡工程泥沙问题的研究中,非常在意回水淹没的问题,并多次呼吁:三峡拦洪千万不能超蓄!

在贵州测量时,有一次林秉南和队友们走在大街上,一辆美国军车呼啸而过,上面坐着趾高气扬的美国大兵。这种场面令林秉南深感难受,这种在自己的国土上得不到尊重和礼遇、却任由外国人横行的感觉刺痛了他的自尊心,更加坚定了自己实业救国的愿望。

1944年,修文水电厂正式开工建设。在施工现场,林秉南目睹了极其简陋的施工条件和工人们令人担忧的处境,切身体验到了水利工程施工的艰辛,也饱尝了自身病痛的折磨。

因为没有炸药,开石方只能用黑火药代替,工程进展很慢。承包商为了多赚钱,没有为工人搭建工棚,工人们在秋雨绵绵中露宿工地,很多人生病。而工程处只有一名未受过正规训练的护士,除了包扎伤口外,她无法为工人和工程处员工治病。加上工伤事故时有发生,工地不时有工人病逝。

林秉南也在修文水电厂工地患上了疟疾,虽托人从贵阳买到一些金鸡纳霜,但因没有医生医治,病症一直反复不定。直到1946年,他在美国爱荷华[①]大学留学时疾病再次复发,经由大学校医诊断和治疗,才得以根治。

冬季的修文河部分结冰,每次林秉南外出测量,都要赤脚涉水走过这条不到百米宽的小河。到达对岸时,两脚会冻得麻木、毫无知觉。但上岸后继续徒步测量,走出几里地后,两脚便会火热起来。这样一冷一热,林秉南脚趾和脚掌外缘原本长满的冻疮竟意外自愈了。

除了冻疮的意外痊愈,林秉南在修文工地工作期间,还有一个意外收获。20世纪40年代,在美国垦务局萨凡奇的鼓动下,中国也曾派人去美国参与三峡工程设计。派出的人员不时将一些英文技术资料寄回国,其中一部分也转给在修文水电站的工程人员参考。一个偶然的机会,林秉南出

---

① Iowa,美国城市,有多种译法,如爱荷华、艾奥华、依阿华等。本书统一采用爱荷华。

于好奇翻阅了这些资料，但因和当时社会的现实环境对比，林秉南觉得要建设一个几千万千瓦的巨型水电站，相差实在太远，所以并未放在心上。林秉南回忆：

> 大凡在旧社会上过中学的人，都知道孙中山先生写过一本实业计划，其中提到要建设三峡工程。当时内忧外患、国难当头、民不聊生。对比之下，觉得这只是一个美丽的梦想。①

这是林秉南与三峡工程的首次结缘，不曾料想这不经意的一瞥，自己与这座曾像梦一般遥不可及的巨型工程，几十年后会有更深的不解之缘。

在修文水电工程处工作的这两年，也是林秉南初为水利人、亲历水利工程建设实践的两年。他开始了自己的水利人生，也开启了与水利事业的一生情缘。

## 赴 美 留 学

1943年抗日战争胜利在望，国民政府教育部制定了《五年留学教育计划》、《1943年度派遣公费留学英美学生计划大纲》和《国外留学自费生派遣办法》，经济部制定了《选派国外工矿实习人员办法》，交通部制定了《派遣国外实习生办法》。此后，尤其是抗战胜利之后连续多年，出现了新的赴美留学的大潮。1944年12月，国民政府教育部举办英美奖学金研究生实习生考试，共录取209人，林秉南是其中之一。同年，林秉南还参加了国民政府考试院高等文官考试土木工程科，成绩优等。1945年，他在重庆参加了为期3周的英美留学生讲习会。40年以后，林秉南到重庆南温泉参加水利学会年会，还写下了"重游花溪怀古人"的诗句。

---

① 林秉南自述，存于采集工程数据库。

> 疏雨南泉向晚秋　　烟树如画忆同游
> 扁舟夜月人何处　　盛世锦园临碧流

1946年，27岁的林秉南告别家人，带着抗战胜利的喜悦，怀揣一颗报国之心，远渡重洋，前往美国爱荷华大学（The State University of Iowa）[1]，开始了异国求学之路。林秉南说起那时的情景，还觉得很好笑：

> 说起来很好笑，我当时就带了一个手提口袋，从贵州坐飞机到南京，从南京到上海，再从上海坐轮船去美国。那时候飞机很简陋，就两条板凳，乘客们坐在板凳上，连扶手都没有。[2]

这是林秉南人生的又一次转折，堪比初中二年级暑期时的发奋学习。他深知，未来充满了未知，也孕育着无数希望，他期待着在大洋彼岸能学有所成，为日后实现强国的梦想尽一份薄力。

---

[1] The State University of Iowa，建于1847年2月25日，是美国中西部最早的公立大学之一，1964年改名为University of Iowa，有别于Iowa State University。该大学的世界著名学科包括遗传学、水力学、生物工程与生物科学、药物学等，其水利学科在国际同行中一直享有极高的声望。

[2] 林秉南自述，存于采集工程数据库。

# 第二章
# 彼岸求学游子心

## 漂 洋 过 海

1946年3月,通过国民政府考试选拔出的数十名公派留学生,从上海的十六铺码头登上越洋商船,目的地是美国的西雅图。和林秉南同行的有许协庆[①],这位同行好友至今依然保存着的珍贵日记本中清楚地记载着,这一天是3月20日。

背后是灾难深重的祖国,战争留下了满目疮痍;眼前是一片汪洋,留学生们搭乘这一叶孤舟,去往陌生的国度,从此,他们将承载祖国和亲人的希望,满怀着对未来的梦想,在大洋彼岸全然陌生的环境里开始新的学习和生活。他们内心百感交集。

---

① 许协庆(1918-),江苏省南京人。流体力学家,水利工程专家、教授。1940年毕业于交通大学唐山工学院,1946年留学美国爱荷华大学,1950年获博士学位,1955年回国。在空化和空蚀、物体绕流计算、特征线有限元、水力机械内部流场计算等方面有突出贡献。曾任中国水科院水力机电研究所副所长,1990年退休。著有《许协庆水动力学论文集》。

船行过日本后，遭遇到一场风暴。大浪拍船，轰然巨响。叠放在甲板上的行李箱因船身大角度的左右倾侧纷纷倒下。林秉南和同伴们当时并不知风浪是因阿拉斯加发生大地震，由地震引起的海啸自北向南传播而致。这次海啸使夏威夷遭受了重大损失，但林秉南乘坐的商船正处于太平洋中部，水很深，所幸有惊无险。

虽然一路颠簸，好在船上同行者30多人，大家彼此交谈，相互鼓励，减轻了几分路途的疲惫。留学生们之间的友谊，也在这乘风破浪的日子里慢慢加深。许协庆就是这些同伴中的一位，他和林秉南一同参加公派出国留学考试，一同乘船漂洋过海，在一所大学就读，回国后又在同一单位工作。从这里开始，他们在人生路上彼此相助。

船在海上航行了近20天，于1946年4月7日在美国西部的西雅图登陆。脚踏美国的土地，想着即将开始的学习，林秉南真切意识到，离自己"实业救国"的理想又近了一步，心中自然是喜悦的。

从1946年4月到1955年年末，林秉南在美国生活工作了近十个春秋。这期间，他经历了苦读钻研、讲学授业、结婚生子，然后突破阻碍回国。可谓：万里渡重洋，邃密群科忙；身为异乡客，游子归心长。

## 求 学 初 期

登陆西雅图，林秉南、许协庆和方福桓等一同换乘大北铁路，经芝加哥到达爱荷华大学。爱荷华大学创立于1847年，是美国中西部10所规模最大、历史最久的公立大学之一。这所大学以水利专业闻名，设有水利研究所，美国及欧亚各国许多水力学科学家都曾经就读于这所大学。20世纪五六十年代，国际水利工程与研究协会（IAHR）理事会数任理事长、副理事长都曾在该校学习。

作为来自中国这样一个落后农业国的公派留学生，林秉南选择爱荷华大学就读，一是考虑到爱荷华大学是美国著名的公立大学，而且公立大学学费较低；二是学校地处美国中西部的爱荷华州，是美国的主要农业产区。此外，他选择水力学作为主攻专业方向，理由也很充分：他在国内就已开始了水利人的生涯，学习水力学，就是学习并掌握水流运动有关的知识和规律，从而有能力更好地识水、治水。而在古代中国，治水历来就是与治国安邦紧密相连的。

1946年4月初，林秉南等3人到校时，当年度的第二学期已经过半。当他们谒见水利系主任豪维（J. W. Howe）教授时，教授建议等到6月夏季学期开学

图 2-1　1948 年，在爱荷华大学水力学研究所附近留影

再注册上课。作为公费留学生，林秉南3人不能坐等两个月，希望能立即开始学习。豪维先生略加思索，便建议他们选修一半的学分，即7.5个学分（全学期最多允许修15个学分）。已经讲过的课，通过自修补上；正在讲授的课程，参与听课，最后统一参加全学期的大考。3位同学欣然同意。就这样，林秉南在爱荷华大学力学和水力学学院（The College of Mechanics and Hydraulics）开始了硕士研究生的生活。

对林秉南而言，爱荷华大学的语言关是容易过的。因为唐山交通大学基本都采用英文教材和英语教学，这使他养成了听英语课程、记英文笔记的习惯。最终，林秉南用多半个学期修完了第一学期的课程，且以成绩优秀通过。说起这段经历，林秉南对母校仍心怀感激：

我们只有两年的公费，所以必须多选课、多学习。其次，我和许协庆、方福桓三人都是唐山交大毕业的。大学期间技术课的课本都是英文的。主要教师讲课、考试的试题和答卷以及平时作业都用英文。

所以我们上课基本没有语言问题，包括做论文研究时需要参看的大量技术资料。这也是入学后我们可以快速前进的原因之一。①

作为水力学专业的研究生，林秉南对美国当地的河流状况产生了浓厚的兴趣，特别是对密西西比河（The Mississippi River）和爱荷华河（The Iowa River）。密西西比河是当时的世界第三大河（全长6262公里），按字面的意思也被叫作"老人河"。"老"和"长"彼此对偶，由长江对于中国的影响和作用，可见密西西比河之于美国的意义。

有时，林秉南会和同窗们到密西西比河右岸去。那里河面壮阔，是动植物的天堂。颜色杂陈、形态各异的树木杂处岸边，它们和谐地生长在一起，树间藤蔓攀援，时见枯木倒落在水中；松鼠穿越，鹿群踏青，野鸭戏水，鱼鸟飞腾。当然，密西西比河也有洪水咆哮致灾的时候。就在林秉南到爱荷华的前一年（1945年），密西西比河还发生过大洪灾。灾害迫使美国政府不断增加对密西西比河防洪减灾的投入，掀起了治理高潮。治国必先治水，中外古今皆然。每次亲临河岸，或是查阅密西西比河的相关资料，林秉南万里求学、学成治水的信念就又坚定了几分。

爱荷华河河宽六七十米，平时流量不足5立方米每秒，它的历史洪峰记录中流量也超不过百个，但它对于林秉南有着更为特殊的意义。

爱荷华河从爱荷华城的西北部蜿蜒流淌而来，好比在爱荷华城的头部横插了一只S形的青玉簪，再从南到北穿越爱荷华城，又好像给爱荷华城的腰部系上一条翠玉带。在腰眼附近，有一座东西向横跨爱荷华河的混凝土桥。桥南，紧贴爱荷华河西岸，有一座古铜色的砖砌楼房，那就是负有胜名的爱荷华大学水力学实验室。教师及研究生们的办公室被安排在水力学实验室主楼的两侧配楼。地下部分是室内水力学实验室，模型试验用水可直接取用爱荷华河河水。北侧配楼的二层北起第三个房间，承载了林秉南在爱荷华大学5年里最多的光阴。从预习、复习、作业，到写论文、备讲稿、研究课题，林秉南基本上都是在这个房间里完成的。

---

① 林秉南自述，存于采集工程数据库。

# 初露尖角

1947年开学时,林秉南开始硕士论文选题。明渠水力学权威普赛(C. J. Posey)教授接收他为硕士研究生。就这样,林秉南在普赛的指导下,对明渠不恒定流问题展开了研究。

  我是带了问题出国的。在修文时,我负责电厂引水渠道的选线和设计。电厂负荷变化时,引水渠道里水流要发生波动。渠道设计不当时,发电钢管因进气影响发电。对这个不恒定流问题,当时没有解决办法。其次,修文河注入猫跳河,平时这条河或清澈见底或水色碧绿,但到了汛期便变成黄泥汤。什么缘故水流能够带着这么多的泥沙跑?令人不解。我便带着这两个问题出去留学。[①]

林秉南的硕士论文题目是《从Massau观点研究明渠不恒定流》(*Unsteady Flow Problems from Massau's Link Attack*)。马素(J. Massau)是一位比利时学者,对明渠不恒定流[②]提出过若干论述,他用法文书写的论述散见于十多册比利时干德大学的论文集中。加拿大教授普曼(Putman)根据马素的法语原作,在美国地球物理学会发表过一篇短文,介绍马素对明渠不恒定流的研究工作。但是当时在美国很难找到马素的论文原文,加上林秉南当时无法阅读法语文献,所以,他做硕士论文的主要依据便是普曼教授的那篇短文。通过做论文,林秉南寻得了解决修文电站引水渠水流波动的计算方法。虽然计算繁复,但毕竟解决了自己心中的一大问题,林秉南很是欣喜。

---

  ① 林秉南自述,存于采集工程数据库。
  ② 明渠不恒定流(或称明渠非恒定流),是流速、水位等随时间变化的明渠水流。它是由于某处流量、水位等随时间变化而引起的,例如河流中的洪水过程以及由于泄水建筑物闸门调节引起的渠道水流变动等。

爱荷华大学的国际交流频繁。与欧洲的学术交流，不断启迪着林秉南新的研究理念和方法。有位加拿大学者在一次讲学时，谈及渠道水流研究的特征线方法。之后，又有一位法国学者在介绍水力学的新发展动态中，也涉及了这一方法。两位学者的介绍，激发了林秉南对水流运动特征线分析方法的极大兴趣。

特征线分析方法[①]，发起于欧洲的数学界，当时已经形成了一套理论分析成果。但如何利用这些成果进行物体运动分析还刚刚起步。应用特征线理论分析水流运动有许多优势，不过当时人们还没有找到一个利用特征线方法直接获取特定时刻水流运动参数的方法，因而阻碍了这一方法的应用。

此前，在1946年2月14日，美国科技界发生了一次影响未来的大事件：在美国军方的支持下，宾夕法尼亚大学的莫尔电机学院诞生了世界第一台以真空管构建的电子计算机，以英文缩写为名，叫作ENIAC（Electronic Numerical Integrator and Calculator）。尽管ENIAC很笨重，但它可以代替数万人的同时计算，这为其他学科的应用研究与工程计算带来了革命性的变革机遇。

当时，出于第二次世界大战和密西西比河流域开发治理的需要，美国陆军工程兵团负责密西西比河流域的工程项目，美国海军关心航道治理和船舶运输，因此，爱荷华大学水力学领域的理论与实验研究也受到了美国军方的关注，许多研究项目来自军方。但不少项目受到计算能力的限制，只能借助实体模型试验。

林秉南深感这是一个将先进的计算工具用于解决复杂实际问题难得的机遇，时不我待。于是，他决心在原有水流特征线计算方法上做进一步探索。经过他的潜心研究，反复验证，林秉南发现了后来被广泛认可的"逆向特征线计算方法"，也称为"指定时段特征差分方法"。该方法不仅在计算精度和计算稳定性方面具有极大的优越性，而且还具有节省计算工作量和应用较为方便等优点。

---

① 特征线方法，求解双曲型偏微分方程的一种有效方法。其核心思想是引入"特征线"，使得原偏微分方程沿特征线被转化成较易求解的常微分方程。

在攻读硕士学位一年多后，林秉南完成了自己的硕士论文。指导老师普赛教授看过之后，只修改了一个字。林秉南晚年回忆这段经历，颇有几分自豪：

  34年后的1982年，我有机会到普赛教授当时执教的康涅狄格大学（University of Connecticut）访问，并被邀在一个讨论会上介绍我在国内的研究工作。讨论会由普赛教授主持。他向听众介绍我时，还旧事重提，说起当年对我的硕士论文只改了一个字。①

1948年初，由于准备充分，林秉南硕士论文答辩顺利通过，并被提议为优秀论文。林秉南和许协庆、方福桓3人一同获得了爱荷华大学的硕士学位，且入选为美国希格玛赛（Σ X 或 Sigma Chi②）荣誉学会会员。这为林秉南到美国第一阶段的学习画了一个完美的句号。

## 才 华 闪 烁

取得硕士学位后，林秉南在爱荷华大学继续攻读博士学位。

1948年夏季，美国密歇根大学主办了一期面对全美国的大型流体力学讲习班，林秉南作为学员参加。这个讲习班邀请到国际知名的流体力学名师19人为学生讲课，其中包括冯·卡门（von Kármán）③、戈德斯坦（S. Goldstein）、B. A. Bakmeteff、H. L. Dryden、V. L. Streeter、饶斯（H.

---

① 林秉南自述，存于采集工程数据库。

② 美国希格玛赛，成立于1855年，美国大学里的著名兄弟会之一。其宗旨是会员之间要相互鼓励、树立正气。

③ 冯·卡门（1881—1963），匈牙利裔美国人。工程力学和航空技术的权威，对于20世纪流体力学、空气动力学理论与应用的发展，尤其是在超声速和高超声速气流表征方面，以及亚声速与超声速航空、航天器的设计方面产生了重大影响。

Rouse）[1] 等大师级人物。

从 1948 年 6 月底到 8 月底，讲习班昼夜都有课程安排。授课最多的是后来担任哈佛大学工学院院长的戈德斯坦教授。大家慕名而来，几十位学员把一个教室坐得满满的。

讲习班的学员分两类：一类选课，参加考试；另一类旁听，不参加考试。林秉南作为选课生参加。结业时，林秉南取得了 A+ 的好成绩（全班只有两个 A+）。回到爱荷华大学后，饶斯教授邀请林秉南担任他的助教，工作主要是协助教授批改学生作业和试卷。

> 在获得硕士学位后不久，即 1948 年的夏天，普赛教授把我找去。他说我在硕士论文中给出的明渠不恒定流数值解法虽然可用，但计算点是特征线的交点，位置散乱，不便使用。建议我设法改进。经过几周的思考和计算后，我提出了指定时段法，使计算点的位置可以随意选定。普赛教授很满意。他鼓励我写一篇文章送美国地球物理学会发表。我在课余时间计算了例题，并于年底完成文章的写作。[2]

林秉南这篇关于指定时段计算不恒定流法的文章，后经普赛教授推荐，于 1950 年提交给洛矶山水力学年会，随后又于 1952 年在美国《地球物理学报》正式发表。该两种指定时段法比英国 Hartree 教授早 6—8 年正式发表。

爱荷华水利研究所每 3 年召开一次全美性的水力学会议。1949 年的第 6 次会议是一次特殊的大会，是为集体出版《工程水力学》专著而组织召开的。会上，多位作者逐一报告自己负责撰写的一章内容，再根据会议讨论提出的意见和建议做必要的修改。最后，交由总编辑饶斯教授汇编成书出版。

---

[1] 饶斯（Hunter Rouse，1906-1996），美国水力学、流体力学著名教授，现代水力学的奠基人之一，美国工程院和美国自然科学院两院院士。时任爱荷华水利研究所所长。著有《初等流体力学》等经典著作。

[2] 林秉南自述，存于采集工程数据库。

这是林秉南第一次参加这样的大型研讨会，与会人员的认真给他留下了深刻印象。他发现会上的观点交锋堪称激烈，不少学者提出了许多尖锐的问题，观点的辩论达到近乎不讲情面的程度。其中，洪水计算这一章，原作者因故不能进行修订，饶斯教授决定让林秉南负责该章的修订和例题增编。这一章的原作者是美国陆军工程兵团的资深工程师，而当时的林秉南还只是初出茅庐的博士研究生。美国高校中不拘一格用人才的风格，给了林秉南很深的触动和鼓舞。

　　因为大会对这一章没有提出具体的修改建议，林秉南对全章做了仔细的校核。在校核过程中，他发现了一处问题，对此进行了细节的重写，并重新绘制了1张图表和编写了3道例题。这些修改最后都经主编饶斯教授审定同意，按林秉南的原稿收入1949年出版的《工程水力学》一书之中。

　　因为提出了当时先进水平的明渠不恒定流计算法，林秉南的计算方法先后分别收入饶斯主编的《工程水力学》（1949年）、周文德（V. T. Chow）[①]著《明渠水力学》（1958年）和布莱特（Brater）与金（King）合著的《水力学手册》（第六版，1976年）及日本本间仁、安芸胶一编著的《物部水理学》（1962年）等4部美、日专著中。

　　1948年，林秉南在导师麦克南（J. S. McNown）教授指导下开始研读博士学位，研究题目确定为泥沙群体沉降速度的研究。当时，计算泥沙沉降速度的公式只适用于单颗粒在无穷介质中的沉降，而河流中的泥沙都是在泥沙群体中沉降的。在群体中时，颗粒的绕流流场互相干扰，使泥沙沉降速度不同于单颗粒。进行这方面的研究，实验只能采用高度均匀的沙样进行，否则流动将是不恒定的。林秉南通过课余帮助美国地质调查局在爱荷华水利研究所设立的泥沙分析室开展研究工作，掌握了各种泥沙分析方法。这对他的博士论文试验研究助力不少。

　　因林秉南得知导师麦克南教授要作为美法交换的学者于1949年赴法3年，便赶在教授动身去法国前的1949年初，完成了博士论文的试验研究，

---

　　① 周文德（1919—1981），著名华裔水文学家、水利学家。浙江杭州人。1940年毕业于交通大学，后留学美国获硕士和博士学位。创建了国际水资源协会，并担任第一任主席；美国工程院院士，中央研究院院士。

并写出了论文初稿，呈交麦克南教授。几天后，麦克南教授找林秉南谈话。对于这次有决定性意义的谈话，林秉南清楚地忆道：

> 他看了论文稿认为已可以申请答辩，但因爱荷华水利研究所正在建造一座 120 英尺长的活动泥沙循环水槽，准备研究泥沙输移和床面形态，需要人主持试验。他打算推荐我作为该所的正式员工去做这一项工作。如果我同意推迟答辩，保持学生身份，所里便可以合法任命。因为在研究所工作才能获得研究经验，他建议我考虑用 2—3 年参加实际研究工作，获得经验。在此期间业余还可以对论文做进一步加工。还说他已征得饶斯教授同意在今后几年内担任我的博士学位导师。我结束研究所工作时便可向饶斯教授呈交论文申请学位。我也深深感到参加实际研究工作的重要性，便接受了他的建议。这样在 1949 年 6—7 月麦克南教授作为富尔勃莱特学者（Fulbright Scholar）去法国访问后，我便参加了爱荷华水利研究所的工作，直到 1952 年 9 月转去科罗拉多州大学工作为止。①

爱荷华水力学实验大厅坐落在爱荷华河的西侧，与实验室大楼隔岸相对。林秉南每天提前 1 小时去打扫环境、擦拭设备、安装调整仪器。实验结束后，他留下来清点设备，分门别类，安排次日的实验场地。在实验大厅的工作，给林秉南 3600 美元的年薪。这在当时已算是优厚的待遇，林秉南不再担心公派留学的资助会因国内局势动荡得不到保障，从而解除了他的后顾之忧。这份工作也使他切身了解了美国典型实验室的实验规范和章程，熟悉了当时先进的实验和观测设备。实验大厅的工作伴随林秉南度过了博士研究生阶段的求学生活。这段经历，对林秉南后来回国创建水工实验室、开展水工实验以及研制和调整实验观测设备等工作打下了良好的基础。

在循环水槽建成前一年，爱荷华水利研究所接受美国陆军工程师兵团

---

① 林秉南自述，存于采集工程数据库。

委托，为委内瑞拉设计国家水力学实验室。林秉南参与其中，在该项目中主要负责审查该实验室的总体设计，包括总体布局、项目配套、技术路线和设计原则、施工方案、进度安排及投入强度等，并就水力学方面的有关问题提出具体建议和解决方法。

> 我参加了为南美委内瑞拉国家水力学实验室设计有关设备，包括循环系统、平水塔、水槽、称重水箱等基本设施及多种试验设备的设计。同时，也学会了水力学实验室的规划和设计，收获很大。[①]

委内瑞拉国家水力学实验室的项目任务尽管艰巨，但使林秉南从中对实验室规划设计阶段的工作有了更加全面和深入的了解，实现了从实践中扩大视野、锻炼能力、积累经验的目标。

实验室设计完成之后，林秉南转入水槽输沙研究。研究使用的可调坡水槽由拉尔森（E.M. Laursen）教授设计建造，性能很好，便于调节坡降和流量。他通过近3年的明流输沙试验，对泥沙起动、悬移、沙波的形成和消失、沙床形态的转化（包括沙垅、斜向交替波、平底床及逆向波）以及悬沙在水流各部位的分布等都加深了认识，也为自己奠定了泥沙学科方面的坚实基础。

与此同时，林秉南在饶斯教授指导下完成了博士论文的后续工作。论文通过实验和理论分析突出了泥沙浓度效应中泥沙颗粒雷诺数的影响，第一次得到了浓度和雷诺数对沉速影响的试验结果；并在论证过程中给出其表达的方程形式，提出了进一步分析的近似计算方法。博士论文的完成，表明林秉南在泥沙基础理论上做了一些踏踏实实的研究工作，在实验理念与理论分析方面得到了升华。

1951年8月，林秉南的博士论文《泥沙群体沉降速度的研究》（*Effects of Spacing and Size Distribution on the Fall Velocity of Sediment*）得以通过。论文上署名的作者是Pin-nam Lin，指导教授Hunter Rouse和系主任J. W.

---

① 林秉南自述，存于采集工程数据库。

Howe 在第 2 页签字。这篇论文保留在爱荷华大学图书馆，在 1951 年之后的 30 年间，曾先后被 8 位读者借阅，直到 1982 年还有一位加拿大阿尔伯塔大学的学者阅读此文。由此可见，林秉南博士论文的"影响因子"之高。

在爱荷华水利研究所工作的 3 年多时间，我学到很多当研究生学不到的东西。主要收获除了水利工程知识的全面提高外，便是加强了以创新联系实际的意识。爱荷华水利研究所经常提出创新成果，我也认识到理论与工程知识的密切结合是美国在应用领域中创新的关键和特点。爱荷华水利研究所除了对研究报告要求有新意外，还不断推出新仪器和改进设备。所内有一个技师班，其成员经常巡视研究设备与仪器，征求使用人的经验并和使用人讨论改进的意见，然后迅速作相应加工修改，使得设备不断改进、创新。[①]

研究所的工作要求不断创新，爱荷华水利研究所的学位论文也强调要有新意，不问篇幅。正是在这里，林秉南拜读了他见过的最短的博士论文。这篇只有 19 页的论文，作者为易家训，他是与林秉南同届的中国公费留学生。在这篇简短的博士论文中，易家训就对流问题提出了新的见解。在爱荷华水利研究所，即使是以水利史为题的论文，也要求学生查阅德、意、法、荷等多国原始资料，写出前人所未涉及的内容。当时，作为博士研究生的易家训，通晓多种语言，查阅了大量的外文资料，他的论文也成了绝响。科学研究求新而不拘于常规，爱荷华水利研究所在这一点上给了林秉南很好的训练和熏染。

## 良 师 益 友

回顾林秉南的少年和青壮年时期，他从老师处得益颇多。中、小学

---

① 林秉南自述，存于采集工程数据库。

时，老师的教益主要是品行和基础方面；大学和研究生时，更多在于专业的进步以及良好学风和科研精神的培养。林秉南认为：

> 爱荷华大学是一所很好的大学。我在那里得以转变成为水利工程师，主要得益于它出色的教师队伍。爱荷华大学的水力学以应用流体力学为基础，教流体力学的饶斯、水工建筑的阿林、明渠水力学的普赛、水流量测的豪维、泥沙工程的莱恩（E. W. Lane）[①]，都是当时知名学者或经验丰富的工程师。

普赛教授是林秉南明渠不恒定流的启蒙老师，使林秉南最初感受到的却是他的团队精神。入校后不久的一天早上，林秉南去工学院上课，路上偶遇普赛教授，一路同行了十几分钟。当两人刚一并排时，普赛教授便做了一个换步，改为和林秉南齐步走，然后才开始谈话。普赛教授不经意的一个动作给初到美国的林秉南留下了深刻的印象。从中他不仅了解到这里众人同行要齐步的惯例，而且从中感受到普赛教授为人谦和的高贵品格，因为在这种情况下，本该是由学生换步来跟上老师的。念及于此，林秉南对普赛教授的崇敬之情不禁油然而生。因为林秉南心里装着修文电站引水渠水流波动的疑问，到爱荷华大学后，他便留意到普赛是教明渠水力学的教授。这天早晨的偶遇，让他格外珍惜。林秉南迫不及待地向普赛教授请教修文的不恒定流问题。一路交流，很快走到了工学院。分手时，普赛教授还约林秉南以后继续谈。

著名的水力学教授饶斯，是林秉南的博士论文导师，也是让林秉南受益颇深的一位良师。当时，爱荷华水力实验室受冯·卡门的影响很大。饶斯教授曾听过冯·卡门在加州讲习班的授课，非常推崇冯·卡门。也许受到卡门先生严谨认真精神的感染，在言谈举止上饶斯教授也是一丝不苟，许多学生都很敬畏他。饶斯教授一向以考题巧妙、难以通过著名。20世纪六七十年代，有一个班级的学生在全体通过饶斯的考试之后非常

---

[①] 莱恩（E. W. Lane），泥沙工程专业教授。曾任民国时期中国导淮委员会顾问。

欣喜，定制了一批T恤，在胸前印有"I Survive Hunter Rouse"字样，意为"我从饶斯那里活过来了"。他们集体穿上T恤合照，表情十分自豪。此后在爱荷华大学的学生中相继成风，这样的T恤在市面上也流行了许多年。一直到现在，当有人问起林秉南当年他怕不怕饶斯教授时，他还会以一个字回答："怕"。对于这位导师，林秉南经历过从畏而近之到畏而敬之的过程。

出国前，林秉南对饶斯教授的严厉就有所耳闻。真正和饶斯教授相处是林秉南在水力学实验室工作时以及参加全美流体力学讲习班后被饶斯选任为他的助教期间。饶斯教授出色的专业能力令林秉南钦佩：他对复杂边界条件下的流动有超凡的预见能力；对机电设备的性能和零部件的加工过程了如指掌；能深入洞察和预见试验设备可能出现的水流问题，并提出有效的改进办法，以确保设备的良好性能。所以，爱荷华水利研究所的成员们都力争把自己的设备设计图纸（如水洞、风洞、长活动水槽、精密差压计等）请饶斯教授帮忙审查。林秉南发现，尽管饶斯教授对学生和同事的批评一针见血、毫不客气，但大家都觉得批评过后颇有收获。饶斯就像一部强大的推进器，推动着他的研究所、他的实验室、他的学生迅速前行。因此，林秉南也为自己能成为饶斯的博士研究生深感荣幸。

> 与饶斯教授相处我最大的心得是做事实事求是。工作做得好他欣赏你，做得不好他会对你不客气。他很重视实际操作，什么事情都要一点点自己做，这一点影响我一生。[①]

1981年5月，应林秉南的邀请，70多岁高龄的饶斯教授访问中国，并在水科院给来自全国的水力学教师和研究人员用英语讲授流体力学。开幕式上林秉南致完欢迎词后，坐在听众席第一排静静地听导师饶有风趣地演讲，他十分享受，也许是他最后一次能听到的饶斯教授讲课。在北京讲学以后，林秉南又亲自陪饶斯教授到无锡、上海参观。这次陪同，让林秉南

---

① 林秉南自述，存于采集工程数据库。

图 2-2　1981 年 5 月，林秉南接待恩师饶斯教授到中国讲学和参观

难得地接触到了一位和蔼可亲、带着幽默和赞许的饶斯教授。这也是成为他的学生之后，林秉南最为轻松的日子。

在参加委内瑞拉国家水力学实验室的设计和爱荷华水力学实验大厅循环水槽建设的过程中，项目负责人拉尔森（E. M. Laursen）成为这一段经历中对林秉南产生重要影响的人。拉尔森教授是当时爱荷华水利研究所泥沙研究工作负责人，对于林秉南而言亦师亦友。拉尔森教授对泥沙运动力学造诣深厚，而最令林秉南折服的是他十分熟悉机电设施，而且精通机械设计。

爱荷华水力学实验大厅的整个活动水槽由拉尔森教授独自出图和监制建成。这是一座堪称精品的可变坡水槽，全长 36 米，试验段长 27 米，宽 1 米。左右为玻璃边壁，高 15 英寸。最大坡降约 1.2%，还可逆坡使用。全槽由两根 12 英寸槽钢承重，槽身有 5 个支点。中间是铰接，左右各有两个支点则只传承垂直荷载。水槽采用变频水泵供水，可无级调节流量。透过水槽的玻璃边壁，可以清楚地看到床面附近泥沙的运动情况，对床面形态的变化，包括沙波的从无到有、从有到无、又从无到有的过程以及河床蜿蜒的先兆甚至床面水流的猝发现象都能观测得到（当时并没有使用猝发这个词，但已观察到这个现象）。

在水槽的设计过程中，拉尔森教授常常带着林秉南一起去向饶斯教授请教。从两位机械设备行家的探讨和拉尔森教授的主动求教中，林秉南收

第二章　彼岸求学游子心　　*45*

获的不仅是设计专业领域的技能，还有谦逊和严谨的作风。

自1950年3月至1952年9月，林秉南多次使用这座循环水槽进行输沙试验。在试验的过程中，获得了许多自己前所未有的概念和认识。他通过研究泥沙浓度对泥沙沉速的影响，认识到泥沙颗粒雷诺数是研究浓度效应的另一个重要参数，并以奥辛方程为基础扩展了原来的近似分析，证实了浓度效应的存在。另外，在拉尔森教授的指导下，林秉南成功设计了供实验室使用的精密泥沙取样器，用以在流量高度恒定的水流中沿水深抽取沙样。林秉南通过取样结果发现，在床面附近的既定点抽取沙样，往往在一个地点就需要连续抽取1小时以上才能获得这一点的恒定沙样，由此感受到，在水文试验中要准确测取床面附近一点的含沙量相当不易。

教授水工建筑的阿林教授是另一位令林秉南钦佩的老师。阿林教授被称作当时美国陆军工程兵团的四大坝工专家之一，擅长碾压土坝设计，对岸边溢洪道尤有研究。当时他已退休，应爱荷华大学之请，每周来校授课。阿林教授对理论很重视，同时也强调实践的重要性，他时常叮嘱学生不要成为书呆子工程师（Bookish engineer）。当时，爱荷华市邻近的柯达维勒市（Cordaville）正在修建一座中型碾压土坝，阿林教授几次带林秉南和同学们去实地参观，并做详细的现场讲解。

阿林教授非常关心中国的坝工建设，他曾专门为林秉南等中国学生讲课，介绍适用于中国的坝型。他建议中国除了应重视土坝外，在岩基上建坝可优先考虑砌石连拱坝，以减少当时中国缺乏的混凝土用量。在他看来，基于支墩趾部的应力，石连拱坝可以建高达200多英尺，而且可以适建于较宽的河谷。多年后，回到祖国的林秉南发现，在梅山和佛子岭都建成了高八九十米的混凝土连拱坝。如此巧合，真是"英雄所见略同"。

林秉南选修了阿林教授授课期间的全部课程。结业时，阿林送给林秉南一本自己的得意之作——《泄槽溢洪道》（*Chute Spillway*），还在扉页上题字："To my friend and pupil Pin-nam Lin for knowledge and for finishing as number one in my class of 1948-49"（赠我的朋友和学生林秉南，奖励他的学识以及他在我教的1948—49学年班级中名列第一）。

莱恩先生曾是爱荷华大学水利系的名师之一。但在林秉南入学后不久，他便转去美国联邦垦务局做顾问。庆幸的是，当1952年林秉南前往科罗拉多州立大学工作后不久，莱恩教授来校兼课。彼此办公室相邻，往来方便，林秉南得以时常聆听教益。

莱恩常常邀林秉南参与他与学生关于印度Chosi河[①]泥沙问题的讨论。教授的讲解使林秉南眼界顿开，自己也时常尽己所知、偶赞一词。后来，莱恩教授为研究生开设泥沙工程课，邀林秉南合作，让他讲授泥沙输移力学部分。因为是合授教师，所以林秉南便顺理成章地旁听了他的授课，弥补了在爱荷华时的遗憾，真可谓失之东隅、收之桑榆。

通过接触，林秉南发现莱恩教授的特点是物理概念非常清楚，而且对泥沙问题有很强的预见力。鉴于高坝日渐增多，莱恩教授提出，设计从高坝水库引水的土渠时，将面临清水冲刷的种种问题，并就此主持开展了大量关于土渠在清水水流作用下的稳定性研究。他深刻理解水流现象的流体力学本质，对坝面水流掺气的原因提出过水利学界公认的经典解答。除了在解决水利工程中的泥沙问题上有很高造诣外，莱恩教授在河流地貌和土渠自高坝引水等两方面也有深入研究。这位饱学之士为人诚恳，总是彬彬有礼。林秉南常为自己有机会接触这样一位学者和忠厚的长者感到幸运。

多年后，林秉南在三峡泥沙问题的研究中，首先提出要利用三峡泄放的清水减少洞庭湖淤积，改善洞庭湖水环境和争取加强城陵矶汉口段的输沙作用。应该说，这也是受到了莱恩教授重视水库泄放清水主张的启发。

> 我的博士论文导师是麦克南和饶斯两位。同时，1949—1951年我担任爱荷华水利研究所的副研究员。如果只在老师安排下做试验，得益是有限的。试验的规划是很有学问的，其间包括选取主要变数，抓主要矛盾，以有限的经费完成主要的工作等。这段经历期间，我从参加仪器的设计和试制中最为得益。所以，如果有机会应争取从头参加研究，学会或至少理解导师的意图和计划。[②]

---

① Chosi河，恒河的一个支流。发源于尼泊尔，尼泊尔部分叫阿润河。
② 林秉南自述，存于采集工程数据库。

多年后，林秉南建议学生：

要师承国外导师，必须努力过英文关，做到沟通无碍，这是起码的条件。在此基础上，争取能同导师对试验工作展开讨论，明白导师的意图，并贡献自己的看法。这个过程中，切记要谦虚谨慎，不要自命不凡。确实有不同见识时，可以低调说明。对事实本身可以坚持，对事实的理解则应虚心听取意见。①

严谨克己、谦虚求教，主动参与、践行渐进。这是林秉南身为导师对后辈的教导，更是他从良师的言传身教中学会的品格。

在爱荷华期间，林秉南还认识了不少中国留学生朋友。其中，同在爱荷华水力学实验室学习的有六七位之多。除了之前提到的许协庆、方福桓，还有后为中国科学院院士的汪闻韶、钱宁②和后为美国科学院院士的易家训等。

写出林秉南见过的最短博士论文的易家训，是林秉南这些朋友中最值得称道的人之一。易家训是贵州人，和林秉南同年获得公费出国资格，一起坐船来到美国，共同进入爱荷华大学水力学实验室学习和工作。有意思的是，林秉南喜欢研究水流的表面波动问题，易家训则注重研究流体的内部波动问题；林秉南注重因时间变化的不恒定流问题，易家训则喜欢因流动空间结构变化引起的流体不稳定不均匀问题；林秉南向泥沙问题开拓方向，易家训则向大气环流、大海洋流开拓研究领域。两人之间交往颇多，相得益彰。后来，易家训周转在美国各大学任教，著述颇丰，他的书至今仍是美国研究生教学的经典读本。易家训比林秉南年长两岁，才华横溢，能讲流利的英、法、德语。后来成为密歇根大学铁木辛柯③讲座教授、

---

① 林秉南：关于学术师承的自述，存于采集工程数据库。
② 钱宁（1922-1986），浙江杭州人。中国水利学家，泥沙专家。曾任中国科学院水工研究室研究员、水利水电科学研究院河渠研究所副所长、清华大学水利系教授、中国科学院学部委员（院士）。早年师从美国水文学家爱因斯坦（Hans Albert Einstein），师生合作发展了高速不均匀沙的输沙理论，为河床演变学派创始人之一。著有《泥沙运动力学》、《河床演变学》等著作。
③ 铁木辛柯（1878-1972），美籍俄罗斯力学家。1878年12月23日生于乌克兰的什波托夫卡，1972年5月29日卒于联邦德国。

卡门力学金牌奖得主。

好友钱宁，浙江人。在林秉南看来，钱宁很聪明，颇有江南才子的风度。虽比林秉南年少两岁，但钱宁仅晚一年（即1948年）便获得硕士学位。后来，林秉南留在爱荷华继续念博士，钱宁去了加州，但二人几乎同时获得博士学位，这也足见其才气。后来，林秉南和钱宁同时回国，一起被分配到中国科学院水工室当研究员，分别担任水工组副组长和泥沙组副组长，共同为组建新中国的水利研究机构与人才队伍奋斗。钱宁重视实验，重视实地考察，重视第一手资料，在泥沙研究上成绩斐然，尤其在泥沙动力学和河势演变方面钻研很深，自成一家。20世纪80年代中期，钱宁的中文著述曾被多方译成英文，作为教材流传于美国各所大学。林秉南和他的友谊一直持续到后来的工作中，甚至延续到彼此的学生之间。钱宁1979年患癌症，许多工作不能亲力而为，就请林秉南出马，只要是钱宁委托，林秉南无不全力以赴。例如，为第一次河流泥沙国际学术讨论会（1980年3月）撰写大会报告，1981年担任国际泥沙研究培训中心顾问委员会主任，担任三峡工程泥沙专题论证专家组组长以及为钱宁继续带博士研究生，等等。

1986年12月，钱宁谢世。林秉南痛失益友，潸然泪下，写下诗行：

## 伤永别
### 悼泥沙工程专家钱宁院士

（一）

海外识荆正少年，奇才倚马赋华篇。

风流不弃浊浑水，意在神州巨泽川。

（二）

异国荣华只等闲，辞亲万里间关还。

横斜疏影忽逢雪，缀玉迎春知傲寒。

（三）

志切河清致晏然，挑灯发愤效前贤。

躬临湍急明河势，又发烟波一叶船。

（四）

风义回首四十春，皈真奉献最感人。

何堪此日失诤友，遥望江河泪满巾。

## 执子之手

除了良师的教导和益友的情谊，林秉南在爱荷华还收获了自己的人生挚爱和终身伴侣——王宝琳[①]。

王宝琳出生于江苏南京，祖籍浙江黄岩县，是我国分析化学的先驱者之一王琎[②]教授的女儿，从小受到良好的教育。15 岁时染上了猩红热，母亲因日夜看护她而被传染，她治愈，母亲却不幸病故。在极度悲痛之余，她下定决心，长大后一定要学医，治病救人，以后真的走上了学医的道路[③]。1944 年，从国立上海医学院（即现在的复旦大学医学院）毕业后，她和弟弟王启东[④]先后漂洋过海来到爱荷华留学。

1948 年秋天，在爱荷华大学中国同学会年会上，林秉南第一次见到王宝琳。那时，她刚进入爱荷华大学药理系（Pharmacology）进修。林秉南留意到，这位穿粉红色旗袍的女同学看上去很端淑。但因与会者众多，他们初次见面并没有交谈的机会。

---

[①] 王宝琳（1919-2012），浙江黄岩人。小儿肾脏疾病专家。1944 年上海医学院毕业，1948 年留学美国，1956 年回国，在北医大一院工作，1979 年任教授。20 世纪 60 年代建立儿科肾脏专业组，1979-1991 年任中华儿科学会儿肾学组组长，发表论文 58 篇。1994 年获卫生部医药卫生科技进步奖二等奖，1996 年获光华科技奖二等奖，1998 年获亚洲儿肾学会儿肾先驱者荣誉称号，被誉为"中国儿肾奠基人"。

[②] 王琎（1888-1966），字季梁，浙江黄岩人。1909 年赴美留学，毕生致力研究中国化学史，擅长经典微量分析，是中国化学史与分析化学的开拓者之一。全国政协第二、第三、第四届委员，浙江省政协第二、第三届副主席，九三学社杭州分社副主任委员，中国化学学会理事，浙江分会理事长。

[③] 王宝琳自述，存于采集工程数据库。

[④] 王启东（1921- ），浙江黄岩人。机械工程学与金属材料学专家，教授。曾任浙江大学副校长、顾问，浙江省人大常委会副主任，浙江省科协副主席，浙江省金属学会副理事长。

称作"老人河"的密西西比河应当算得上是林秉南和王宝琳的"月老"。同学会后两三天,林秉南忽然接到黄景泉(留学生王世真的夫人)打来的电话,告之王宝琳要去圣路易斯市(St. Louis)向华盛顿大学(Washington University)申请进修。她建议林秉南陪同前往,林秉南欣然同意。圣路易斯市坐落在密西西比河河畔,周末,他便和王宝琳乘坐"灰狗"(Greyhound)[①]长途公共汽车,夜间从爱荷华城出发,沿着"老人河"向目的地进发。

一路上,"老人河"就是林秉南和王宝琳最好的谈资:名字的来历、河的传奇色彩、沿途景观与今后的治理方向,他们还彼此交换了留学的经历和感受。两人交谈甚欢,几乎一夜无眠。第二天的上午到达华盛顿大学后,王宝琳找到哈特曼(Hartman)教授[②]提出自己的申请。经面谈,得到教授同意,顺利办好了相关手续。因为进修班次年夏天开学,所以林秉南又陪同王宝琳于当天下午坐上灰狗回爱荷华市。返回途中也是一路交谈,彼此的感情就这样在汽车的颠簸和密西西比河河水的流淌声中迅速发展。

> 这是我有生以来第一次单独和异性出游。我们一路上谈得很投机、愉快。一夜未合眼,也不困。只觉得我和宝琳坐公共汽车很快就到了圣路易斯市。[③]

这次陪同也为以后的见面奠下了基石。当时,王宝琳在爱荷华大学医学院有一个小试验室,这里成为两人下班或晚饭后见面、聊天的主要地点。爱荷华大学医院坐落在爱荷华河的南岸,与爱荷华城市公园隔岸相对,是爱荷华城风景最迷人的地方。白天阳光明媚,清流荡漾,时见野鸭成群结队在河中戏水;夜晚树荫婆娑,银盘倒影在河中,周边一片宁静。这里见证了林秉南和王宝琳初恋的浪漫。

---

① 灰狗(Greyhound),由英文名直译而来,是一种遍布美国的既经济又实惠的长途公共汽车。晚上还可以在车上歇息以节约宿费。
② 哈曼(Hartman),美国著名儿科医生,擅长婴儿补液,拥有以他命名的补液(Hartman solution)。他的进修班门庭若市,不易通过申请入学。
③ 林秉南自述,存于采集工程数据库。

从 1948 年的冬天到 1949 年春天，两人感情不断升温。1949 年 4 月，他们在美国爱荷华城结成伉俪。王宝琳的胞弟王启东回忆道：

> 老林跟我姐姐比较熟。我姐姐后来转到华盛顿，老林一个礼拜或是两个礼拜去看看她。后来她回到爱荷华，他们就结婚了。我记得是在一个教堂里，结婚那天水利系所有学生都出动，大聚会，中国学生都去了，他几个老师也去了。结婚以后，我一个礼拜也去一两次他们家。有时候他们请我吃顿晚饭。①

婚后，好消息不断传来。首先是王宝琳正式获得了华盛顿大学的儿科进修资格，接着林秉南接到爱荷华水利研究所的信，从饶斯教授的助教正式被任命为水利研究所的副研究员。

结婚约 3 个月后，王宝琳前往华盛顿大学参加哈特曼教授开设的儿科进修班。半年后，她培训结束回到爱荷华大学儿童医院，担任儿科研究助理，主要研究用黄豆浆代替牛乳喂养婴儿问题。

图 2-3　1949 年，林秉南结婚时与部分朋友合影

---

① 王启东访谈，2012 年 4 月 9 日，杭州。存于采集工程数据库。

婚后的林秉南和王宝琳衣食无忧，除了各自努力追求学业和专业领域的进步，他们尽情享受着简朴却甜蜜的生活。爱荷华每个月都有艺术学院的学生进行免费演出，夫妻二人有时会相伴同去，一同哼唱起爱荷华大学的校歌，译文如下：

图 2-4　1949 年，林秉南与妻子王宝琳在爱荷华大学水利研究所合影

  啊，爱荷华，为你骄傲，为你脱颖而出，
  爱荷华，我们爱你，永远如初，
  男子忠诚，献上炙热的烤面包，
  女儿忠贞，爱你真实，心中无芜。
  啊，爱荷华，遍地生机，财富无数，
  你赐给我们的是无穷无尽的爱，
  爱家庭，爱朋友，也爱你所在的乡土。
  谢谢你，亲近无比的上帝，
  为你承担一切，我们自豪，谢意满腹。
  啊，在这里志同道合的朋友们，
  我们即将离别，相聚而散，各奔前途，
  但爱荷华雄鹰之目仍将注视，
  雄鹰之魂在心里永驻，
  啊，荷华州，爱在荷华，我们干杯，
  向你立誓，保证我们永恒的爱慕。

  林秉南和王宝琳也在校歌声中，吟唱着对彼此最炽热的爱。

第二章　彼岸求学游子心

## 海外执教

1951年8月，林秉南正式完成博士论文，在美国爱荷华大学获得博士学位。1952年初，经饶斯教授推荐，应阿尔伯逊（Albertson）教授之邀来到美国科罗拉多州立大学任教，并从事泥沙及水库水面蒸发相关研究工作。他作为研究生部助理教授、莱恩教授的合作讲师，为研究生讲授明渠水力学、进级流体力学和泥沙运动3门课程。先后培养了两名美国硕士生和一名泰国博士生。这是林秉南人生的又一次重要转折，是他从学习到授业的转折，从完善自己到教书育人的转折。

> 我不知道应该像饶斯教授一样严厉，还是像儒家先生一样谦和。也许本能和传统会给我和蔼可亲、彬彬有礼的课堂形象。在这里初为人师，社交范围变了，对美国的人情世故有了更多的认识。①

科罗拉多是山区高原，全州平均海拔约为2072米，为美国50个州中地势最高的州。著名的科罗拉多州立大学位于科林斯堡古镇上，海拔1500米，古镇居民多为大学师生。这里的代表色是红与白，红为岩石，白为羊群。林秉南在此执教时，科林斯堡还是"世界饲羊之都"。

名校、低犯罪率、高技术经济和极好的户外生活，使科林斯堡成为美国最富有生活和工作价值的城市。林秉南很喜欢科罗拉多的大学教育环境。当然，从研究生和研究人员向大学教师转变，也有适应和磨合的过程。刚开始时，课堂1分钟需要林秉南用课下10分钟去准备。授课内容准备得满满的，丰富的参考资料和文献，林秉南生怕讲不完。慢慢地，他的讲课就自然了许多，揉进了趣味、融入了心得和实践体会，林秉南开始能够由近及远、将繁化简地向学生讲解一个个水流运动和泥沙运动规律。

---

① 林秉南自述，存于采集工程数据库。

考察周边河流、水电工程是林秉南缓解工作压力最主要的休假方式。周边河流主要发源于落基山山脉，有两条大的密西西比河支流，一条是阿肯色河，向东流去；一条为普拉特河，从西边绕过大学城，向东南方向流去。另外，还有著名的科罗拉多河，它也是北美洲的主要河流之一。科罗拉多河发源于科罗拉多州中北部的落基山山脉，向西南流去，形成一条2330公里曲折蜿蜒的水道，注入加利福尼亚湾。河流奔腾犹如离弦的箭、脱缰的马，沿路在崇山峻岭及高原上冲杀、切割，蔚为壮观，犹以大峡谷段的壮丽而闻名于世。科罗拉多河流域是美国进行水资源综合利用与开发（即工程具有发电、灌溉、旅游、防洪与航运等综合效益）的首个流域。

林秉南曾利用在科罗拉多任教期间的一个假期，考察过科罗拉多河上的胡佛大坝。胡佛大坝位于大峡谷的出口，混凝土大坝拦河截断，凌空飞跨。拦河坝高221.4米，坝顶是一条拱状弯曲的公路，长379米、宽13.6米。4条施工时的导流隧洞，潜龙般盘踞在坚硬的岩石之中，左右岸各2条，直径15.25米，总长4860米，空间足够3辆载重车并驶。后来，2条改建为向厂房十几台机组供水的发电引水洞，2条改建为洪水期间保护大坝宣泄洪水的泄洪洞。进水口各由4扇宽4.9米、高30.5米的弧形闸门控制。这些虽然被厚重的岩石所深埋，但就从尺寸解读其规模，还是让林秉南感叹不已：工程设施的建设需要强大国力的支撑！

从现场回来后，林秉南总会查阅一些文献资料。他从文献得知了胡佛大坝坝名的由来以及工程发挥的巨大作用：它带来了拉斯维加斯城市的形成、发展和荣盛；带来了加州和亚利桑那州沙漠及干旱地区的百万顷良田；带来了南加州工业与科技的蓬勃发展、城市群落的形成与繁荣；带来了洛杉矶这座千万人都市的清洁水源。此外，大坝还发挥着发电、航运、防洪等综合效益。现场的考察和文献阅读，让林秉南领悟到：有强大国力做后盾，可以建设伟大的水利工程；伟大的水利工程又可以反过来促使国力变得强大起来。对于积弱已久的中国，后面的道理是自己和同辈们最应当重视的。

工作之余，林秉南常常留意与三峡建设有关的信息，并思考三峡建设可能遇到的水力学问题。他注意收集高坝水力学和大坝防空问题两方面的资料,并有针对性地阅读了一些世界战争中大坝遭遇袭击的报道以及溃坝波的研究成果。在此过程中,大坝建设带来的筑坝新技术,尤其是高坝泄洪消能问题及空蚀空化问题也引起了林秉南的关注。这些都为他回国后较长时间从事高速水流研究积累了许多可以参考的知识。

在科罗拉多州立大学任教后期,国内的消息不时在留学人员中传播。当时正值朝鲜战争,中国内地的消息在美国媒体上还是以负面报道居多,但林秉南还是会从报纸的字里行间以及广播的播报中接收到国内时局变化的信息。此时,王宝琳的父亲不断寄来家书催促他们回国,林秉南早已退休的父亲也不时来信提起想念之情。亲人的期盼和祖国的召唤,就像浪花一样在林秉南心中荡起波澜,激荡着游子对亲人和故土的怀念,更久久不能平息报效国家的愿想。

> 异国他乡,虽物质丰厚,但寄人篱下,心无归属。加之父母年迈,胞弟有恙,故急于回国参加发展中国水利事业。①

1954年,已经将回国提上议事日程的林秉南,考虑到在学校工作必须以学期为单位,中途不便离校。为此,一家人决定先离开科罗拉多大学,去美国东部工作。当时中国华侨资本家在新加坡刚刚筹办南洋大学,原交通大学贵州分校校长胡博渊担任工学院院长。1954年初,林秉南以前去任教为借口,婉拒了校方的劝阻和高工资的诱惑,辞去了科罗拉多大学的工作,以便伺机随时回国。他和家人选择驾车向南经新墨西哥、德克萨斯等州,再向东转北经密西西比、马里兰等州进入纽约市。

安顿下来后,林秉南很快就在纽约的 Corbett & Tingher 工程公司找到一份混凝土设计师(即水电厂设计)的工作。入职不久,林秉南遇到了一个坝后厂房的尾水问题:尾水池中有一个岩石小岛,挖除这个小岛能增加多少水头是衡量要不要挖除这个石岛的主要因素。公司一方面让林秉南估

---

① 林秉南自述,存于采集工程数据库。

算，同时暗中委托美国西北部华盛顿州大学进行模型研究。结果，林秉南计算得出30.48厘米，模型验证给出30厘米。结论几乎一致。从此，公司对林秉南大加信任。这份工作一直持续到1955年12月林秉南回国前夕。这段经历虽只是回国前维持家庭生活的权宜之选，却也让林秉南收获了来自一线的工程经验和同事的友谊。

1955年7月，女儿林衍翔在纽约哥伦比亚大学医疗中心出生。已是一名4岁多男孩父亲的林秉南，从此儿女双全，家庭愈加幸福。

图2-5　1954年，在美国与妻子、儿子的合影

## 回归故土

1951年，朝鲜战争爆发。美国移民局发布禁止中国留学生离境的命令，尤其是学理、工、医的留学生回国渠道被彻底关闭。林秉南一家本已定好回国船票，但禁令已出，虽经多方努力，也未能脱身。通过什么途径回国、途径是否安全，成了困扰林秉南一家的难题。

林秉南的妻弟王启东已于1951年回国。他回国的过程也相当曲折。当时，林秉南写信回国请姐姐从广州赶到香港，以王启东妻子的名义分别将3封电报发给了美国国务院、爱荷华大学留学生管理处和王启东本人，佯称家父身体有恙，儿子幼小，急需他回家照料。王启东拿着电报向学校申请返回香港，校方核对了电报的出处后报告政府，才得以批准离开美国，后途经香港才回到杭州。

虽然美国政府百般阻挠，一些坚决要求回国的留学生一直都没有放弃

图 2-6 "留美科协"人员合影（1996 年摄于北京，第四排左三为林秉南）

回国的努力。留学生们通过组建爱国团体、召开联谊会、联名向美国总统和联合国秘书长发公开信等方式表达了回国的意愿。但真正对事态的进展起到决定性影响的还是中美两国政府间的谈判。

朝鲜战争中，中美双方都抓获了大量战俘。虽然 1953 年停战协议签署后，通过交换战俘，美国换回了 3326 名"联合国军"战俘，但仍有大约 155 名美国公民滞留在中国，另有约 450 人失踪。1954 年，中方同意与美国展开战俘问题谈判。谈判中，美国希望释放所有在中国受到监禁的美国人，而中方则要求美方允许留在美国的中国科学家回国。经过艰苦的谈判，进展甚微。美国政府对 100 多名被限制离境的中国学生和研究人员的技术背景进行了评估，认为不会影响美国安全。1955 年 4 月 1 日，国务卿杜勒斯向艾森豪威尔总统提交备忘录，建议放行这些学者，从而换取中方善意，以解决战俘问题。于是，超过一半的留学生被告知他们的离境限制被取消了，可以随时离开美国。

一天，与林秉南联系甚密的好友许协庆来信，兴奋地告诉林秉南回国的渠道通畅了，他通过友人与大陆驻瑞士日内瓦的中国领事馆取得了联系，请林秉南静候佳音。最终，林秉南夫妇通过这一渠道，表达了回国的强烈愿望，并得到欢迎的回函。1955 年 12 月，当收到移民局可以回国的通知后，林秉南一家恐生变故，迅速启身。

此时，距离 1955 年的圣诞节不过十几天。早晚的天气有些寒冷，但林秉南和夫人王宝琳的内心却不太平静，一想到就要回到阔别近 10 年的祖国、见到久别的亲人，心里暖意顿生。

临行前，林秉南给自己安排了两项任务：准备书籍和资料，回国后用得上；安排与朋友们的告别，尤其是和美国朋友告别。夫人王宝琳则更忙一些，因为她还要忙着收拾行装和照顾孩子。12 月开始弥漫着圣诞节到来的气氛，林秉南和家人在许多的默默祝福和许多的挽留甚至一些不理解中，踏上了归途。

1955 年 12 月 31 日，林秉南一家飞离纽约抵达旧金山。在那里停留了几天，补充了一些要带回国的东西，然后和一批归国留学生一同在那里登上回国商船戈登将军号（General Gordon）的甲板。船只向远方驶去，激起一波又一波海浪。林秉南的心情是愉快的，因为他们在一天天向祖国靠近。

轮船一路颠簸，于 1956 年 1 月经夏威夷到达香港。靠岸前的那天清

图 2-7　回国的路上在夏威夷岛上岸观光（1955 年摄于美国）

晨，船上的人们响起一阵欢呼，只见前方已出现黑黝黝的陆地。林秉南知道，他们的航程就要结束，自己的海外生活也随之结束。当时，美国国境线设在夏威夷。林秉南在此办理离境手续时，美国移民局的工作人员对他说："你们随时可以回来"。而这一刻，他心里满满的却是回归故土的轻松和喜悦。

香港当局如临大敌，不允许船只靠岸。安排泊船到水上将回国学生转送至九龙的尖沙咀火车站，直接让他们乘火车到达当时的边境小镇罗湖。林秉南一家在那里向中国的官员报到，办理入境手续，次日乘火车回到广州与父母团聚。林秉南一家共带了13个大件硬壳行李箱，非常惹人注意。实际上，除其中3箱为一家4口的衣物外，其余10箱都是准备将来贡献给工作单位的技术资料和图书。

当林秉南提着行李、偕妻儿走过罗湖桥时，他不禁深深地吸了一口气。这是故土的气息，令人向往，令人陶醉。

> 至今还很感谢许协庆，如果没有他的努力，或许自己回国还要拖延一段时间。回顾在美国留学和工作将近10年，最大的收获当然是水利工程知识的提高，特别是水力学方面的提高，还有联系实际和创新意识的增强。另外，我也认识到国外学术的快速进步与开放和激烈的学术讨论有关。①

登上商船远赴重洋时，林秉南27岁。归来时，年近37岁的林秉南，收获的远不止学位、妻儿、经验、阅历，等等这些。万里求学游子行，学成归来报春晖。回归故土的林秉南在生养自己的土地上开始了人生又一段新的征程。

---

① 林秉南自述，存于采集工程数据库。

# 第三章
# 艰难创业奠基础

## 受命择业

1956年初，林秉南和夫人王宝琳带着5岁的儿子林寿华、仅6个月大的女儿林衍翔抵达广州。在父亲林黄卷家中小住半个月，其间举家去杭州看望岳父王琎教授。返粤后即起身北上。一到北京，林秉南便向国务院报到，然后由教育部安排在前门外的永安饭店住下，等候分配工作。

林秉南晚年回忆起这段经历，还清晰地记得：

1956年2月初，我们一家乘火车到北京。因为把大部分钱花在买书上面，从广州到北京，全家只买了两个硬席卧铺，再要了一副卧具给宝琳和女儿用。我和儿子林寿华则穿上大衣睡觉。大衣是从美国带回来的，这种大衣是为了短时间保暖设计的，轻便有余，保暖不足。火车进北京站时，正是旧历正月的严寒季节，我们父子两人躺在硬板床上，都冻得发抖。幸亏很快就入住前门外的饭店，有暖气便缓过来了。带来的十几箱书，后来由钱宁教授带领十几位年轻人帮助提取到清华大学。我还记得其中有时启燧、姜凯、汪诗金等人。书很重,他们都很辛苦。但因为这些书都是为公家带的,而且听说他们都是进步青年,我当时也没有向他们道谢。[①]

同年3月,将满36岁的林秉南以归国专家的身份,正式被分配到中国科学院水工研究室工作,职称为研究员。妻子王宝琳被安排在北京医学院工作。不久,组织上又为林秉南分配了住房,全家从饭店搬进了位于中关村的中国科学院新宿舍乙楼,房间不大,只有一室一厅,一家4口住进去显得相当拥挤。住房条件虽然不如在美国工作时宽敞,但林秉南和王宝琳谁都没有在乎这些,他们很高兴小家能够顺利安顿下来,期盼着全力投入到新的工作中去。

1955年,中国科学院成立学部,拟依托清华大学水利系筹建该水工研究室建立水利专业的基础性研究机构。1955—1956年,国务院制订了国家《十二年全国科学技术远景规划》。根据《规划》要求,中科院水工研究室拟定的专业方向为开展水利基础性研究。取得清华大学校方的认可和支持后,中国科学院任命张光斗教授为研究室主任负责主持筹建工作,并从清华大学、华东水利学院[②]、武汉水利电力学院[③]和天津大学等高校选拔了10名应届毕业生,开始了筹备工作。

筹备初期,水工研究室借用清华大学水利馆两间办公室办公,直至1956年,中国科学院派杨家德副主任来研究室主持工作,办公地点才迁出清华水利馆,搬至清华园新林院,与中国科学院动力研究所合用一栋二层小楼(原中国科学院数学研究所旧址)。

1956年,中国科学院水工研究室正式成立之后,积极邀请留学回国人员,充实专业骨干队伍。先后有留美学者钱宁、林秉南、肖天铎[④]与杨

---

[①] 林秉南自述,存于采集工程数据库。
[②] 1985年更名为河海大学。
[③] 2000年并入武汉大学。
[④] 肖天铎(1916-1996),江苏宿迁人。水力学专家,水利水电科学研究院水力所教授。早年留学英国、美国,1956年同妻子杨秀英同时回国。著有《肖天铎科学论文集》,研究领域主要为紊流、水动力学、水弹性振动和管道瞬变流方面。

图 3-1　中国科学院水工室全体人员合影（1957年摄于清华大学，第一排左一为林秉南）

秀英夫妇、冯启德、朱可善和留苏学者丁联臻、张有实、黄俊、朱忠德等人归来。同时，又从1956年大学应届毕业生中陆续选拔了二十余人，从1957年大学毕业生中再挑选十余人。一时间，新组建的中国科学院水工研究室，人才济济、群英荟萃。

1956年初，我回到广州转来北京，被分配到中国科学院水工研究室工作，职称是研究员。室主任是张光斗先生，副主任兼党支部书记杨家德（起初是丁联臻做支部工作）。最初研究室内设泥沙和水力学两组。泥沙组副组长是钱宁教授，我担任水力学组副组长。计划一面开展工作，一面以这个室为基础建成中国科学院水工研究所。①

成立初期，设泥沙、水力学、水工结构3个专业组，后来又增设了水

---

① 林秉南自述，存于采集工程数据库。

第三章　艰难创业奠基础

文组。泥沙组由清华大学的夏震寰教授兼任组长，钱宁任副组长，着重研究泥沙冲淤规律；水力学组由清华大学的张任教授和李丕济教授兼任组长，林秉南任副组长，着重研究高速水流；水工结构组则由张光斗教授兼任组长，着重研究结构理论；水文组由华东水利学院刘光文教授兼任组长，着重研究陆地水文理论。

中国科学院水工研究室从1955年夏天开始筹建，到1958年春天与水利部北京水利科学研究院合并，前后历时两年多。这期间，林秉南亲历了研究室的几项重点工作：一是筹建实验室，开展实验平台的建设；二是积极开展科技人员的专业培训，建设科研人才队伍；三是招收了第一批研究生，包括周志德、赵振国、张有天[①]等人；四是为专题研究做准备。研究室主持编译了《高速水流论文译丛》、《泥沙冲淤规律论文译丛》、《波达波夫文集》（第二册）等专业书籍，并于1958年先后正式出版。

当时，水工研究室开展专业培训的途径包括：选送留苏人员去深造；外派年轻的技术人员参加国内有关单位举办的学习班；组织内部业务培训，先后开设的课程有泥沙工程学（钱宁主讲）、理论水动力学（林秉南主讲）和工程数学（肖天铎主讲）；开展经常性的学术活动。

在中国科学院水工研究室，林秉南和钱宁这一对昔日的同窗好友开始共事，他们都认为建所首先要解决人的问题，所以把注意力重点放在对青年人的培养上。林秉南在讲授理论水动力学课程时，十分注重对年轻大学毕业生的培养。当时的大学生在校学习的外语主要是俄语，英文成为"短板"。为了培养他们阅读英文文献的能力，林秉南为年轻人推荐了英文读物，并牺牲自己的午休时间为他们答疑解难。他还结合自己在唐山交通大学工学院和美国爱荷华大学学习的经验，努力为研究室的年轻人营造学习外语和专业的氛围，创造多种学习途径，对提高年轻人的外语水平和业务能力切实起到了推动作用。他深厚的理论基础和勤恳认真、善待后生的敬业精神，给研究室的年轻人树立了榜样。另外，他还推荐谢省宗等一批年轻毕业生前往清华大学工程力学班深造，现场聆

---

[①] 张有天（1933-2006），安徽滁州人。水工结构专家，中国水利水电科学研究院教授级高级工程师。曾任中国水利水电科学研究院副总工程师和院科学技术委员会副主任委员。

听钱学森、钱伟长等力学大师的讲课。

> 1956—1958 年是我国高速水流的研究从无到有的时期。当时要求同时进行好几个大项目，给我们以"大雨倾盆"的感觉。既要培养干部（起初所内资深工作人员除主任外，只有钱宁、冯启德和我 3 人，其余都是刚毕业的大学生），建设水流实验室，还要结合国内建设的需要，开展泥沙和高速水流研究。研究工作尤为紧迫，因为当时国内连高速水流的基本文献都没有。[①]

随着国内高坝和高水头泄水建筑物的建设，解决高速水流问题日臻紧迫。1956 年，高速水流座谈会在京召开，会议提出了编译国外专业资料的任务，并责成中国科学院水工研究室组织人力出版相关译丛。水工研究室当时的第一项任务便是译出高速水流文献，满足国内高坝建设的需求。林秉南在美国学习工作时，有心收集了 40 余篇高速水流研究方面的技术资料，不辞辛苦装箱带回国来，解了燃眉之急。

> 当时水力学组的主要工作是结合国内高坝建设的需要，加紧组织编译出版《高速水流论文译丛》。我把在国外收集到的大量文献拿出来供翻译。当时国内掌握俄文者较多，但能翻译西方语言的人却相对较少，翻译工作落在少数人身上，工作极为繁重。在钱宁教授的大力配合下，组织了许多人开展这项工作。为出版这部译丛大家费了不少力。[②]

林秉南贡献出的这些资料交由中国科学院水工研究室后，研究室又组织长江水利规划委员会、水利部水利科学研究院、西安动力学院、清华大学水利系、重庆建筑工程学院、水利部北京勘测设计院、武汉水利学院、唐山铁道学院、哈尔滨工业大学等单位的技术人员分别进行翻译。翻译工

---

[①] 林秉南自述，存于采集工程数据库。

[②] 同上。

作由林秉南、钱宁和杨秀英等人主持。两册共约120万字的《高速水流论文译丛》于1958年3月出版。这一资料在相当长时期内都被作为国内高速水流科学研究的主要参考资料。通过编译这类专业文集，林秉南所在的中科院水工研究室在人才培养上也有所收获，既提高了年轻科研人员的外文阅读水平，又引导他们踏实步入了水利基础科研的领域。接着，1959年钱宁和林秉南又翻译了拜格诺·R·A的《风沙和荒漠沙丘物理学》（科学出版社出版）。

## 基石初奠

1954年，电力工业部向国务院上报了《筹建电力工业部水电科学院的报告》。当时选定的院址是位于海淀区木樨地沿河湾的一片荒地，并开始进行基础建设。选择这块区域，除了考虑交通便利等因素，最重要的是因为水工实验需要大量的用水，规划者计划将玉渊潭湖水及昆玉河河水引入实验室供试验之用。

1957年，国务院规划委员会决定将性质相同、内容相近的中国科学院水工研究室、北京水利科学研究院和水电科学研究院3家单位合并，形成一个具有权威性的水利水电科研中心。在国家科委领导主持下，经过多次充分讨论，合并工作分两步进行。首先，中国科学院水工研究室（主任张光斗）与水利部北京水利科学研究院（院长张子林）于1957年12月合并，然后再与电力工业部水电科学研究院（院长覃修典）于1958年6月合并，定名为中国科学院、水利电力部水利科学研究院[①]，院址包括北京西郊景王坟（北院，现在为车公庄西路20号）和木樨地（南院，即复兴路甲一号）两部分。院部设在景王坟北院大楼内。院领导由张子林、张光斗、黄文熙、谢家泽、覃修典、苏一凡和于忠等担任。

---

① 1959年6月更名为中国科学院、水利电力部水利水电科学研究院，1994年更名为中国水利水电科学研究院。

新组建成立的水利科学研究院下设多个部门：水文研究所、河渠研究所、水工研究所、土工研究所、结构材料研究所、水力机电研究所、灌溉研究所、水利史研究室、仪器研究工厂、技术处和办公室。当时，业内很多人都知道北京的水科院拥有5位能力出众的留美博士，分别是水工所的林秉南、肖天铎、许协庆，土工所的汪闻韶和泥沙所的钱宁。

1958年初，随着新院的组建，林秉南被调往位于景王坟的水利科学研究院水工所工作，从此开始了在这里长达50多年的工作生涯。林秉南一家也由中关村迁到水利科学研究院新东楼宿舍居住。相比之下，中科院水工研究室在中关村条件和生活设施都要好一些，孩子们就读的学校教学质量也高一些，但调入新组建的研究院工作后，林秉南毫无迟疑地把全家都搬到了位于景王坟的水利科学院北院。那时候，景王坟一带还很荒凉，直到1958年才修公路，1959年底才开通26路公交车。把儿子从中关村一小转到马神庙中心小学，孩子并不高兴，说他的学校"跟庙似的"。在一双儿女的印象中，爸爸每天吃完晚饭都要伏案工作，直到深夜。日复一日，

图3-2　林秉南与妻子、儿女在中国水科院北院合影（1958年摄于北京）

他们很少出去游玩和购物，周末亦如此。林秉南的儿女[1]在接受采访时提起：难得几次周末看电影，兄妹俩到院礼堂占好座位，却迟迟等不来父亲，心里很是失望。

林寿华[2]回忆：

> 我对父亲的印象有三点比较突出：第一，工作兢兢业业，在科学研究中有拼搏精神；第二，工作第一，服从组织上调动，尽管不一定是他最有兴趣的，他都尽力做好；第三，从来不以权谋私，想都不会想，是非常正直的人。1964—1965年的时候，搞"四清"，他在河南新乡。尽管他不愿意放下水科院的科研工作，又不熟悉河南新乡北方农村的风俗习惯，但下去以后他还是努力克服了生活上的很多不便，坚持与农民同吃同住同劳动。

妻子王宝琳也在医院努力工作。在那段时间，她主要负责治疗儿童腹泻和脑炎，许多时间花在病房里，经常通宵监护检查病儿，根据病情随时采取有效的医疗措施。不值夜班时，经常也要到夜间八九点才能到家。林秉南一般在七八点回家，比妻子早一步到家。常常是晚饭后不久，两个孩子就上床睡觉。因为妈妈还未下班，催眠曲便由林秉南走调地唱完。妈妈在医院里救活了许多孩子，却很少有时间陪在自己的孩子身边。

1958年6月2日，水工研究所召开第一次全所大会。1958年9月，水工研究所正式成立，由陈椿庭[3]任所长，林秉南任副所长，任玉明任党支部书记。水工所的主要任务除进行全国重点水利水电工程水工模型试验和以高速水流问题为重点的专题研究外，还有数学模型计算、泄洪原型观测和新仪器研制等工作，大部分任务是来自国家《十二年全国科学技术远景

---

[1] 林衍翔访谈，2011年10月21日，北京。资料存于采集工程数据库。

[2] 林寿华访谈，2012年1月10日，北京。存地同上。

[3] 陈椿庭（1915-），江苏武进人。著名水力学专家，教授级高级工程师。1937年毕业于中央大学土木工程系。1948-1949年在美国明尼苏达大学获硕士学位。1950年1月回国工作。1956年任水利水电科学研究院水工研究所所长，1979年任水利水电科学研究院副院长，长期从事水工模型试验和泄洪消能研究，提出的岩石冲刷深度估算公式在全国得到广泛应用。

规划》的相关课题。1959年初，水工所约有130人（其中技工约20人），划分为6个业务组，还有一个办公室和一个技工组，各业务小组的负责人及业务范围大致如下（以后随任务变动，分组有所调整）[①]：

　　第一组组长郭可铨、李葆鉴，水利枢纽水力学，水工整体模型试验；
　　第二组组长肖天铎、金泰来[②]，闸门水力学及振动问题；
　　第三组组长林秉南、武淇，高速水流掺气问题，后增加波浪问题；
　　第四组组长许协庆、陈惠泉，高速水流空化空蚀与冷却水问题；
　　第五组组长周芳田、严振，管道水力学；
　　第六组组长蔡仁熙、赵世俊，脉动压力与原型观测技术。

　　林秉南在美国留学期间，主要是研究不恒定流和泥沙问题。但回国以后，根据现实的工作需要，加之受到中国水利建设蓬勃发展势态的鼓舞，他全身心地投入到高坝水力学研究的准备和实施工作中。开始建所时，林

图3-3　水工所部分员工在水工一厅前合影（1959年摄于北京，第一排右七为林秉南）

---

①　中国水科院50年院庆资料：水力学所50年大事记。2008年，内部资料。
②　金泰来（1921-2002），江苏吴江人。早年在上海圣约翰大学学习，毕业于广西大学。水利水电科学研究院水力学所教授级高级工程师，水力学专家。在空化空蚀、闸门水力学等方面有重大贡献，主编有《英汉水利水电技术词典》（第二版）、《高坝闸门总体布置》。

秉南作为筹备组负责人之一，参加水工所的筹备建设工作，分工负责培养技术干部、水工试验二厅供水循环系统的规划与设计、大型掺气活动陡槽的规划与设计。同时，他还要担任一部分水工模型试验的工作，任务十分繁重。回顾当年，林秉南记忆犹新：

> 当时水工所的筹备人是陈椿庭，副筹备人是我和郭可诠。所部设在木樨地（称为南院）原水电科学院的水工试验厅，二楼靠东中间的小办公室（约10平方米）便是所部所在。水工所第三组分工由我领导。在组内，我有一张和大家一样的办公桌。但这张桌子大部分时间是虚设的。因为我到办公室后便"马不停蹄"地检查陡槽设计（时启燧负责）、水工二厅规划设计（陶芳轩负责）、水体突泄试验进展、岩石冲刷试验进展（朱荣林负责）。有时，还有水工模型试验（宋宝卿、许秀云负责）等，所以除了开会，我难得有机会坐下来。当时自己年纪不大，上下楼梯都是一步两级地跑，也不感到累。①

在建所初期，按照分工，林秉南负责两项试验设备的设计和建造，即水工二厅供水循环系统的规划设计和大型掺气活动陡槽的规划设计。得益于在美国爱荷华水力学实验室受到的熏陶和悉心积累的经验，林秉南在工作中全力以赴，不仅充分发挥了其掌握的相关设计知识，而且将严谨与一丝不苟的工作作风传给了年轻人。

水工二厅高速水流实验室的规划设计由林秉南带领刚从大学毕业的陶芳轩完成。按照厉行节约的要求，实验室的外表朴素无华，但内部的规划布置，包括动力间（同时供应高速水流陡槽）、平水塔、循环系统等的规划都采纳了国外的先进经验。水泵设置在水库水面以下，开机即可供水，使用方便。这座实验室后来由水利科学院建筑科的穆家琛师傅带领工人建成，包括基础房屋建造以及比较复杂的支承陡槽卷扬机的三楼局部楼板结构处理，为此后一系列科研项目的开展提供了有力的实验条件。

---

① 林秉南自述，存于采集工程数据库。

按最初规划，准备在水工二厅西端的活动陡槽进行挑流实验，开展纵向扩散消能研究。该研究要求射流可以穿过水工二厅实验室的南墙，在墙外做比较充分的扩散。为此，原规划在南墙开一个高门，门顶直达三楼楼板的底面。但是，当图纸绘成送审，这种非常规的设计方案被审查人否决，要求改为门顶不超过二楼楼板。这样一来，射流不能挑出门外，实验流量受到限制，无法充分研究流量较大时的扩散效果。试验条件受限和创新规划设计方案风险的两难矛盾，加之林秉南起初对穆家琛带队的本院施工队伍房屋营造和结构设计能力心中无底，左右为难之下，他决定放弃原设计，暂时先按稍小规模建成，使用后再发展。后来，因其他研究所的需要，在水工二厅实验室南墙外，又建了一个小实验室，原来打开南墙扩展挑流长度的设想再难实现，成为林秉南心中的一桩憾事。

尽管如此，在水工二厅高速水流实验室的规划设计中，林秉南根据自己在美国爱荷华大学水力学实验室的一些经验，还是引入了不少新的思路。例如：动力间地面低于实验室地面，启动抽水机，可以随即供水；平水塔的堰槽较一般常用的稍窄，从而增加了溢流堰的长度，有利于更准确地控制水头；利用抽水机串联、并联，大幅度改变供水水头与流量，等等。实验室于1959年建成，1960年正式使用。到2004年拆除时，使用了几十年，水流系统始终运转良好。多年使用的实践证明了实验室设计的合理性。

活动掺气陡槽是高速水流研究的重要设备之一。当时，结合国家科学远景规划的需要，要求能在实验室条件下能模拟产生掺气水流，以便结合原型高坝溢流和泄槽溢洪道的掺气水流，研究泄洪隧洞高速水流的洞顶压力余幅、掺气防范空化空蚀和高坝挑流消能等问题。1958年，林秉南带领刚从大学毕业不久的时启燧，负责活动掺气陡槽的设计工作。时启燧回忆：

水工所开始时，连实验室都没有，就是两间办公室，还有几个学生和几个从国外回来的学者。从哪儿开始着手呢？所里决定从设备着手。林先生找了很多资料，参照美国圣安东尼实验室的陡槽，自己设计了一个陡槽，但是比那个规模要大一点。①

林秉南再次把自己在爱荷华大学水利研究所时的工作经验引入陡槽的设计施工当中。比如，水槽断面宽深比超过约 4∶1 时，水槽中部约 1/3 的水流便接近二元水流，流量采用大半径弯头量测等（不同于当时盛行的用溢流堰测流量）；在适当地点悬挂平衡重，尽可能平衡槽身及输水管道重量，以尽量减少卷扬机的力矩，并保证万一卷扬机主缆断开，主槽亦不至猛然坠地；另外，将导叶片简化为均匀厚度，效果仍较好，而且便于施工。因此，除量水弯头外，所有弯头都采用了内装导叶片的直角弯头，以节约空间而不增加水力损失。陡槽建成后，有参观者曾提出直角弯头损失太大的批评。其实，批评者不知道弯头中已设有导叶片可减少损失。导叶片的另一用途是可加速水流扩散。在水槽的进口段接连使用两个直角弯段使水流变厚，然后通过一个收缩段使流速分布均匀。

这座水槽长 15 米，宽 45 厘米，最大设计坡度 60°（实际约 57°），最大流速约 19 米/秒。在水槽设计中，遭遇的最大难题便是旋转接头，即在陡槽供水管上需要安装两个旋转接头，转角幅度达 60° 以上（在一般挖泥船上也使用旋转接头，但转角一般只有几度）。为了解决这个问题，林秉南检索了大量资料，并向机械工程方面的技术人员广泛请教，但没能找到答案。最后，经过反复思考和计算，他提出利用纵向压缩盘根实现侧向止水的原理来设计旋转接头，制成模型。先由当时的水利科学研究院工厂制成 1/4 模型，经过测试肯定了效果良好，最后才采用。

当时水工室并没有钢结构的加工力量，陡槽设计完成以后，金属结构施工交由水利科学研究院的沈德昌师傅带领施工队全面负责完成。沈师傅工作认真，由他制作的金属设备，工艺质量都属上乘。虽然沈德昌师傅脾气有些暴躁，有时说话很直，但心怀敬重之情的林秉南从不介意，与之合作良好。这座陡槽依据林秉南等人提出的设计方案，在沈师傅和他的队伍

---

① 时启燧：五十年前的一段回忆。中国水科院 50 年院庆回忆文章。2008 年，内部资料。

的精心加工下建成投入使用。试验性能良好,为当时世界三座试验用大活动陡槽之一。时启燧回忆:

> 除了请建工部的设计院在陡槽结构上做了一些工作,整个布局是我们自己参照国外的资料完成的。当时,设备按照15米流速设计,坡度60°。这么一个速度和坡度,还有一定水深,流量因为电力的问题,被限制在400秒立升。流量定了,速度定了,角度定了,就剩工艺的问题。其次是测试手段。虽然找了很多资料,但因为水流掺气后既要测速度又要测浓度,所以可借鉴的东西很少。当时激光流速仪也比较难办,中间打不进去。没有办法就用土办法——取样。取样怎么取?取样有个抽吸速度,如果抽吸速度和来流的速度不一致,取的样品是失真的。我们在这方面做了一些工作。先是用自己设计的取样器和毕托管测。最后发展到电阻式浓度仪和毕托管结合,用来测量高速掺气水流的速度和浓度。这也算是水科院自己的创造。①

时启燧的回忆将一个个细节放大,再现了当时陡槽设计面临的困难和他们的创新。

水工所当时还有许协庆和陈椿庭分别负责循环水洞和减压箱的设计建造。在这些设备和新实验室的设计中,都尽量借鉴和采用了当时的国际新思路。到1958年底,循环水洞、减压箱两大设备,连同林秉南负责的掺气陡槽和水工第二试验大厅都陆续建成,加上原水电科学院的试验大厅,共同组成了水工所强大的水流试验研究平台阵容,并陆续取得了各种有价值的成果。

林秉南在水工所创建初期,在百废待兴、从零做起的年代里,指导陶芳轩规划设计了高速水流实验室及有关试验设备;指导时启燧设计并监理施工建成了中国第一座大型活动高速水流掺气陡槽。从总体布局到各关键环节,他都亲自构思、反复推敲。其中,供水管道的活动接头、导流片加

---

① 时启燧访谈,2012年7月25日,北京。资料存于采集工程数据库。

图 3-4　水科院领导同苏联专家林嘉耶夫合影（1959 年 4 月摄，第一排右一为林秉南）

速扩大段等关键部位，更是做到了构思新颖、设计巧妙。掺气陡槽的多项性能在我国水利界均开创了先河，当时在国际上也位居前列。

20 世纪 80 年代，美国陆军工程兵团水道试验站主任来访，参观活动陡槽时大为赞赏，提出希望与水利水电科学研究院合作使用这座陡槽，开展项目研究。虽然，由于各种原因这一提议没有实现，但是外国专家迟来的肯定也从侧面说明，早在 20 世纪 60 年代由林秉南带领团队自行设计和施工的试验设备已经具有国际先进水平。

水工建筑物的模型试验研究在水工所是重点工作。20 世纪五六十年代，在水工一厅和水工二厅两座试验大厅，几乎随时都有数个模型在进行试验，当时部里和水电建设总局的总工经常到水科院视察模型试验，国家的重点水利水电建设项目许多都经过水科院的试验研究。尽管处于白手起家、百废俱兴阶段，但水工所除了拥有陈椿庭、郭可诠、林秉南、肖天铎、许协庆、金泰来等专家的指导，还有分别由袁连仲技师、仲志祥技师和倪欣荣技师带队的木工班、泥瓦工班和电工班。模型制作精良，试验规程先进，水工所的模型试验[①]很快位居全国一流水平。

---

① 水工模型试验是在根据相似准则设计并按相似比例尺缩小（或放大）的水工建筑物模型中，复演出与原型相似的水流，应用专门仪器进行量侧，主要有泄水建筑物的过流能力、边界上压强分布、空化特征及体型，下游消能方式与防冲，水流脉动与振动特征，防渗等。

## 开拓进取

在水工所建所初创时期,"出成果,出人才"一直是奋斗的目标,当时提出的口号是两个"三结合"——科研、设计、施工三结合;试验、计算、原测三结合(即室内试验、理论分析和原型观测)[1]。整个水工所在承担工程模型试验研究上都呈现出团结一心、积极主动的精神风貌。在开始制模前,所里会组织相关人员研究图纸,发现问题,及时加以改进。试验之后,又尽可能根据试验结果提出进一步完善的建议。

林秉南作为建所时期的负责人之一,十分重视水工模型试验。他认为解决水工水力学的问题,主要依靠三大手段,即原型观测、模型试验和理论分析,三者不可或缺,而很多的发明创造常源自模型试验中显现的端倪或成果。当时,林秉南兼任水工所第二组组长。组内有陆茂竹、武淇、张继骞、姜凯、许秀云、时启燧等一批大学毕业不久的年轻人。除承担掺气水流研究和陡槽的基建任务外,他们还承担着生产试验和原型观测任务。据水工所所史记载,在室内试验设备尚未建成的情况下,1959 年水工水力学首次原型观测[2]就是由林秉南带队,在模式口进行的陡槽泄流底流速、掺气、脉动压力等测量。1959 年,林秉南带领组员开展的另一项原型观测,是为了研究刘家峡的高速水流问题,在北京郊区上马岭、模式口水电站等实地观测陡槽掺气水流。上马岭的陡槽 1 米多宽,有四五十

图 3-5 林秉南在水工试验的模型上

---

[1] 陈椿庭:《七十五年水工科技记忆》。北京:中国水利水电出版社,2012 年 11 月。
[2] 中国水科院 50 年院庆资料:水力学所 50 年大事记。2008 年,内部资料。

米水头。他们在陡槽出口架几块板,观察高速水流。原型观测给年轻人留下极为深刻的印象,使他们对高速水流有了更为直观和深刻的理解。

林秉南在这个集体中工作十分努力,他在2008年建院50周年时充满感情地说道:

> 在这个时期,水工所自上至下有一个共识,即本所工作应遵循室内试验、理论分析和原型观测三结合的原则进行。为此,除了进行模型试验等实验研究、理论分析及数值计算外,也注意原型观测工作,每年汛期都争取外出进行原型观测。通过原型观测,可以印证室内试验的成果,甚至加以补充、修正。当时的原型观测能手有赵世俊、陈炳新、周胜、谢省宗、陈谨、姜凯、李桂芬[①]等同志,后来还有钱璘。她也参加原型观测,高空作业如履平地,十分了得。据了解,以后的水力学所所长郭军同志(女)也多次带队进行三峡船闸等原型观测,维持了一个好传统。

图3-6 林秉南带队赴海南进行原型观测(1965年8月摄于广东湛江机场,左一为林秉南)

① 李桂芬(1931—),山东潍坊人。水利学专家,教授级高级工程师,曾任中国水科院水力学所所长,中国水利学会水力学专委会主任,国际水利与环境工程学会理事,获该学会荣誉会员终身奖。

随着研究范围扩大，各组的课题有些调整，林秉南后来兼任三组组长。他常叮嘱年轻学者：我们搞科研，只进行理论分析和室内试验是不够的。研究成果是否正确，尤其是对水利工程，事关重大，一定要通过现场实际验证。

> 为了验证室内研究的成果，在"文化大革命"以前我几乎每年夏天都带队到工程现场，在工地管理部门的大力支持下，放水观测建筑物的过流情况。足迹北至辽宁、吉林，南至海南，西至贵州，东至新安江。通过观测和分析，加深了对室内外研究差异的认识，也为测定工程的实际性能做出了判断。[1]

20世纪五六十年代国外研究掺气水流的有美国、英国、日本和苏联等。国内开展此项研究的有长江水利水电科学研究院、南京水利科学研究所、华东水利学院、成都科技大学[2]等单位。其中，由林秉南领导并负责的掺气水流研究工作取得了较为丰硕的成果：1958年，林秉南翻译了奥地利R.依伦伯格关于陡槽水流掺气的论文。此外，林秉南的另一篇文章《光滑平面上的二元风蒸发问题》发表在《水利学报》1958年第1期。

1959年，他领导建成的国内第一条活动陡槽，其长度、宽度和流量都处于国际先进水平。在此过程中，林秉南指导和培养了一批掺气研究骨干队伍，先后包括时启燧、黄荣彬、郭志杰、龚振瀛、陈炳新、宋保卿等人。建立了国内第一个高速水流掺气实验室，在水流掺气的基本理论方面做出了突出贡献。他同龚振瀛[3]合著的论文《明渠掺气水流的一些运动特性》发表在1962年《水利学报》第4期，文章探讨了掺气水流的阻力规律、控制掺气水流的基本参数和掺气浓度的断面分布。接着林秉南在《水

---

[1] 林秉南自述，存于采集工程数据库。
[2] 1994年并入四川大学。
[3] 龚振瀛（1935-1983），上海人。1956年毕业于华东水利学院，长期随林秉南先生工作，在高坝水力学、不恒定流方面研究成果颇丰，1973年在林秉南指导下在安康工程试验中发明了宽尾墩消能工，1985年"宽尾墩、窄缝挑坎新型消能工及掺气减蚀的研究和应用"项目集体获国家科技进步奖二等奖。

利学报》发表了文章《关于高速水流在鼻坎上自由挑射射程问题的讨论》。

  他领导的掺气研究小组第一阶段的工作，首先是完成了陡槽试验设备建制和量测技术试验研究，随后开展了明渠水流掺气问题的研究。林秉南根据美国圣安东尼瀑布实验室的资料，在国内首先引进掺气水流的电测方法，在掺气小组的集体努力下制成了电阻式浓度仪。他们提出了掺气水流浓度和速度的量测方法（取样器—毕托管联用和电阻式浓度仪—毕托管联用），研制成功多种掺气量测仪器，利用陡槽进行了气泡悬移区、过渡区和水团跃移区的掺气水流流速和浓度的测试，包括采用高速摄影手段，并通过验证完成了量测仪器的全面标定工作，为我国高速水流掺气的室内试验和原型观测提供了重要手段。掺气研究小组完成了6篇研究报告，包括：1960年2月《明渠掺气水流研究1959年研究资料》，1960年5月《明渠掺气水流研究1960年研究资料》和《陡槽水流掺气试验资料》，1960年10月《溢流坝面水流发生掺气位置的研究》，1961年1月《掺气专题历年研究大纲汇集（1958—1960）》，1963年9月《掺气水流的量测方法》。接着1965年1月，他们提交了《自然掺气水流浓度和速度量测方法的实验研究》报告（此报告于1983年发表在1983年《水利水电科学院论文集》第13期）。一篇总结性论文《坝面高速水流掺气发生点的计算》发表在《水利学报》1965年第10期（作者为林秉南、时启燧、陈炳新、黄荣彬和郭志杰），该文根据原型掺气发生点观测资料探讨较准确的计算方法，建议应用自模理论进行计算，计算的掺气点位置与实测位置比较误差减至10%左右，从而为掺气发生点或坝面紊流边界层的计算提供了较可靠的方法。时启燧介绍当时的情况说：

  围绕掺气的发生点，林秉南提出用边界层和自模理论，就是前一个断面用一定的参数模拟，后面的断面随着参数的变化是相似的，是自守恒的；若前面断面用无量纲数来表达，后面的断面都是相似的，这就是从量纲分析出来的自模理论。国外有很多文献，有的做了些计算，我们所做的结果也基本相似。最后我们把各个断面套在一起，就是在同一个曲线上。[1]

---

[1] 时启燧访谈，2012年7月25日，北京。资料存于采集工程数据库。

林秉南在高坝溢流边界层问题的研究中，首次认识到它的自模性质，应用紊流自模理论简化了计入水流加速、减速影响的掺气发生点计算，提出了等空穴数溢流坝面曲线，1964 年 1 月，提交《坝面 6 曲线的计算研究》报告，后来写成论文《高坝溢洪道反弧的合理形式》发表在《水利学报》1982 年第 2 期，作者为林秉南、龚振瀛、潘东海。

同时，在林秉南的建议下，陈炳新开始研究掺气对挑流消能的影响，在陡槽中开展出射角为 60° 的反常挑坎试验。试验初步表明，大挑射角可以加大射流长度，增加掺气，从而降低水流的冲刷作用，这是掺气水流不同于清水水流的一个方面，也是它能增进大挑角射流消能效果的原因。但由于历史的原因，这项研究被迫中止，林秉南等与这一创新研究失之交臂。许多年以后，他从文献《1975 年国际大坝会议论文集》中发现，西班牙新建的一项水利工程正是采用 60° 挑流墩获得了良好的消能效果，而且利用纵向扩散消能原理，还发展了收缩（窄缝）挑坎。

林秉南是我国第一个进行溃坝波试验的学者。他在美国留学时就注意到，在第二次世界大战中，德国的一些大坝被炸毁，造成鲁尔军火工业区被淹。在后来的朝鲜战争中，鸭绿江上的一些水电站也曾被美军炸毁。由此联想到中国的长江三峡建设也必须考虑这些安全问题。所以在回国之前，林秉南就利用业余时间阅读和收集了不少相关资料。

1956 年回国后，林秉南得知国家已在考虑三峡工程的建设，他感到无比兴奋。1958 年春，林秉南参加了在武汉召开的第一次全国三峡科研协调会议。会议的技术工作实际由一个苏联专家组主持，他们建议的课题包括了三峡水库水体突然泄放的研究。所谓水体突然泄放就是溃坝波问题。当时，三峡工程按照正常水位 200 米、库容 700 多亿立方米来考虑，大坝安全面临着严峻挑战。这次会上提出，在次年的第二次协调会上要对大坝下游全线的水流情况作出预报。完成这项任务在当时十分困难。

回到北京后，水利水电科学研究院进一步要求，三峡水库水体突然泄放实体模型研究工作要在当年 10 月拿出成果。按常理，要在短期内完成这样重大的工作几乎不可能。林秉南认识到问题的高度重要性，果断地将课题承担下来①。接手后，他发觉问题比预料的还要困难。院里连建造模型的基本材料（如水泥和三合板）都无法充分供应；水工所三组还有其他任务，人力也远远不足。在副组长陆茂竹、武琪和庞昌俊、牟平恕等全组成员的共同努力下，他们苦干了多个通宵，并在北京水电学校师生的帮助下，终于将模型赶制出来。在制模中，林秉南和同事们想出了许多节约用材的办法，比如用厚纸板代替三合板、用黄泥掺水泥作为模型抹面材料以节约水泥等。当然，在关系模型精度的主要环节上，他们仍旧不折不扣地依据正确的原理、经验和方法来操作。

为了确定三峡水体突然泄放实体模型的规模和范围，林秉南接连熬了十几个日夜，在认真审视数百张地形图后，提出了模型范围的初步设想。从地形图上可以见到，洞庭湖和荆北平原南北有山脉环绕，与黄石附近山脉接近，在黄石上游形成一个大盆地，长江在中间通过。由于在非常情况下，大盆地将大量储水，估计过黄石的流量已衰退至和1931年的洪水差不多，对下游广大地区的水情可根据1931年的洪水估计。所以，林秉南提出，模型下游可以止于黄石，模型范围可以大为缩减。

基于对已有溃坝洪水研究经验的认知，林秉南认为，库区只要水量的空间分布近似于实际便可以，不必确切模拟地形。这又进一步简化了制模工作，建造模型变得更加现实可行。出于节约材料同时保证模型有效性的考虑，要尽可能缩小模型，林秉南和组员们参考已有案例，采用了水平比例尺达三万分之一、垂直比例尺百分之一的变态模型方案。按照相似准则，要求模型具有很大的糙率来适应如此大的几何变态率。为此，林秉南小组采用了当时的新技术——荷兰插棒加糙法，并根据计算选定了棒距。他们大量收购吃冰棍者余下的小木棒作为插棒，密密麻麻的插棒保证了水流为紊流状态和阻力相似，整个模型的下游看起来就像一片森林。

由于当时没有先进的仪器，林秉南和小组决定采用土办法进行试验测算：在关键地点插木条，在木条上贴坐标纸，定时在其上画线。试验后，便可根据水印整理出水位过程线。他们就是在这样简陋的条件下，动脑

---

① 林秉南：水科院建院50年回顾，存于采集工程数据库。

子、想办法，获得了原理正确、精度基本满足要求的初步成果。

林秉南带领课题小组赶在 1958 年国庆前完成了模型试验，并提出初步研究报告，给出了三峡以下的主要淹没范围和洪水行进路线。当时的三峡科研领导小组组长、中国科学院副院长张劲夫和副组长，科委副主任张有萱以及学部委员刘恢先一行曾专程前往视察模型。整座模型虽小，但在溃坝洪水行进路线、荆江大堤为首先溃决地区、淹没的范围等方面，提供了许多有益的资料。模型试验中，甚至还能看到对减少下游淹没具有重要意义的洪水波在南津关的反射现象。

1959 年初，在汉口召开的第二次三峡科研会议上，苏联专家组在大会上表扬了林秉南课题小组负责的这项工作。后来，物资供应有所改进，由林秉南指导，借用北京水电学校的实验室按原设计重建了规模更大的模型，并用原方法进行项目更为丰富的试验。1959 年 7 月，试验小组完成"长江三峡水库水体突然泄放问题研究"课题，提交了《三峡洪水演进计算方法研究报告（1958 年 11 月—1959 年 8 月）》。

1962 年前后，由陶思由执笔写出两厚册的最终研究报告，经林秉南修改后送交长江三峡办公室。当时有人对这一项工作不理解，批评说"工程还未建，为什么就研究它垮？"实际上，从当时的世界时局看，我国周边强敌环伺，这项研究显得尤为必要。模型虽小、仍能看出不少问题，如洪水波在南津关的反射等。当然，后来正常高水位降为 175 米，又实行蓄清排浑等应用方式，情况便是不同了。令林秉南团队自豪的是，他们曾在三峡工程的科研工作中担任过先锋。

除了三峡溃坝洪水演试验以外，林秉南还完成了若干不恒定流方面的研究。1956 年，林秉南论文《明渠不恒定流的解法和验证》发表在 1956 年《水利学报》创刊号上，论文在国内第一次介绍了特征线方程式和等时段图解法，并在例题中引用了他在美国科罗拉多农业与机械学院指导的研究生安衡南（Unhanard, K.）硕士论文的数据（巴拿马新运河的数据）进行了计算。同时，早年他与莱恩（E. W. Lane）教授等合著的论文 *The Most Efficient Stable Channel for Comparatively Clear Water in Non-Cohesive materials* 于 1959 年 4 月在科罗拉多州立大学研究基金报告上发表。他同姜凯和温丽林的合著论文《不恒定流的闸门流量系数》发表在《水利学报》1960年第1期。

20世纪60年代初，林秉南开始与钱塘江工程局合作，进行杭州湾一维潮波计算，水工所有龚振瀛、赵世俊等人参与。1964年12月，他们提交了《钱塘江河口潮波变形计算与杭州湾一维潮波电子数字计算机计算》研究报告。当年参与了杭州湾潮波研究工作的赵世俊回忆[①]：

> 由于杭州湾水域范围大，水工模型试验有困难，林先生提出用计算方法。这是一个科氏转加速度影响的二维潮波计算，甚是复杂。为确保计算的可信性、数据的可比性，林先生采用了两条腿走路的方式：电子数字计算和电模拟计算。由我院龚振瀛和中科院计算所金旦华负责电子数字计算，电模拟计算交给了我。我从未接触过这类问题，林先生介绍了很多资料，但都是河网化的一维模拟计算。在林先生指导下，我将杭州湾划分成若干方格单元，把每一个一维化的单元，纵横联系起来，变成了杭州湾的二维问题，顺利地完成了电模拟计算。但是电子计算遇到了问题，一个高潮出现了两个峰值，无法解释。对比电模拟计算成果，发现有一个测站提供的作为计算依据的高潮到达时间差了1个小时。林先生果断地提出用电模拟成果输入试一下，果然双峰消失了。于是不得不去测站查原因，结果发现果然是测站提供的数据差了1个小时，改正了测站数据的误差，电子计算的问题也解决了，研究得以正常进行下去。这充分证实了林先生的两条腿走路的稳妥性，否则谁会怀疑到测站的基本数据出现了问题。

1962年，在得知河南省宿鸭湖水库受台风影响，水库坝面破坏很厉害后，林秉南建议成立了波浪研究小组，由李桂芬负责，建立了30米长的波浪槽和60米的风波槽（当时国内第一）。

林秉南在研究中强调尊重水流流动的客观规律，但不拘泥于课本。他

---

[①] 林秉南先生学术成就老专家座谈会记录。2012年1月10日，内部资料。

主张在为工程服务中要善于开动脑筋，灵活应用知识，解决学科上还缺乏完备知识体系的问题。如对不掌握模型相似律而仍要依靠模型试验解决的工程问题——辽宁省清河水库的岸边溢洪道建设问题就是实例之一[①]。

清河水库是一座大型水库。大约是1958年初，为了防洪安全，计划加建一座岸边溢洪道。当时有两个方案。其一是在溢流堰下游用混凝土衬砌400米。高速水流过衬砌段后便在山沟中奔流，然后汇入下游河道。山沟长约1800米，在山沟末端附近，左侧是主坝（土坝），右侧是一座高度风化的小山。地质工程师担心在高速水流冲刷下，小山滑倒、堵塞山沟、将水流推向位于左方的大坝，冲塌耐冲性能较差的主坝，造成大事故。为了防止这种事故，常规办法是将混凝土衬砌段延长为2200米，但投资将因此而大量增加，是否延长衬砌段便成为重要的问题。先前的研究者都力图在模型上研判小山会不会被冲塌。由于风化岩冲刷的模拟在水力学原理上尚不能解决，所以原来由严振工程师主持用水泥沙浆和卵石建成的两座山沟模型都因材料性能和实际的风化岩不相似而未能给出小山崩塌的范围，因而也就不能回答是否会危及主坝的问题。为此，当时的水电总局局长崔宗培派原素欣总工带队、水科院水工所参加，前去察看能否找到解决问题的办法。水工所派林秉南参加。到工地后，林秉南到现场详细查看了已部分建成的岸边溢洪道及其下游的小山沟，并向地质人员请教，请他们解放思想，估计如小山滑下来，最远可以滑到什么地方。根据地形和地质人员所估计的小山最大滑落范围，林秉南依据对水流的认识做出判断，认为即使小山如地质人员估计那样大规模滑下，岸边溢洪道中的水流也不太可能冲及土坝。后来在小山沟的水泥模型上用铁锹挡水造成水流大幅度地转折，来估计山体下滑阻水的极限，证明了转折后的水流离主坝还有一段距离，不可能冲及土坝。为此建议采用400米长的衬砌方案，节省了大量资金。

到1966年"文化大革命"开始前，林秉南和水工所的同事们建起了国内领先的数个水力学研究实验室，在完成大量的水工原型观测和试验报告

---

① 林秉南：中国水科院建院50年回顾，存于采集工程数据库。

的基础上，还取得了许多基础理论研究领域的科研成果，这些成果在他们提交的众多研究报告和发表的研究论文中得到了体现。事实上，水工所这10年的工作为"文化大革命"后水力学研究所的大发展打下了坚实基础。

## 为人师表

回国初期的林秉南不足40岁，而与他合作的伙伴大多是20出头、刚刚走出校门的大学生。相比之下，林秉南既是同事，也是师长。

从一开始，林秉南就十分重视对年轻人的培养，并以自己的实际行动为后生们树立榜样。凡是跟随他工作过的年轻人都说，林秉南为人谦虚，没有架子，面对荣誉和成绩都会让别人走在前面。

林秉南早在中国科学院水工研究室工作时，就开始有意培养学生。他常常放弃休息时间，辅导年轻人学习英文。1958年，林秉南担任水利水电科学研究院水工所副所长以后，一如既往地关心年轻学者的成长，关注他们的工作和科研进展。水工研究所十分重视学术交流，采取多种手段培养青年骨干，如办培训班、请国内外专家来讲学、选派中青年到国外进修、培养研究生以及到实际工程去锻炼等。所实行的干部培养制度与环境，不仅有效地提高了本所职工的专业水平，还为全国各地培养了人才[①]。1959年，水工模型试验培训班在北京举办，培训班的对象是各省、直辖市、自治区及各大流域机构的科研单位、各大专院校的水力学研究所人员，他们都是各单位的水工模型试验的带头人。培训班的教材都是由水工所和南科院专家学者编写。1959年，培训班的讲义由水利电力出版社正式刊印成《水工模型试验》一书，后经补充、修改，以精装本第二版出版，为全国各有关单位提供了第一本有关水工模型试验知识方面的正式出版著作，至今仍是全国水工试验人员的主要参考书。1959年起，所内举办了流体力学

---

① 中国水科院50年院庆资料：50年成就水力学研究所人才与干部培养。2008年，内部资料。

学习班、英语学习班、俄语学习班、工程数学班等。在所内还定期举办学术交流会议，"高研"（当时对高级工程师的尊称）们都会悉数登台演讲。

20世纪50年代毕业的大学生们大都30岁上下，他们从"高研"的讲课中收获良多，陈（椿庭）所长对工程数据的精准、林（秉南）工演讲有条有理深入浅出、肖（天铎）工和许（协庆）工对数理力学的深刻分析、金（泰来）工演讲时投入并有声有色……还有演讲之后讨论发言的热烈、争论的尖锐，都给他们留下了深刻印象，促使大家对问题有进一步认识和理解。这些由林秉南等老专家们树立的良好风气，一直得以传承。2012年，在接受林秉南资料采集小组采访时，当年在水工所和林秉南一起共事、受过他指导的年轻人们纷纷如是说。与此同时，年事已高的林秉南，在谈起当年水工所水力学组的年轻同事时，也依旧如数家珍般，能一一道出他们的名字、出处和各自的工作特点。

> 水力学组第一批成员有汪诗金、姜凯、时启燧、张继骞等。汪诗金是组秘书，他脾气非常好，任劳任怨，从不发火，能团结人，是很好的组秘书；姜凯勇于任事，能识大体。当时计算机还未普及，他曾带领200多人，手算洪水演进，指挥若定，有大将之风。时启燧悟性很好，他当时在我的指导下，负责设计活动陡槽，能很快领悟向他交代的水槽设计新思想。组里的第二批成员中有来自华东水利学院的陈燕茹、龚振瀛等和来自武汉水利学院的谢省宗、陶芳轩等。第三批有来自武汉水利学院的霍永基等人。[1]

而这批年轻人中的许多人在多年之后，依然清晰记得与林秉南一起工作期间所受的教诲，都会说出林秉南在培养爱护年轻人方面的佳话。

上大学期间就一直梦想成为一名如格拉夫乔式水利工程技术人员的张有天，立志将一生献给水利事业，希望日后能挑起比古比雪夫规模更大的水电站建设总工程师的重担[2]。然而，1955年大学毕业分配时，却被安

---

[1] 林秉南自述，存于采集工程数据库。
[2] 张有天：《水利情——张有天科技论文选集》。北京：中国水利水电出版社，2003年。

排到铁道科学研究院工作。1956年秋,中国科学院首次在全国范围公开招考副博士研究生。张有天感慨苍天不负有心人,自己回归水利事业的机会终于来了。最初他想师从林秉南学水力学,但那年因刚从美国归来,林秉南没有招生,张有天就报考了中科院水工研究室主任张光斗的水工结构专业。顺利通过考试入学后,张有天常常向林秉南请教水力学问题。爱才惜才的林秉南很器重这位好学的研究生,对他说:"水工结构就是水力学加结构。结构方面有张光斗先生指导你,水力学方面我可以带你。"刚进入水工室不久,张有天就向林秉南汇报了此前自己对溢流坝水力特性的研究,得到了他的大力支持和指导。经林秉南安排,张有天和龚振瀛合作,仅用1个多月时间就完成了对溢流坝水力特性的理论和试验研究工作,撰写了学术报告《溢流坝水力特性的研究》,得到林秉南很高评价和鼓励,这大大增强了张有天对水利科学研究的信心。1962年,首次全国高速水流会议在长春召开,林秉南还打听这位下放在东北勘测设计院工作的张有天的情况。

20世纪50年代建所初期就跟随林秉南工作的工程师陆茂竹,回忆往事,深情写道:"林秉南先生技术理论基础深厚,他勤恳认真的敬业精神始终是我们学习的榜样。他谦虚稳重、和蔼可亲,我们相处甚好。"[1]

在2012年1月召开的关于林秉南学术成就座谈会上,已是80岁上下的老专家们纷纷发表感言,畅谈当年林所长对自己的培养。[2]

> 林秉南先生是我科研生涯的第一个领路人。我1956年毕业后分配到中科院水工研究室工作。我去的时候就跟着林先生,当时虽然没什么课题,我就相当于他的学生,给我介绍了一些英文文献。我大学学习俄文,英文水平不好。特别让我感动的是,林秉南先生因此为我推荐了一本英文书,让我每天中午吃完饭后就去他办公室,有不懂就问他,这是我一辈子也忘不了的。1957年2月,林秉南先生又推荐我到清华大学工程力学研究班深造,得以受到一些力学大师们的教育,

---

[1] 陆茂竹:往事采撷。中国水科院50年院庆回忆文章。2008年,内部资料。
[2] 林秉南先生学术成就老专家座谈会记录。2012年1月10日,内部资料。

使我的科研能力有了很大提高，这是我一生中的一个转折。林秉南先生学术造诣深湛，道德高尚。他的学术成就，我们后人都难以望其项背。他十分注意培养青年，提携后进，身教力行，不遗余力。

担任过林秉南研究助手的时启燧，非常佩服林秉南先生的文学功底，认为他在一个字一句话怎么使用上，都很考究。有一次写研究报告，时启燧把"圆"和"园"字混淆了。林秉南耐心地把每个字都改了过来，还纠正了不少其他错误或不当的标点符号，使他受益颇深。

林秉南先生对人很谦虚，没有架子。在楼道里跟他遇见，他都会侧着身子让我先过。当时我是刚毕业的大学生，他是国外回来的大专家，这个举动让我很有感触。林秉南先生很注重对年轻人的理论培养，很重视基本功，他的研究生以及和他一起工作的人都有同感。

有一次李忠义谈起林秉南时说道：

我来水科院前在北京设计院工作，搞四川的一个工程。水科院开学术讨论会，由林先生介绍他研究的"等 $\sigma$ 曲线坝面"。我事先看了林先生的手稿。会上我根据在工作中的体会对林先生的报告提了意见。事后林先生给我办公室打了一个电话，说我的意见是对的。他建议我将意见整理一下，写一篇文章，投到将要在长春召开的高速水流学术会（1962年）上。林先生这种谦虚精神和提携后生的作风令我终身难忘。

林秉南时常对年轻人说，在外文技术期刊中隐藏着一笔巨大的财富，人们应该根据需要去发掘它。他认为，工程师起码应具有能浏览一种外文期刊的能力，以便及时了解国外技术动态并引进有用的技术资料。去国外参观或参加国际会议的技术人员更应该力争能熟练阅读一种常用的技术外语（如英、法、德、日），至少初步具有一门外语的流利口语能力，并对国外的风土人情有起码的了解，例如：轻声说话、行路靠右并注意避让、讲究礼仪等，以便在国际会议上交流学术和广交朋友，进而争取在国际学术组织中担任职务，以提高中国的声望。

1962年，水利水电科学研究院要求各所重点培养一批业务骨干。水工所确定了3名年轻同志，分别由本所高级工程师做导师，其中，陈椿庭指导陆茂竹，林秉南指导李桂芬，许协庆指导陈惠泉。他们的培养计划由导师定，要到有关高校去听课，如数理方程、紊流力学等，这一培养计划于1964年后因国家政策的变化而终止。曾经受过林秉南指导、如今已八旬高龄的李桂芬，深感林秉南先生在培养年轻人和推进中国水利界走向国际方面做出的突出贡献，谈道：

> 按照当时院党委的计划，要给重点培养的人确定导师。我那时候也被定为重点培养对象之一，林秉南先生是我的导师。在培养年轻人上，林秉南是非常认真的。一确定他是导师以后，就给我制定计划。先看什么书再看什么书，安排得头头是道，这方面我印象很深。另外，对于组里其他人，不管是不是重点培养对象，在上世纪80年代，他都根据各人不同情况，提出派出的建议，详细到哪些人应该去国外，谁到哪个国家。[1]

林秉南早在美国工作期间就开始指导研究生了。1952—1954年他在美国科罗拉多州立大学为研究生讲授明渠水力学、高等流体力学及泥沙力学期间，培养了3名硕士。他作为主任指导教师参与指导的第一位研究生是1952年起在科罗拉多农工学院（Colorado Agricultural and Mechanical College）就读的安衡南（K.Unhanard）。回国以后，林秉南第一次招收研究生是在1963年。当时，水利水电科学研究院共有7位专家[2]招收了研

---

[1] 李桂芬访谈，2012年8月14日，北京。资料存于采集工程数据库。
[2] 7位专家和1963年招收的研究生分别为：黄文熙（学生王志明）、覃修典（学生王足献）、汪闻韶（学生汪世屏）、蒋彭年（学生宋永祥）、林秉南（学生王连祥）、肖天铎（学生李新春）和许协庆（学生张武功）。

究生，其中 40 年代在美国爱荷华大学留学的林秉南和肖天铎、许协庆、汪闻绍都开始在国内招收研究生。研究生学制是 4 年，前两年学习课程由导师帮助制订学习计划，基础课和专业课都是到中国科学院和中国科技大学听课。各科考试通过，林秉南提出了阅读计划，由于"四清"和"文化大革命"的开始，这些研究生被迫中断了学业。当时新招的研究生刚到北京报到一周，正值掺气研究小组要去吉林丰满电站进行大坝溢流原型观测，林秉南便让他的学生王连祥跟随小组同去，以建立对高速水流的感性认识[1]。

林秉南在培养年轻同事和学生上不遗余力的努力，也在无形中为后来人树立起为人为师为学问者的表率，潜移默化地影响着他们日后的工作和生活。林秉南在与学生的通信[2]中，语重心长地谈道：

> 一个人如果没有良好的气质就不可能成为良好的研究人员……要培养良好的气质就必须到群众中去磨炼，愈早愈好，我希望你要体会到能多参加一期社教运动是组织的培养，我的体会，一年半载在人的一生中只是短暂的一瞬，在这短暂一瞬中要和劳动人民特别是贫下中农建立感情是一个艰巨的任务。所以要珍惜这一锻炼的机会，力争在改造客观世界的过程中也改造主观世界，为建立正确的世界观打下基础……由于参加社教而迟回北京不是什么问题，必要时可申请延长研究生的学习期限。

2001 年林秉南撰写《八十回顾》的短文，回眸回国初期事业起步的艰辛和满心期望，回首随后数十载里自己亲历的巨大变化和惊人成就，不禁发出扎根故土幸福的感慨。文中写道[3]：

> 回想 1956 年我到北京后不久，国家就开始制定科学发展远景规

---

[1] 王连祥：师恩如雨露。2012 年 10 月，内部资料。
[2] 林秉南给王连祥的信，1966 年 3 月 18 日。存于王连祥家中。
[3] 林秉南自述，存于采集工程数据库。

划。看到的水力学、泥沙课题发展规划，按当时的人力物力条件衡量，好像都很难实现。然而几十年来，在国家大规模水利建设的带动下，水力学研究取得了很大成就，进步已超过原来的企望。我国的水利建设，包括防洪、发电、灌溉等都居世界前列。我在这个建设的大潮中受到了很大的鼓舞和教育，不但专业知识有很大提高，在政治方面也找到真正的理想，深感在祖国工作的幸福。

当然，这份幸福背后是林秉南不轻易示人的创业艰辛与饱经磨难的历练。1964年9月至1965年5月，林秉南参加水利水电部社会主义教育运动工作队，赴河南新乡县大召营公社刘大召大队约9个月。在那儿，林秉南亲身体会到城乡差别和农村生活水平的低下，深感应该更加努力工作，为我国整体经济水平的提高而贡献力量。

然而，20世纪60年代中期的中国，历史的车轮即将滚入又一个不平常的年代，林秉南的人生和事业也将在下一个年代里继续经风历雨、跌宕起伏。

# 第四章
# 忍辱负重度困境

## 厄 运 降 临

1966年是我国执行第三个五年计划的头一年。那时的中国，经过三年"调整、巩固、充实、提高"，刚从"大跃进"失败的低谷中缓过劲来，1965年，全国粮食、棉花、钢铁、原煤的生产都超过或接近了1957年的水平。"困难过去，前景看好，努力奋进，迎接新中国建设的又一个春天"，这是当时林秉南与人们一样普遍怀有的积极心态。

那年，林秉南47岁，任水利水电科学研究院水工研究所副所长，正处于科技工作者最佳工作的年华。回想10年前放弃在美国优越的研究条件，回到百废待兴的祖国，在一穷二白的境遇下，克服重重困难从实验室一件件基础设施的精心设计、制作起步，到大量原型观测的开展，终于形成了基本的研究条件与一支良好的科研团队，林秉南与许多科技人员一样，对今后的发展充满构想与希望。

然而，事与愿违。如果说，那年3、4月前批判邓拓、吴晗、廖沫沙

"三家村"还令人以为这只是文化界的一场运动的话,那么《五·一六通知》的出台、"中央文革领导小组"的登场则终于拉开了"10年动乱"的序幕。随着极"左"狂潮在全国迅速泛滥,水科院也成了"文化大革命"的"重灾区",科研业务工作基本停顿。林秉南因父亲的政治背景与本人的留学经历,个人、家庭、事业都受到无情冲击,心灵陷入极大的困惑、迷茫与伤痛之中。面对"武斗升级"、"全面内战"的混乱局面,他感到无法理解,无所适从,"弄得糊里糊涂的。刘少奇是党的领导人,也弄成最大的走资派。不知道怎么回事儿。"[1]

"文化大革命"开始不久,林秉南就被当作"资产阶级学术权威"靠边站了,行政管理和科研工作的权力均被剥夺,整天的任务就是写材料、交代自己和家庭的历史问题。那年头,知识越多越反动,林秉南与院里许多知名专家、领导一样遭受了无端的批斗与抄家,戴高帽子、挂黑牌子不说,家中一部从国外带回的电子管收音机,还硬被说成是"特务的联络工具"。看着所谓"文化大革命"成果展览上自家收音机旁的文字说明,林秉南有口难辩,哭笑不得。然而,就是这种无稽之谈的"证据",使林秉南头上添了一顶"特嫌"的帽子,对多年之后给子女的工作调动还造成了不小的障碍。

而最令林秉南痛心的是老父亲遭受的迫害。早年参加过英勇的抗清斗争,曾在马来亚白手起家、艰苦创业,为追随孙中山毅然抛家舍业,为广州新政权的建立与第一次国共合作都做出过贡献的林黄卷先生,新中国建立后,在广州参加了民革及侨联,支持中国共产党领导的社会主义事业,曾被选为居民组长及人民陪审员,并力助在美国的儿子林秉南回国为祖国建设服务[2]。1956年,林黄卷从广州迁居北京,住在水科院北院家属区。为了发挥余热,他曾修书一封,寄给当年在广州参加国民党一大时认识的毛泽东主席。后来国务院来人和他谈,请他到文史馆工作,写他过去知道的一些重要事件。他挺高兴的,每周都到文史馆去几次,天天坚持着写回忆录。1965年本来要让他参加下届全国政协的,但随着"文化大革命"的

---

[1] 林秉南访谈,2011年11月22日,北京。资料存于采集工程数据库。
[2] 林黄卷简历表,存地同上。

爆发，他的命运完全被改变了。

1966 年，被极"左"思潮鼓动起来的红卫兵小将们四处寻找阶级斗争的目标，不知从哪儿得知那位每天早起在院子里打太极拳，还总是拿着扫帚将院子打扫干净的老人，竟是个老国民党分子，立即群情激愤，蜂拥而至，闯入林秉南家中，将 74 岁高龄的林黄卷揪出来批斗。尤为不幸的是，红卫兵们抄家时从林黄卷先生放衣物的箱子里搜出了一面太阳旗，其实，这面日本旗是抗战胜利那年受降的战利品，林黄卷将它留下当包袱皮用，隐含的本是对日寇的轻蔑之意。结果老先生又被扣上了一顶"狗汉奸"的帽子，当着儿孙们的面被拳打脚踢。面对一群狂热的红卫兵，即使有一千张嘴也是说不清的！可叹这样一位深明大义、一生为民族复兴实实在在做贡献的老人，晚年难以承受如此残酷的迫害，原本硬朗的身体很快垮了下来，于 1968 年在京病逝，享年 76 岁。而时任水工所副所长的林秉南与院里其他知名专家一样，顶着"资产阶级学术权威"的帽子，属于被打倒的对象，还被"革命群众"揪出来陪着老父亲一起游街批斗。在那个非常时期，林秉南自顾不暇，更为无力保护自己的老父亲而陷入深深的自责。在林秉南子女的眼中，那时的父亲"变得特别沉默"。

那是林秉南一生中最为凄惘与苦闷的时期。一个一心希望祖国能够繁荣富强的人，一个甘愿放弃优越的生活与科研条件而毅然回到祖国怀抱的人，物质贫乏可以忍受，没有实验设施可以创造，工作中有再大的挫折可以继续努力、争取做得更好，但是要被说成是个坏人，被污蔑成"汉奸"、"特务"，要当众遭受人格的肆意侮辱，失去做人的基本尊严，戴高帽子、挂黑牌子，挨斗、游街，满脸被泼上墨汁，这无疑是在心灵上划下深深的伤口，再撒上把盐。

除此之外，令林秉南尤为难以接受和心痛不已的是看到自己克服重重困难，精心设计、研制的实验设备，在"文化大革命"中遭到无端的诋毁，被随意拆除、损坏。对于一个将事业视为生命的人，面对如此残酷的现实，心情之悲怆，真是难以言表。

然而，也就是在这最艰难的时候，林秉南的夫人王宝琳表现出了极大的勇气与坚强，在十分困苦的处境下给了一家人很多的鼓励与支持。几十年之后，女儿林衍翔还清楚地记得当时的情景：

> 那天，我家被抄之后，一片混乱，箱子都是打开的，东西散落一地，红卫兵在那儿折腾到半夜才散去。我爸看着挺丧气的，爷爷也是一头的汗，不知道该如何办才好。现在想起来，当时我妈真是挺伟大的，她说我们得开个家庭会议，她能看得到，这样的状况才刚刚开始，后面呢，大家都要能够坚持住，因为我们自己知道，我们不是坏人！第二天，我爸爸和爷爷就被揪去挨斗了，当时挺残酷的，我才11岁，也在那儿看。我妈妈很鼓励他，说老林不要伤心，很多事儿都会解决的。[1]

正是至亲的勇气与坚强使得林秉南能够忍辱负重，面对严酷的现实，承受极大的压力，有勇气摆脱心头的阴霾，一步步走出迷茫的困境。同时，也正是基于这种亲人赋予的信任与信念，才使得一个人能够历经磨难而永不放弃自己的理想与追求，不会一味纠结在个人的恩怨之中。林秉南心胸宽阔，"文化大革命"后水科院恢复重建，在一次讨论实验室设备建设的会上，作为水工所副所长的林秉南完全从工作出发，不计前嫌，主动提名一位曾在批斗会上涂他黑脸的工程师参与此项工作。46年后，当我们问及92岁高龄的林秉南如何认识那段不堪回首的日子时，林秉南只是淡淡地说了8个字——"无所谓了，群众运动"[2]。

## 下 放 干 校

1969年，中共中央及国务院等国家机关在河南等18个省、自治区建立了105所"五七干校"，遣送安置了10多万名下放干部、3万名家属和5000名知识青年（子女）。根据中央"关于国家机关、科研事业单位要精

---

[1] 林衍翔访谈，2011年10月21日，北京。资料存于采集工程数据库。
[2] 林秉南访谈，2011年11月22日，北京。存地同上。

兵简政，撤销机构，下放人员"的精神，水利水电科学研究院着手进行下放工作，首批人员被安排到河南水电部平舆"五七干校"，共211人（含技术干部153人）。林秉南也名列其中，别妻离子，孤身一人随下放人员到了干校，每天从事各种体力劳动，干过基建、烧砖、养猪和各种农活。

那时候因为干校要基建，需要很多的砖，林秉南与一些下放人员被派去参加烧砖。一开始，他们烧出来的青砖不青，红砖不红，有的还没烧透，质量都非常差。当地烧过砖的人说，这是需要技术的，不是一般人就能烧的，要懂得火候，要懂得浇水，不是那么容易学会的，说他们这些人就更学不会了。林秉南那时一心就想烧出质量合格的砖来，但没有人教他，于是就自己琢磨开了，每天都在细细观察，怎么把砖烧好，还专门找了个小本子，密密麻麻记着时间、温度、火候，要多长时间，要多少度，做青砖要多少担水，要多快地把水浇完，红砖火要一点点撤，不要撤得太快……结果很快摸索出了一套经验。从此，林秉南成了看火的师傅。

林秉南在回忆当年的情景时谈道：

> 先在菜园班锻炼，不久就调入建房班，从事烧砖工作。初期我的工作是扳切砖机。后来学会了看火烧窑，便参加烧窑劳动。烧青砖时劳动强度较高，因为后期必须从窑顶渗水入窑才能改变窑内砖的颜色。为此必须昼夜不停人力挑水、沿蛋壳形的窑身盘旋上到约10米高的窑顶，向窑内灌水。一昼夜需水约70—80挑。一般需要挑3、4天至1周。我参加烧过两窑青砖。当时50岁刚过，体力还能胜任。以后又安排我改进制砖机。为了减轻切砖胚的劳动强度，需要一个直径约35公分的大齿轮。在当时的工作和要求的条件下，我手绘了一张齿轮图贴在一块钢板上，然后用手锯锯出一个大齿轮；再用锉刀修整，然后将它安装在切砖机上，虽然比较粗糙，却也省力不少。[①]

后来，插队到山西的儿子林寿华到干校来看他，因干校的"牛鬼蛇

---

① 林秉南自述，存于采集工程数据库。

神"们多为老弱病残，需要有个强劳动力，所以，林寿华就被留下来。父子俩每天挤着睡在一起，相依为命。采访中，林寿华对父亲当年改造制砖机的事情仍有深刻的印象，说那齿轮"画得特别漂亮。父亲说他不是搞机械的，他只能画一个特别准的线。他们就是这样的人，干什么事都特别认真，工作特别努力，很小的事都特别努力去做"。林寿华还记得，那时干校有些大"牛鬼蛇神"是停发工资的，而自己父亲还能拿到一些收入，"父亲对那些人很好，看他们做煤饼就担心会砸到手，还自己掏腰包请他们吃过饭"。①

1971年9月13日林彪事件发生之后，举国为之震惊。其后国家政策开始有所改变。1972年4月24日《人民日报》刊发社论《惩前毖后，治病救人》，要求正确执行党的干部政策，于是，"解放"了一大批老干部和专家教授。林秉南在干校锻炼改造两年半后得以从河南平舆返回北京。

同在干校的儿子林寿华，随后转到郑州二里岗做木工，那时的林寿华一心就想着怎么能调回北京来。当时有一种对调的形式，即住在不同城市的两个人刚好都想去对方所在的地方，就可以联系对调。那时打听到有个人在北京航空学院工作，他正好想去郑州，就联系上了。不想两人在办理对调手续的过程中突然发生了问题，北航表示不能接收林寿华。后经去北航查询，得知原因是其父亲有"历史问题"。原来院方在对林寿华作政审时从其档案袋中发现了父亲为"特嫌"之类的材料。后来经单位专门开出证明，这些材料才从林寿华的档案袋中被撤了出来（因为原本就是些子虚乌有的事情）。

## 潜 心 文 献

1972年5月，林秉南和许协庆一同从干校返回北京后，原想回到水

---

① 林寿华访谈，2012年1月10日，北京。资料存于采集工程数据库。

科院工作，但却被尴尬地告知水科院不愿接收他。在那个"知识越多越反动"的年代，一些本是国家宝贵财富的高级知识分子和老专家反而被原单位避之唯恐不及。当时水利电力部有个科学技术情报研究所，主任是白凡，她很有远见，也有魄力，主动收留了一批"无家可归"的老专家。2012年，92岁高龄的林秉南先生在接受采访时，谈起当时的情景说道："我印象特别深刻的，到情报所的第一天，白凡召集大家说，可把你们都请来了！"[①] 如今看似平平淡淡的一句话，当时竟然令那些"臭老九"们个个激动不已。虽说40年过去了，但说及此处，林秉南的眼圈一下子又红了起来。想想这些学富五车却一度被划入另册的大知识分子们，蒙受了多少的羞辱和委屈，就为一句久违的诚挚与敬重，几十年后仍如此动情，可见人格与尊严在他们心中的分量。

由于受"文化大革命"的影响，当时的水利科技研究工作犹如一片荒漠。饱受身心伤害的林秉南，总在苦苦寻觅重新工作的机会。虽然在情报所不能从事自己钟爱的水力学科研工作，但令林秉南欣慰的是，在情报所能够接触到许多的外文科技文献，英文的、法文的、德文的都有。而那时的情报所，"大知识分子不少，英文、日本、德文、法文都有人精通"[②]。林秉南在美国读博士时，选修了德文与法文，各读过一学期。"美国人做事有一样好，很认真，即使是二外，也要求能看书"。这一严格的要求使林秉南在博士毕业20多年之后，还能用德文、法文阅读专业文献。靠查字典和与有关专家讨教，几年的时间里，林秉南等专家充分利用情报所的文献优势，在当时十分困难的情况下编译出版了一批专题综述成果，了解了国际上水利科技的发展动态，事实上他们的工作为即将来到的"科学春天"做了很好的准备。

经过"文化大革命"，能够安静地坐下来看资料、搞翻译，林秉南感到机会难得，对时间也格外珍惜。情报所文献很丰富，尽自己所能把已有的文献挖掘出来，并介绍给大家，这样就能够发挥作用了。"在情报所工作期间，我写了两个小册子"，这是林秉南乐道的事。"第一篇

---

① 林秉南访谈，2011年11月22日，北京。资料存于采集工程数据库。
② 同上。

第四章 忍辱负重度困境

是《国外过鱼工程》。"20世纪70年代初,葛洲坝工程已开工建设,遇到如何解决过鱼工程的问题。情报所要针对葛洲坝的过鱼问题专门编写出版一本专辑,确定由林秉南负责编写。林秉南收集了一大批英、法文献,据此对美、加、欧等地的过鱼工程尽可能给予介绍和总结,这对葛洲坝评估选择适宜的过鱼方式提供了参考。长江的洄游水族有鲟鱼、白鳍豚等,鲟鱼成鱼可长达3米以上。如用鱼梯过鱼,鱼梯将十分庞大,但鱼数又较少(估计每年近千条),所以用鱼梯并不合算。根据这本小册子,葛洲坝后来合理采用了坝下人工养殖、流放鱼苗的办法。"应该说建设葛洲坝我还是蛮有贡献的",92岁高龄的林秉南在接受采访时调侃着说。[1]

"另一篇是关于高速水流的"林秉南说。当时国内正在建设的刘家峡水电站是座高坝。林秉南查阅了大量资料,1975年编写出一本小册子《国外高水头泄水建筑物》(水利电力部信息所报告),对坝面溢流、隧洞泄洪、泄槽溢洪道、厂房顶溢流、薄拱坝开孔泄流等泄水建筑物布置,气蚀、磨损、动水压力等泄水建筑物的破坏形式以及岩基冲刷的研究近况等作了详细的综述,成为国内高坝建设的一份重要的参考文献。

除了上述两本小册子之外,林秉南在情报所期间还充分利用能接触到外文科技文献的条件,阅读整理了大量资料。在人们的印象中,当时的情报所,跑资料室最勤的是林秉南,整天泡在资料室里时间最长的也是林秉南。同时期在情报所工作的唐友一也是从事不恒定流方面研究的,他曾对陆吉康说起当时的情景:"'文化大革命'期间,外面还很乱,情报所却显得很清静。林秉南经常一个人在那儿看东西,坐在那儿查资料,搞翻译",他高度评价了林秉南这一时期的工作对不恒定流研究的贡献[2]。这期间林秉南翻译整理的许多资料,对于水科院恢复重建后及时把握科研发展方向、高起点培养研究生等都发挥了重要的作用。

---

[1] 林秉南访谈,2011年11月22日,北京。资料存于采集工程数据库。
[2] 林秉南先生学术成长资料采集老专家座谈会记录。2012年1月10日,内部资料。

# 执 着 探 索

尽管在当时的环境下失去了科研条件，但林秉南始终未放弃对专业的追求与探索，而是一有机会就抓住不放，将萦绕心头的科研课题向前推进。例如，收缩式消能工和宽尾墩这一"文化大革命"后水科院重建初期的重要科研成果，便诞生于他在情报所工作的时期。

在我国，对于峡谷型高坝"利用纵向扩散消能的思想1960年已见萌芽"[①]。当时在林秉南的倡议下，陈炳新曾在掺气活动陡槽末端安装挑角高达60°的挑坎，进行射流冲刷试验，目的是探讨在大挑射角条件下，射流长度的增加（和以小挑射角到达下游同一地点的射流比较）和射流纵向扩散的相应增加对下游河床冲刷的影响。这些实验初步表明，尽管大挑射角导致射流进入下游水面时入射角增大，但由于纵向扩散得到加强，冲刷仍然趋向减少。在此基础上，原拟进一步研究增进纵向扩散的方法，但在当时的历时条件下，研究课题被改为针对隧洞水流余幅，上述研究未能继续进行。但这个问题始终被林秉南挂在心上。

林秉南在《水科院建院50年回顾》中，记述了有关收缩式挑流坎研究进展的一段故事：

葡萄牙在20世纪50年代修建卡勃利尔拱坝时，在泄洪洞出口采用了窄缝式挑坎。西班牙的阿尔门特拉拱坝左端两个表孔泄槽收缩后接窄缝挑坎。这是笔者1975年在水利水电情报研究室（主任白凡）工作时引进的。它是西班牙工程师在国际大坝会议论文集上公开发表的[②]。当时笔者称它为窄缝式挑坎。这是收缩式挑坎的极端形式。实际应用可以根据需要给予适当的收缩比，籍以调节水舌的扩散程度。收缩式挑坎的一个次要缺点是往往在溢洪道附近形成雨区或雾区。但

---

[①] 林秉南：我国高速水流消能技术的发展。《水利学报》，1985年第5期。

[②] 林秉南：国外高水头泄水建筑物。水利电力部信息所报告。1975年，内部资料。

这毕竟是次要而且不难克服的。本型挑坎已在龙羊峡等工程采用。上面已说明我国的挑坎射流研究刚开始有点苗头就中途被停顿了，所以收缩式挑坎技术的建立主要进展来自引进。可见做好技术情报工作，引进技术也是促进技术进步的有效途径之一。

同时，林秉南在该文中也指出：但引进往往失于粗略，缺乏细节，而且引用者如缺乏经验，随意引用也是危险的。

这就从正反两方面说明了技术引进的必要性与必须注意的问题。正是基于这样的经历，多年来林秉南总是强调"在外文技术期刊中隐藏着一笔巨大的财富，人们应该根据需要去发掘它。我们的工程师起码应具有能浏览一种外文期刊的能力，以便及时了解国外技术动态并引进有用的技术资料"[①]。

林秉南先生不止于文献阅读和介绍，还时时关注当时国内水利水电工程的建设，力求应用文献中的先进知识，解决生产中的实际问题。当时搞泄流消能试验的技术人员的惯性思维一般都是研究改善闸墩流线型尾部，增大泄流前沿宽度，在泄流量一定的前提下降低单宽流量，达到减轻下游冲刷的目的。1973年，林秉南出差到安康水电工地，同下放在那里的龚振瀛在试验中注意到在方形闸墩尾部下游"不完整"水跃或"漩辊"的掺混作用略胜于流线型尾墩的相应情况，消力戽的掺混作用更显著，由此龚振瀛提出了进一步加宽墩尾的大胆设想，将方闸墩尾进一步扩宽，发明了"鱼尾墩"（后来改称为"宽尾墩"）。实际上相当于将泄流前沿的横向扩展改为沿河流纵向扩展，以求降低河床接受水流冲击单位面积上的能量。当然，任何新的思想、新的发明，一开始总是不太成熟，总是被怀疑，宽尾墩的发明和应用也同样在质疑中经历了不断完善的过程。在这一点上，林秉南和龚振瀛的贡献是不容小觑的。后来林秉南引进了西班牙窄缝式挑坎消能形式，经不断地研究和思考，逐步在理论上解释了宽尾墩的工作原理。"文化大革命"以后，这一成果同水工所进行的新型消能工系列研究

---

① 林秉南：水科院建院50年回顾。2008年，未刊稿。存于采集工程数据库。

一起获得了一项国家科技进步奖二等奖。

林秉南在回忆文章中，谈到了他和龚振瀛的合作过程[①]：

> 笔者（林秉南）和龚振瀛合作在安康工地共同进行模型试验时，在尾水较小的情况下仍然可以形成良好的水跃，不但消能效果大为改善，而且消力池也缩短了。据此，建议安康采用宽尾墩消力池。笔者则在一座废模型上进行了补充试验，观察到使用宽尾墩可使原来因尾水不足而形成的波状水跃转化为正规水跃，原来的远驱水跃则转化为近坝水跃。1974年前后，我曾向黄委和广西的两座枢纽建议采用宽尾墩，经模型试验，效果良好，但都因对新事物不放心而未得到采用。其中广西的枢纽在安康电站建成后又将已建成的消力庐改建为宽尾墩消力池。继龚振瀛之后，对宽尾墩的推广和分析贡献最多的是谢省宗。现宽尾墩消力池已在多座工程上采用，效果优良。但对它所根据的原理许多人并不清楚，其实它所根据的就是关于水跃共轭水深的普通原理。根据这个原理，由于闸墩尾部展宽，对水流的侧向挤压使跃前水深加大，跃后的共轭水深（Sequent depth）随之缩小。因此在尾水较低的条件下仍能形成水跃，而且因为水跃长度与水跃前后水深之差成正比，消力池的长度也随之大为减少。宽尾墩的发明来自实践。先有发明，后来才用理论加以解释，纵向扩散消能则是理论指导创新的例子。

宽尾墩在潘家口水库的应用也说明了采用新发明的曲折过程。1975年刘树坤在水利部第十三工程局勘测设计大队科研所担任水工组组长，在进行潘家口水利枢纽的整体水工模型试验时，发现原设计方案的溢洪道消能不充分，泄洪时在下游产生很大的洄流，会对坝脚产生严重冲刷，影响坝体安全。当时国内水电建设已经开始酝酿复苏，高坝的消能防冲问题引起了普遍关注。可是对于潘家口水库这样高水头、大流量溢洪道的下游消能

---

[①] 林秉南自述，存于采集工程数据库。

防冲问题还研究甚少。苦无良策之时，他看到了林秉南编写的名为《高水头泄洪建筑物的消能防冲问题》的交流材料。在这份材料中林秉南介绍了国外的收缩式消能工技术，深受启发，即赴北京当面请教。"林建议我将溢洪道表孔闸墩尾部加宽，在模型中看一下消能效果。当时我并不理解这样一个简单的改动会产生什么效果"[①]。"回到天津后立刻按照林先生的意见修改了模型，神奇的效果出现了，将溢洪道表孔溢洪道的闸墩尾部加宽后，泄洪时的水流形态完全改变：由于溢洪道闸墩尾部加宽，闸室出口缩窄，经闸室泄出水流被压缩形成高扁的水墙，在坝面的挑流反弧段又急剧扩散，相临闸室水股激烈碰撞，产生强烈的消能效果，下游的洄流消失，坝下冲刷问题也得到解决。"后来把这种新的消能形式定名为"宽尾墩"。

之后，围绕"宽尾墩"开展了一系列的专题研究，确定了基本体型优化参数，为以后的推广应用打下了基础。但是，这项技术在潘家口水库的应用还是遇到了一些困难。根据我们的试验结果，如果在潘家口枢纽左坝段的13孔溢洪道全部采用"宽尾墩"的话，下游消能防冲效果十分显著，可是设计院的技术负责人认为没有应用先例，难以通过。无奈之下，从北京请来了林秉南先生，请他观看了模型试验的情况，经过他的说服，设计院的技术负责人最终同意在左坝段的左侧3孔溢洪道采用"宽尾墩"，潘家口水库也成为我国最先采用"宽尾墩"技术的水利枢纽。

## 情 系 钱 塘

在那段日子里，还有一处尤为令林秉南牵挂的地方——钱塘江。

---

① 刘树坤：关于林先生的记忆。2012年9月，内部资料。

浙江省河口水利研究院原总工程师韩曾萃，回忆林秉南在杭州钱塘江管理局[1]和浙江河口海岸研究所[2]的工作时满怀感激的心情谈到[3]：20世纪70年代林先生在我们这里工作一段时间，给我们单位留下很好的印象。林先生在我们这儿的工作主要有3个阶段。第一阶段是50—60年代，第二阶段是1974—1978年，第三阶段是"文化大革命"结束以后。特别是在第二阶段，林秉南每年都有数月的时间来我所工作。

早在20世纪五六十年代，林秉南就已经关注并着手研究钱塘江口的潮流计算问题。钱塘江口为世界上著名的强涌潮河口，河口段的杭州湾呈一大喇叭形，宽度从湾口约100公里往里急剧收缩，到距湾口90公里的海盐澉浦时，宽度只有20公里了，而杭州市区的河宽仅1公里左右。这一特殊的地形不仅利于形成特别汹涌壮观的钱塘大潮，而且也是钱塘江河口江道频繁剧烈摆动的根本原因。

1958年全国搞潮汐电站，有关方面在上海开会提出两个方案，之一是在钱塘江下游乍浦或澉浦建全国最大的潮汐电站，之二是在上游七堡建枢纽，控制钱塘江。1959年5月国家科委在杭州召开大型讨论会，3个部（水利部、机械部、农业部）200多人参加。水利部副部长冯仲云是水利一组的组长。钱宁、林秉南、陈吉余等专家都参加了，讨论了4大类问题20个题目50个专题。水利组里有两个题目，一个是钱塘江河口演变基本规律，由钱宁负责；另一个是不恒定流问题，由林秉南负责。1960年下半年国家进入困难时期，大多数课题未能实施，而钱宁、林秉南的两个课题坚持了下来并获得成果。当年10月他俩在沿钱塘江两岸查勘了半个月，由时任钱塘江海塘工程局副总工戴泽蘅和工程师李光炳陪同，坐船和步行从

---

[1] 浙江省钱塘江管理局，源于1908年成立的浙江钱塘江海塘工程总局，机构名称几经更迭。1973年，改为浙江省钱塘江管理局，1978年，与浙江省河口海岸研究所合署办公；2000年，与浙江省水利水电科学研究院合并，成立浙江省水利水电河口海岸研究设计院。2002年更名为浙江省水利河口研究院。

[2] 浙江河口海岸研究所，简称河口所。源于1957年成立的水利部钱塘江河口研究站，1978年与浙江省钱塘江管理局合署办公；2000年与浙江省水利水电科学研究院合并，成立浙江省水利水电河口海岸研究设计院。2002年更名为浙江省水利河口研究院。

[3] 韩曾萃访谈，2012年4月6日，杭州。资料存于采集工程数据库。

新安江往下到乍浦。

浙江河口所老一辈的专家戴泽蘅早在1943年修建贵州汶河水力发电工程处就与林秉南共事（戴泽蘅在设计科，林秉南在工程科），2012年4月戴总在接受项目采访时说"当时国内和我们只会搞一维计算，钱塘江杭州湾大喇叭口一维不能反映真实情况，林秉南来以后带来了二维计算方法，能反映真实情况。"[①]

韩曾萃介绍说：

> 钱先生后来派周志德、乔彭年来杭州多次。林先生建议搞电子计算机，还指导我们用特征线法搞涌潮计算，派龚振瀛到杭州做潮汐计算，并建议我们和中科院数学研究所合作，由河口所派人到北京协作。1956年，林先生在水利学报创刊号上发表了《明渠不恒定流的解法和验证》一文，我所在林先生倡议倡导下，在水利上用电子计算机算在国内是最早的，有中科院计算数学所金旦华参加，承担了具体的程序设计工作，我所有谢昌益、赵雪华参加。
>
> 钱塘江河床变形非常快，一星期岸线就摆动变化了。林先生在动床计算的贡献之一，是用垂线积分的方法得到底部和垂线平均值的挟沙能力、含沙量比值的两个系数（窦国仁的理论是将沉降概率一个系数）。林先生的第二个贡献是将小参数摄动理论应用到水流与泥沙的联合计算，证明当含沙量小于130kg/m³时，水流和泥沙可以分开计算。在此前，许协庆和朱鹏程文章需要联合计算。我们河口所提供了基本资料，用林的方法实现了钱塘江支流曹娥江的验证。林先生很强调研究手段要过关，才能用于工程计算。在那个时候那么早能看准这个问题是很前沿的。河口潮流的计算也是不恒定流研究的一个重要方面，当时在国内属于开创性的研究。

"文化大革命"期间，钱塘江的治理工作仍在继续。林秉南到情报所

---

① 戴泽蘅访谈，2012年4月6日，杭州。资料存于采集工程数据库。

工作后，被邀请到杭州为钱塘江治理提供技术咨询，他借此之机，持续推动了不恒定流模型的发展与应用。韩曾萃说：

> 1974—1978年，林先生每年都来二三个月，指导两个课题，即二维特征锥方法不恒定流计算和一维动床计算。第一个课题有我院赵雪华、施麟宝参加，第二个课题有我院黄菊卿、李新春参加。当时打算在黄湾建拦江大坝，江面宽20公里，当时国际比较先进的如荷兰的计算方法是直接采用有限差分或ADI法，林先生提出用特征线算一维、特征锥算二维的公式推导差分方法，金旦华具体搞程序设计。①

关于特征线法，林秉南的学生、水力学专家陆吉康谈道：

> 林先生的特征线等时段法，在二维平面上，经过一点的特征线向四面发出，其集合宛如锥面，林先生指导选了4根特征线，通过偏心插值的方法把特征锥时段化了。尽管如此，还是碰到了两个问题，一是由于离散的影响，特征锥面上的特征线不能汇聚成一点；二是当涌潮产生时，前进方向的特征线挤在一起，如何判断涌潮开始。在先生的指导下，前者靠多根特征线交汇点的算术平均解决，后者则规定某个小角度作为判断值，达到即认为开始发生涌潮。②

作为从北京请来的专家，学问又那么好，加之林秉南的谦虚与平易近人，钱塘江管理局老老少少，无论知识分子还是一般工人，都对他非常敬佩。那时候林秉南已经50多岁了，每年往杭州跑，一去两三个月，每次都是一个人住在钱塘江管理局招待所三楼，自己打开水，去食堂排队买饭，用公共厕所，条件虽然一般，但是心情十分愉快，每天晚上都坚持工作到10点、11点。因为这里让他重新感受到做人的尊严，感受到专家的作用，感受到知识的宝贵价值。鉴于钱宁和林秉南在钱塘江治理方向大的决策方

---

① 韩曾萃访谈，2012年4月6日，杭州。资料存于采集工程数据库。
② 林秉南先生学术成长资料采集老专家座谈会记录。2012年1月10日，内部资料。

面起到的作用，浙江省河口海岸研究所向水利部正式打报告，于1976年批准聘请林秉南为浙江省河口海岸研究所技术顾问。

"文化大革命"结束后，林秉南一直不忘钱塘江河口治理和研究工作。1978年全国泥沙培训班第2期在清华大学举办。培训班历时8个月，学员年龄跨度很大，号称"五代同堂"，钱宁讲"泥沙运动"，许协庆讲"基本流体力学"，林秉南讲"波动理论"。一般一个单位1—2人，浙江院破格允许同时派3人参加。林秉南回到水科院后不能长期出差杭州了，"我们每年都会写信给林秉南汇报，他也及时回答问题并对研究方向、手段作过许多有意义的建议。浙江院重点是河口海岸，不同于黄委、长委主要是搞河流的。在林秉南的建议下，几次泥沙中心学术委员会都到杭州活动，把国际知名专家，如美国的沈学汶和肯尼迪（Kennedy）、德国的普拉特（Plate）都请来考察，促成浙江河口水利院成为国际泥沙研究中心的河口海岸试验基地。"韩曾萃念及于此，仍心怀感激。

关于钱塘江河口治理的意义，韩曾萃介绍说[①]：

> 钱塘江河口的治理应该说是非常成功的。钱塘江实测的流速为5—7米/秒，计算的流速可以达到9米/秒，钱塘江潮差5—9米，摆动幅度是几十公里，这样强涌潮的河口，经过治理，现在就在2—8公里范围内摆动，非常不稳定的河道治理成稳定的，保留了涌潮的景观。早先我们提出的是削减涌潮、消灭涌潮，对涌潮的景观不很重视。而我们现在的方案，保留了主海塘，既治理了河道，也保存了涌潮的自然景观，还围垦了170万亩土地，总的一笔经济账，按照边际效益最后算下来，土地投资和效益比是1:14。钱塘江的治理对浙江省的经济发展、对杭州湾的发展贡献是非常大的，使千百万群众受益。现在钱塘江两岸的累积效益是上千亿的，而且随着时间的推移还在发展。制定这个方案，对钱塘江的治理方向做出最终决策，研究工作至关重要，所以，林先生和钱先生他们的贡献是非常重大的。

---

① 韩曾萃访谈，2012年4月6日，杭州。资料存于采集工程数据库。

正是这一特殊时期的特殊经历，使得钱塘江在林秉南的内心里拥有了一个特殊的地位，多少年后的一件小事情，最为真实地流露出林秉南对钱塘江的情感。2011 年 91 岁高龄的林秉南先生与夫人一起到老年公寓住了几个月，他女儿想为他在老年公寓挂两幅照片，就问他想要什么。尽管林秉南一生足迹遍布国内外，但是他回答说，"我关心的是工作过的两个地方，一个是三峡、一个是钱塘江[①]。"

---

① 林衍翔访谈，2011 年 10 月 21 日，北京。资料存于采集工程数据库。

# 第五章
# 重整旗鼓攀高峰

## 大 地 回 春

1976年10月，四人帮垮台，中国发展又迎来新的曙光。两年后，1978年11月，林秉南重新回到阔别12年之久的科研岗位，回到了他曾参与创建，又遭受过急风暴雨冲击的水利水电科学研究院。寒冬将至，冷风习习，当他再次踏进这片熟悉而又荒芜的院落时，不禁百感交集。

半年多前的3月，党中央在京召开了具有历史意义的全国科学大会。会上，邓小平阐述了"科学技术是第一生产力"、"四个现代化的关键是科学技术的现代化"的观点，他明确指出"知识分子是工人阶级的一部分"。这一论断为多年困惑的知识阶层松了绑，如同吹来强劲的春风，融解了禁锢科技发展的极"左"坚冰，广大知识分子盼望已久的科技春天到来了！林秉南因在水利科研上一如既往的勤奋努力与突出贡献，获得了全国科学大会先进个人的表彰。对于一位矢志报国的科技工作者，有什么能比重获信任更显珍贵的呢？

在全国科学大会的鼓舞下，水利水电科学研究院加快了劫后重建的筹备。1978 年 4—5 月间，水利电力部下发了（78）水电水科字第 6 号文件，正式决定恢复水利水电科学研究院，并以水利电力部（78）水电党字第 30 号文任命鲁平为院党组书记，张光斗为院长，成立了新的领导班子。由于多年浩劫，在"拆庙赶和尚"的极"左"思想影响下，科研人员被大批下放到全国各地，研究院变成了工厂，水工所的试验厅被占，当年林秉南带领科研人员耗费十余年心血精心设计建造的实验设备，在"文化大革命"风暴的席卷下，几乎荡然无存，恢复重建工作十分艰难。

1978 年 6 月，尚在水电部情报所工作的林秉南被清华大学水利工程系聘为兼职教授。新上任的张光斗院长也首先想到了林秉南，极力邀请他回水科院来工作。返院之前，林秉南就向有关人事部门建议，将散落在全国各地的原水科院研究生及业务骨干一起调回来，他们是可以马上使用的人才。11 月，林秉南终于办完了回院的手续，同时回来的老专家还有肖天铎、许协庆、朱咸、金泰来等。水工与冷却水研究所恢复了，林秉南被任命为副所长，老搭档陈椿庭任所长，下放到刘家峡、石泉、三门峡、渔子溪、新安江等工程局的原水科院水工所的部分同事也陆续回到北京。在林秉南的建议下，院里"文化大革命"前的研究生赵永明、张武功、王连祥、李瑞生等人也调了回来，参与到水科院的重建之中。这一年，林秉南已过了 58 岁，所里许多年轻人离开时还是满头黑发，归来时华发已上鬓角。他暗下决心，要以加倍的努力去弥补流失的岁月。至此，林秉南迎来了科研生涯中的又一个春天。[①]

## 勇 担 重 任

重返恢复重建中的水科院时，林秉南已接近退休年龄，又是清华大学

---

[①] 林秉南访谈，2011 年 11 月 15 日，北京。资料存于采集工程数据库。

兼职教授和全国科技大会的获奖者，完全可以选择一种较为宽松的生活。然而，林秉南深感使命的紧迫，当一些人还在因"文化大革命"期间的不公正待遇而不能释怀时，他已义无反顾地投入到艰难的重建工作之中。为了追回失去的宝贵时光，林秉南承担起繁重的科研和教学任务。他一方面抓紧科研条件和实验设备的硬件建设，另一方面又敏锐感受到培养青年人才、保证水利科研后继有人的重要性。

回院当年，恰逢全国恢复研究生招生制度，林秉南力主水科院恢复招收研究生。那年，水科院招收了"文化大革命"后第一批24位研究生，其中水工与冷却水所8位导师招收了9位硕士研究生，他们是陈惠泉（学生陈先扑）、李桂芬（学生高季章）、朱咸（学生贺益英）、陈椿庭（学生靳国厚）、肖天铎（学生孔昭年）、覃修典（学生郑大琼）、许协庆（学生丁方中），而林秉南1人招了两名学生（刘树坤和陆吉康）。发展至今，水科院已成为国内水利水电科研领域学科门类最齐全，招收学生人数最多的硕士和博士生点，为国家培养了大批专家和学科带头人。

1979年水工与冷却水研究所分开成水工研究所和冷却水研究所，由林秉南任水工研究所所长，李桂芬、陈炳新任副所长。1980年水工所更名为水工水力学所，后又更名为"水力学研究所"。林秉南上任后不久，党的十一届三中全会召开了，中国进入了改革开放的起步阶段，1979年国家首先在深圳、珠海、厦门、汕头4个沿海城市建立了经济特区，随后很快形成了沿海地区对外开放的大格局，海湾河口科学合理的开发利用给水力学研究提出了急迫的新课题。"文化大革命"以前，水科院水工所一直以水工水力学为主要研究重点，林秉南在统抓全所工作的同时，既注重高坝泄洪消能等传统水工水力学的研究，又积极推进河口海湾水域不恒定流的研究。正是由于看准了水力学研究将迎来更为广阔的应用前景，林秉南力主水工水力学所更名为水力学研究所，这一极富远见的抉择，为多年后该所研究领域随发展需求而不断扩展打开了大门。

在林秉南的带领下，水力学所恢复重建进展顺利。在此期间，他身体力行，着力抓了4件事：即建立符合水力学研究需要的现代化实验平台，亲自参与了恢复旧实验室和筹建新实验室的工作；精心培养研究生和引进适合专业研究的技术人员；按水利水电建设实际需要拟定专业方向和加强本专业及相关专业间的学术交流。在推进水力学研究所恢复建设的同时，他还积极参与中国水利学会的恢复和建设。1978年中国水利学会下率先成立了泥沙专业委员会，由钱宁任主任，林秉南任副主任，为以后成立国际泥沙培训中心打下了基础。1980年8月，任中国海洋工程学会副主任委员。1981年又成立了水力学专业委员会，林秉南任副主任，该专业委员会一直挂靠在水力学研究所，每年召开学术研讨会，为研究工作提供了实际支持。凭借自己在学术界的威望，林秉南于1981年起连续四届当选水利学会的副理事长。他非常重视学会活动在学术交流和提高广大科技人员学术水平方面的作用，沿用在美留学期间学到的传统，组织和鼓励所内年轻学者参加各种交流会。后来的事实证明，这些做法不仅对水力学所的新生发挥了至关重要的作用，而且对它的长期发展产生了深远的影响。

至1984年年底，在经过长达6年的努力后，水力学所恢复重建工作已初见成效：水工新试验厅（2500m$^2$）的基本建成，使水力学所拥有了当时在国内甚至亚太地区最先进的新减压箱和大型水洞，加之恢复的露天试验场（12000m$^2$）和原有旧试验厅（1700m$^2$），其实验室规模已接近"文化大

图5-1 1984年元旦，林秉南、陈椿庭与水力学所领导班子合影

革命"前的水平①。当年全所职工人数达97人,业务组扩展为10个(另有秘书组、技工组、实验室),全所年度完成科研成果48项。水力学所的专业方向不仅有传统的优势领域,如水利水电枢纽布置,高速水流空化与空蚀,高速水流掺气减蚀与消能防冲,水流脉动与诱发的建筑物振动以及原型观测及水工仪器研制等研究,还开创了一些新兴的领域,如河口海岸水动力学、水灾害与水环境,管道及工业水力学,以及潮汐、波浪水力学等问题的研究。

至此,水力学科研工作基本上步入正轨,恢复和振兴水力学研究所的目标得以初步实现,其间林秉南等老一辈科学家克服重重困难,勇于开拓进取,功不可没。

由于一贯的突出表现,林秉南1979年获水电部科学技术先进工作者,并当选全国政协第5届委员,之后一直连任到第8届(1978年2月至1998年2月);并从1979年起,任国家科委水利工程学学科组组员。

林秉南的表现、才干与人品得到了水利部领导的关注与认可,1982年,

图5-2 1989年,水力学所学术会议

---

① 中国水科院50年院庆资料:50年成就水力学研究所人才与干部培养。2008年,内部资料。

他被任命为水利水电科学研究院院长[①]，肩负振兴水利水电科学研究院的重任。林秉南担任院长是由当时的水利部部长钱正英[②]提名推荐的，钱部长在同林秉南谈话时，林秉南列举了水科院发展存在的一系列问题，说自己难以胜任。钱部长却说：正是因为你能看清存在的这些问题，说明你是合适的人选。

林秉南在院长岗位上工作了3年，他重点抓了几件大事，力求推动水科院科研工作的全面展开，为水科院赢得在国内、国际的应有地位和影响。

1. 制定和落实全院发展规划，改善科研环境和设施。除了抓各所的大型实验设备建设之外，特别强调图书馆的建设。大力充实图书杂志，与国际知名大学和研究机构建立情报资料交换渠道，改善图书馆的检索和阅读环境。

2. 多途径加强人才培养，提高研究生教学质量。有计划地举办英语培训班，安排科研一线的中、初等技术人员分期分批地学习英语，对一些没有学过英语而已经是高级工程师的也鼓励他们在晚上和周末学习。这一措施大大提高了水科院科技人员的外语交流能力。要求院教育科扩大研究生招生数量，并把研究生的一些课程安排到清华大学和北京大学，着力提高培养质量。选拔一批优秀科技骨干到欧、美、日等发达国家学习。林秉南亲自为一些派出人员选定进修方向和专题，选定指导教师，写推荐信。如1981年刘树坤到日本京都大学师从岩佐义朗（Y. Iwasa）教授，1981年王连祥到荷兰代尔夫特大学师从de Vries教授，1985年陆吉康到美国爱荷华大学，1987年高季章到意大利，1988年何少苓到丹麦水力学研究所等，为水科院未来的发展储备了大批人才。

3. 聘请国外专家、教授来院讲学，扩展研究人员的国际视野。当时林秉南亲自邀请外国学者，包括著名的国际水力学泰斗、美国爱荷华大学饶斯教授等，还专门聘请了日本京都大学岩佐义朗教授、德国普拉特（Erich

---

[①] 中共水电部党组文件，（82）水电党字102号，中共中央组织部1982年8月23日（82）干任字646号文通知，中央同意：林秉南同志任水利水电科学研究院院长。

[②] 钱正英（1923–），原籍浙江省诸暨市。水利电力部原部长，全国政协副主席，中国工程院院士。

J. Plate）教授、美国肯尼迪教授和美国伊利诺伊大学的颜本琦（B. Yan）教授等国际知名专家任院名誉研究员，一方面为全院的学术发展出谋划策，另一方面通过他们将水科院介绍到世界水利学界[①]。

4. 积极参与国际交流，扩大国际影响。在林秉南的积极支持与推动下，1984年国际泥沙研究培训中心（IRTCES）在北京成立，该中心是新中国成立后与联合国教科文组织共同在中国建立的第一个涉水二类中心。林秉南兼任国际泥沙研究与培训中心顾问委员会主席（至2000年）和中心期刊（*International Journal of Sediment Research*）主编。现在该中心已经成为受到联合国表彰、非常有影响力的国际培训中心。

林秉南担任院长期间，虽然已经年过六十，但他老骥伏枥、壮心不已，充实队伍，改善环境，扩大视野，加强交流，在更高的层面上为全院的学科建设和人才培养运筹帷幄。他一手抓科研队伍的建设，一手抓科研基础设施，同时积极开展国内外学术交流，这些措施对已初见成效的重建工作可谓对症下药，为科研工作的全面展开打下了基础。

在水科院艰难的恢复重建中，林秉南凭着他的勤奋努力与远见卓识，获得了应有的荣誉和地位，但他始终将科研工作看作是自己的本分，坚持将一部分精力用在自己钟爱的科研上。他自我评价说，"我不喜欢也不大适合做行政领导工作，我还是喜欢做技术工作，感兴趣而且做得来。"也许只有在潜心研究时，他的内心才是安宁和快乐的。

## 厚 积 薄 发

改革开放初期，林秉南的主要研究领域是高坝水力学、不恒定流和泥沙运动等方面，他本人以及同他人发表的中外文学术论文数十篇，在水力学所获得一项国家科技进步奖二等奖。

---

[①] 李桂芬：中国水科院外事工作回顾片段。中国水科院院网站，2008-07。

为了在高坝水力学研究方面取得重大突破，林秉南指导水力学所的研究生开展了大量深入细致的研究。1978年入学研究生刘树坤的论文题目定为《宽尾墩挑流消能水力特性研究》，另一名研究生高季章（导师为李桂芬）的论文题目为《窄缝式消能工的消能特性和体型研究》。1979年与龚振瀛、刘树坤共同发表《收缩式效能工和宽尾墩》，该文提出了三维水流漩涡消能的新概念，并指出在一定条件下，宽尾墩下游的部分溢流面的剖面还可以采用非光滑面，从而简化施工。上述新型消能工已在国内多处工程应用。

20世纪70年代末至80年代是水科院开展高速水流两相流研究的第二阶段。首先在覃修典的倡导下，率先进行了掺气减蚀技术研究，后来又进行了掺气减蚀技术的推广应用和深化研究[①]。当时在国内兴起的高水头泄水建筑物采用掺气减蚀技术，实际上始于中国水科院水力学研究所的倡导和基础研究。该课题从室内活动陡槽中的系统性研究开始，继而在中小型工程上（如陕西冯家山水库泄洪洞）完成了中间应用试验，此后又完成了大量的原型观测工作，为该项技术的推广应用提供了技术支撑。

同时，1983年，林秉南同龚振瀛、潘东海合著论文《高坝溢洪道反弧的合理形式》；同年，与时启燧、郭志杰、黄荣彬、陈炳新合著论文《自然掺气水流浓度和速度量测方法的实验研究》。1985年，林秉南在《水利学报》发表《我国高速水流消能技术的发展》一文，对大差动和纵向扩散效能技术的发展作了概略的回顾，说明"其中宽尾墩和近年在宽尾墩应用方面的新发展以及掺气分流墩都为我国首创，需要进一步通过试验和观测加以完善，以便更好地解决我国的高速水流消能问题"，同时指出"新方法或新方向的探讨除应以对实际水流的认识为基础外，还应运用流体力学原理进行分析，以免形成一些似是而非的概念，作茧自缚，影响研究工作的进展。例如，不从流体力学原理出发全面考虑影响消能的众多因素而过多地突出单宽流量的影响，就会使人不敢考虑收缩宽度或增大单宽流量"[②]。这段话凸显了林秉南以解决问题为导向的创新意识与严谨学风。

---

① 先后参加研究的主要人员有时启燧、邵嫔嫔、潘水波、袁小勇、孙双科、张东、郭军等。
② 林秉南：我国高速水流消能技术的发展.《水利学报》，1985年第5期。

1985年，以林秉南为首位完成人的水力学研究所研究项目"宽尾墩、窄缝挑坎新型消能工及掺气减蚀的研究和应用"[1] 荣获国家科技进步奖集体二等奖。该项目起始于1973年林秉南在安康水电工地时，同龚振瀛一起发明的宽尾墩这一形式，1978年水科院恢复重建以后，水力学所投入很大的力量开展这一课题研究，并得到国家自然科学基金项目资助，于1978—1984年完成了这一技术创新。评奖委员会对此项新技术的特点做了如下概括：

"宽尾墩是将溢流坝顶的平尾闸墩改为宽尾墩，使水流通过宽尾墩横向收缩，纵向扩散，在坝面上得以充分掺气，与其他消能工联合，达到高效消能的效果。

窄缝挑流是将常规宽溢洪道的末端突然收缩，使挑射水流通过收缩挑坎后，沿纵向和竖向充分扩散，在空中充分消能，水流沿河床方向拉开，从而有效减轻对河床的冲刷，单宽流量可以突破常规要求的300m³/s规定。

掺气减蚀技术，系采用各种不同的掺气槽、掺气坝等通气设施，使高速水流沿程的掺气量达到6%—8%，从而可减免空蚀。该技术已成功地用于冯家山、乌江渡等工程。"[2]

这一奖项是对水力学所多年来高坝泄流新型消能工研究的一个阶段性成果的肯定。继此，窄缝式消能工、岸边扭曲挑坎、异形挑坎、宽尾墩加戽池消能工、宽尾墩加台阶式消能工等被全国各大设计、科研单位广泛深入地研究并采用。这一技术基本解决了中国高坝建设中由于高水头、大峡谷、大流量引起下游消能不充分和冲刷以及高速水流造成的水工建筑物空蚀破坏两大难题，在国内高坝建设中获得了广泛应用，也使得大坝的建筑高度不断被突破。1996年，该项技术（林秉南、龚振瀛等"堰顶收缩射流技术及其联合消能装置"）获得国家专利。

关于明渠不恒定流（波动）方面的研究，是林秉南在美国学习时就开始研究的课题，他的硕士论文就是《从Massau观点研究明渠不恒定流》。1959年，他写过《长江三峡水库水体突然泄放问题研究》和《三峡洪水演

---

[1] 获奖证书号85-SD-2-011-5，获奖人有林秉南、李桂芬、龚振瀛、谢省宗和潘水波。
[2] 《宽尾墩、窄缝挑坎新型消能工及掺气减蚀的研究和应用》项目报奖书，内部资料。

进计算方法研究》等报告。虽然这是当时水力学所研究课题的"轻点"，但正是他抓的"轻点"成为水力学所日后科学研究和工程委托项目的一个重要组成部分，甚至是全国水力学科研的一个重大方面。

1980年，林秉南撰写的"明渠不恒定流的现状与发展"在水利出版社《水利水电科技进步》（第一册）发表。他在前言中说"近30年来，明渠不恒定流的研究，由于引用了特征理论和电子数值计算机而突飞猛进"。该文从79篇欧美、苏联及国内文献中总结了一维不恒定流、二维不恒定流、溃坝波及动床不恒定流4个大的方面。同时，林秉南看到国内"尽管存在着许多明渠不恒定流问题，但目前还没有一本对明渠不恒定流作系统详细介绍的专著。为了给工程技术人员提供参考资料，组织人力，先翻译出《明渠不恒定流》（*Unsteady Flow in Open Channels*）[①] 一书，以应急需"。林秉南认为此书"取材比较全面，内容比较具体充实，不失为介绍明渠不恒定流基础知识的好书。"这部译著为当时明渠水流数值计算研究的开展提供了有用的参考。

林秉南主持开展了一系列不恒定流研究。他指导龚振瀛及王连祥、陆吉康等开展溃坝波计算分析，同龚振瀛、王连祥撰写 *Dam-site Hydrographs due to Sudden Release* 一文。同时，林秉南同浙江河口海岸研究所合作研究，用二维特征理论法研究杭州湾潮波运动，同赵雪华、施麟宝合著论文《河口建坝对毗邻海湾潮波影响的计算》，并获浙江省优秀科学技术奖；1981年，龚振瀛在法国夏都电力公司进修时，了解到法国人采用破开算子法模拟潮流流场，后来法国计算水力学专家贡日（J. A. Cunge）来水科院讲学，林秉南向他咨询破开算子法，并非常敏锐地捕捉到该法的应用前景，经深入思考和研究，他将学生何少苓的硕士论文题目定为《破开算子法在二维潮流计算中的应用》，使其"有幸成为国内第一个'吃这只螃蟹'的人"[②]。此后发表合著论文《破开算子法在二维潮流计算中的应用》、

---

[①] K. 麦赫默德、V. 叶夫耶维奇编，林秉南等译：《明渠不恒定流》第一卷。北京：水利电力出版社，1987。1983年起，参加此书翻译校对的有林秉南、戴泽蘅、周志德、李桂芬、李光炳、朱鹏程、赵雪华、赵世俊、何少苓、金泰来、黄崇佑、阚译、郭伟时、龚振瀛、陆吉康、陈炳新、翟大潜、王新声、杨美卿、郑大琼、周潮生、余大进和王连祥。

[②] 何少苓：刻骨铭心的回忆。2012年9月，内部资料。

图 5-3　林秉南中国科学院院士证书

《隐式破开算子法在二维潮流计算中的应用》和《河口潮流与污染扩散场的二维数值模拟》。

林秉南担任院长以后，主要是负责水科院全面工作。卸任以后，也不再像在水力学所那样亲自从事研究项目的具体工作，但是他从不忘记自己是一名科研工作者，通过和别人合作以及指导研究生，他不断地跟踪水利科研发展的前沿动态，学术思想依然非常活跃，并在指导研究生的工作中继续开展不恒定流、高坝水力学、泥沙三方面的研究工作。

1991 年 11 月，鉴于他在水力学与河流动力学领域的杰出学术成就，林秉南当选为中国科学院学部委员（院士）。

## 矢 志 不 渝

林秉南一生充满爱国热忱，他总是自觉将个人命运与祖国的命运相联系。从面对侵略、弃文学工，到海外归来、报效国家；从"文化大革命"受冲击，不舍专业，到改革开放，勇担重任，他期盼祖国繁荣富强的追求从未动摇，也因此对带领全国人民走上独立自主、发愤图强道路的中国共产党充满敬意。

1984 年 11 月 28 日，林秉南正式提交了中国共产党入党志愿书，表达了他的入党愿望。水利部部长钱正英和水科院水力学所党支部书记李桂芬是林秉南的入党介绍人。1985 年 12 月召开了林秉南入党的支部审查大会，除了党支部成员和群众代表之外，钱正英部长也参加了会议。钱正英部长的发言充分肯定了林秉南的爱国热情，赞扬了林秉南在学术方面的贡献以

图 5-4　林秉南 80 华诞座谈会（2000 年 4 月 21 日摄于北京，第一排左七为钱正英，左八为林秉南）

及在水科院恢复和重建方面所做的努力。66 岁的林秉南，实现了成为一名共产党员的愿望。

2000 年 4 月 21 日，中国水科院组织召开"祝贺林秉南院士从事水利工作 51 周年暨 80 华诞座谈会"，时任全国政协副主席的钱正英院士、中国工程院院长潘家铮院士、水利部副部长敬正书以及国务院三峡办、交通部、三峡总公司、水科院、国际泥沙研究培训中心、清华大学等单位的领导和代表 60 多人参加了会议。

会上林秉南发表"八十年回顾"感言，表达了他对党、对国家的赤诚情怀：

首先感谢各位在百忙之中光临。

从 1943 年参加修文水力发电厂工作算起、到现在已有 57 年。我是 1956 年初回国的。到北京后进入原中国科学院水工研究室，在张光斗先生领导下工作。1958 年水工研究室和原水利部水利科学研究院及原燃料工业部水电科学究院合并，成立水利水电科学院，我也随之调来工作，至今也已 42 年。回顾回国后的 44 年间，在工作中得到领导的指导、照顾和广大群众的支持、帮助，心中十分感激。借此机会，谨向他们表示深切的谢意。大型水利工程的研究往往需要许多单位合作,在这方面的工作中,我得到了广大兄弟单位人员的大力支持和协作,我对他们也是很感激的。

回想1956年到北京后不久,国家就开始制订科学发展远景规划。当时看到的水力学、泥沙课题发展规划,按当时的人力物力条件衡量,好像都很难实现。然而几十年来,在国家大规模水利建设的带动下,水利研究取得了很大成就,进步已超过原来的企望。我国的水利建设,包括防洪、发电、灌溉等都居世界前列。我在这个建设的大潮中受到了很大的鼓舞和教育,不但专业知识有很大提高,在政治方面也找到真正的理想,深感在祖国工作的幸福。①

他的学生何少苓2008年回忆道②:

我从未听他讲过任何在"文化大革命"中他和家人受迫害的事情;从未听他抱怨过对生活、对待遇的一丝不满;从未听他议论过他人的不是;从未听他炫耀过自己在学术上的成就。虽然他从未对我讲过,但我隐隐感到他并不喜欢他的学生当"官",从心里更希望自己的学生在科学研究的道路上不断进取、有所作为。前些年我曾认为林先生逐渐老了……但是他离不开他的事业,每次到他家访问,他绝大多数都是在书房里伏案研究。平时我们只要一向他汇报有关科研的进展或一点点创新的火花,他都会很高兴、很耐心地听完,并予以指导和鼓励。

林秉南在90岁的时候回顾自己所看到的祖国发展时,有一段感人的话③,"近些年,尤其在党的领导下改革开放以后,国家进步很明显。这回四川地震,过后才几个小时,温家宝总理就去了,我们国家有这样的领导是很幸运的。我们俩(指他及其夫人)都非常高兴生活在这样的时代。

---

① 林秉南自述,存于采集工程数据库。
② 何少苓:难忘的研究生岁月和可敬的导师林秉南先生。中国水科院网站,2008-08。
③ 林秉南:九十感怀。存地同①。

图 5-5　原水工所老工程师新春联欢会（2004 年元月摄于北京，第二排左五为林秉南）

我们当初回来时没想到会那么好，当然知道肯定要往好方向去，但没想到这么好。那时想，中国钢铁产量那么低，什么时候能超英赶美？现在钢材年产量 5 亿吨，世界第一。我在美国回来之前在芝加哥郊外，看到郊外的房子多是别墅，每一家屋顶都有电视天线，像树林一样，心想什么时候我们国家也能像这样，现在我们已经是这样了。还有在芝加哥的过街桥上，看到下面的六车道，汽车来来往往，想哪一年我们国家会有这么多汽车，现在一看满大街都是汽车。国家变化非常快，主要得益于共产党领导。"这段话充分展示了他的爱国之心以及他对中国共产党的敬重与深厚感情。

## 传 道 授 业

林秉南是一位学术素养深厚且具有前瞻性思想的学者，并十分重视对年轻技术人才的培养。他曾说："理论与工程知识的密切结合是美国在应用领域中创新的途径。我在美国 9 年多主要收获便是这方面的。"他在回国之后，积极培养一起工作的年轻人，经常给他们讲课，办培训班，加强基础理论学习，另一方面和年轻人一起动手开展试验，深入工程现场解决问题。他对这些年轻的同事就像指导自己的研究生一样，针对每个人的特点和能力分别给予指导和训练，跟他工作过的人都感到进步快，受益匪浅。多年来他在水力学所培养了一批在国内很有影响的青年专家，树立了在同行业的中心地位，取得很多国家水利建设急需的研究成果。

早在1954年，他在美国就曾经指导过3位研究生。1963年，他招收了第一位研究生，"文化大革命"后，1978年国家开始实行学位制，他积极响应号召，连续多年招收研究生。先后共指导了17位（硕士、博士）研究生[①]，研究方向是水力学及河流动力学（含高速水流、不恒定流、和泥沙运动等领域），现除了4位在国外工作，留在国内的这批人都已是各单位的技术骨干。

尽管工作很忙，但是对于学生的论文他总是逐字逐句审阅和修改，使学生有深刻的体会。他甚至要求字写得差的学生练习书法，做到完美。他

图5-6　1981年，林秉南与研究生在北京紫竹院公园合影

---

① 14位国内研究生是：王连祥、刘树坤、陆吉康、何少苓、程晓陶、皮占忠、刘智、孙宏斌、余锡平、姚运达、宿俊山、向立云、郭振仁（博士生）、周建军（博士生）。

还创造条件经常和学生一起郊游和聚会，形成良好的交流氛围。比如，他以个人体会告诉学生如何在学术会议上讲演，从幻灯片的准备到发言时间的控制。他对学生的外语水平也非常重视，经常指出每个人英语的发音和文法方面的不足，做事力求完美。他的体贴细微的教

图 5-7　林秉南与妻子王宝琳合影（2000 年 4 月 21 日摄于北京）

诲、严谨的学风、求实的态度对学生后来的成长都发挥了很大的作用。

2003 年 7 月 25 日，作为钱宁泥沙科学奖基金会主任，林秉南在第六届钱宁泥沙科学奖颁奖大会上发表讲话，在向第六届钱宁泥沙科学奖获奖者祝贺的同时，希望钱宁奖获奖者再接再厉，像钱宁先生那样，深入群众、深入实际、深入调查研究，敬业、奉献，善于把理论与工程实践相结合，多为国家献计献策，做出更大的贡献。

林秉南的学生在和他的接触和交流中也深深地感受到他的人格魅力，待人和善、诚恳；夫妻恩爱，相敬如宾；正直廉洁，君子之风；潜心治学，淡泊名利。老一代科学家的这些品德，往往是现代人忽视的，学生们看在眼里，对先生更加敬重。

这些学生在谈到自己的成就时，都不忘林秉南先生的教导和培养。至今仍然处处以先生为楷模，以曾经师从先生为荣。中国水利水电科学研究院由于有林秉南这样一批优秀的导师，所培养的人才具有较高的水准，均在各自的岗位上发挥了较大的作用，成为各所在单位的技术骨干和学术带头人，做出了一系列成绩。正是由于像林秉南这样的老科学家急国家之所急，在"文化大革命"结束后，为国家的发展着想，不辞辛劳地抓紧培养人才，我国水利科研工作才得以承上启下，保障了水利科学事业的可持续发展。最近，学生们纷纷写回忆文章，叙述林秉南教书育人的切身体会，下面是部分摘录。

**王连祥**："文化大革命"中我被下放到一个水电工地，我在同林先生来往信件中，他鼓励我写英文信给他。我写的英文信，他都像批改小学生作业那样，修改完毕每次给我寄回。上面分别用铅笔和红色笔修改，告诉我铅笔修改之处是原文没错，但是不好，红色笔修改之处是原文表达错误，必须按红笔改。他的字迹十分工整，我受益匪浅，不但是学习了英文，也学习了到他的学习态度。1978年6月林先生在力主将散落在全国各地的原水科院研究生调回来参加重建工作时，在给我的信中还特意嘱咐："你应该抓紧外语学习，文法中的语态（mood）、分词、不定式、时态（tense）、助动词等几章要经常复习、记熟，并在阅读资料中运用。就集中力量学习技术英语吧！广播英语初级班可以听听，最好能看到电视英语讲座。除此之外就不要分散精力去看其他读物了。"[1]

**刘树坤**：在日本留学期间，受到了岩佐义朗教授的热情款待，同时也深深感受到他对林秉南的尊敬。他在讲课时经常对学生介绍林秉南在美国留学时的事迹，在没有计算机的时代，林秉南用特征线法计算巴拿马运河的不恒定流，将图纸铺在地上，一边画图一边计算，算一个方案要用一个月的时间。岩佐教授也是研究不恒定流，对林秉南在学术上的贡献和成就十分钦佩。岩佐教授性格耿直、高傲，在日本是水利界的泰斗，很少见他佩服谁，但是对林秉南的赞誉却经常挂在嘴上。[2]

**陆吉康**：林先生对中文、英文都是很严谨的，我因为这个还挨过批评。他强调英文重音不同意思是不一样的，例如 project，同一单词，重音有前后，一为名词，当工程讲；一为动词，当投影讲。这样的单词英文中很多；第二个例子，关于不恒定流（unsteady flow）的翻译，他说我们以前叫不稳定流是错的，应该叫不恒定流，恒定是时间的，稳定是空间的。林先生对不恒定非常重视，尤其是不恒定流在边界层的变化。[3]

---

[1] 王连祥：师恩如雨露。2012年10月，内部资料。
[2] 刘树坤：关于林先生的记忆。2012年9月，内部资料。
[3] 陆吉康：在林秉南先生学术成就老专家座谈会发言。2012年1月，内部资料。

**何少苓：** 林先生学风严谨，对待科学问题一丝不苟。有这样几件小事，给我留下了非常深刻的印象[①]：

（1）我写论文时，把"稳定性"的"稳"字写成了错别字，林先生竟然给我在论文上逐一改正了数十次之多，使我羞愧难以，以后再也不敢瞎造字了；以前我总不自觉地把"不恒定流"说成是"不稳定流"，先生很严肃地告诉了我，这是两个完全不同的概念及为什么。

（2）林先生的博大襟怀。记得当年我论文的署名，我理所当然地把先生的名字放在首位，但先生总是在论文定稿前把我的名字改到前面去，这样对后人的提携使我深受感动，并给我带来了很大影响，时时注意对年轻人和学生成果的尊重和提携。

（3）我的论文完成之后，林先生请了当时清华大学的一位知名教授做评阅人。因种种原因，该教授对我论文中应用的"破开算子"不甚理解，在评阅时提出了不少异议。林先生在答辩的前一天对我说，你不能指望任何科研成果做出来之后就有人来为你捧场，听到不同的意见应当促进你进一步的思考和研究。先生的提醒使我豁然开朗，在第二天的答辩中，我沉着地讲明了该法的基本原理，令我非常感动的是，那位清华的教授当场就表示了认可，表示了原先理解上的欠缺。

（4）我的研究生论文基本完成后，林先生要我马上到浙江省河口海岸研究所，把模型原原本本地告诉他们。当时我有点舍不得，先生见到我的稍许迟疑之后，对我说：科学是为全人类服务的。一句话说得我羞愧难当，马上就出发到了杭州和同行进行了交流，在双方坦诚的交流讨论中也得到了进一步改进模型的不少启发。

**程晓陶：** 跟林先生学习几年所得教诲真是受益良多，有件小事尤为令我终身铭记，那次林先生对我绘制的试验数据图中不规范的做法提出了严格的要求。我念研究生那会儿不像现在，可以直接用计算机制图，试验数据的分析结果都靠手工画在方格纸上。好不容易试验有了进展，根据试验结果绘制的图能看出点规律来了，我高高兴兴拿去

---

[①] 何少苓：刻骨铭心的回忆。2012年9月，内部资料。

向林先生汇报，不料先生指着图中的一些圆点问，这些点为什么描绘得有大有小？我说没有特别的含义，是随笔点的，仅是标注出数据点的位置。结果林先生很严肃地指出，数据点不仅表示数据的位置，其大小的不同还意味着误差的范围，要我把图拿回去重绘。这件事让我领会到，做科研，点点滴滴都需注意严谨与认真，将"认真"、"严谨"作为终身遵循的行为准则，令我受益匪浅！①

**皮占忠描述他第一次见到林秉南的情况**：林先生引领我们来到他的书房，落座之后，开始向我系统地介绍了水力学研究所的主要研究课题，其中包括明渠不恒定流、溃坝波、高速水流等等。然后更主要地介绍了高速水流研究的必要性与现状，着重集中在新型消能工的研究方面，以及窄缝消能工、宽尾墩等等；同时也介绍了波能发电这一课题，问我在这二者之中，对那一个研究方向感兴趣。我大学刚刚毕业，没有任何感性知识，对于这些研究领域也不甚了解。所以表示听从林先生和李桂芬老师的安排。林先生在百忙之中，审阅了我的论文，我的字迹潦草对林先生可说是"一种折磨"。林先生很有耐心，抽时间仔细阅读，修改，包括文法和标点符号以及错别字，同时指示我在理论上进行一些研究。

**余锡平**：第一次见面，林先生要求我放弃二外，改选英语提高课，旨在加强英语。此外，林先生还给我列了一个很长的读书清单，大部分都是流体力学的经典著作。先生要求我从中选择1—2本精读。回到学校以后，我从图书馆借到了Schlichting的Boundary Layer Theory，一边查英语单词，一边补专业基础，花了大量时间认真研读。这使得我的流体力学基础知识水平有了一个很大的提高，也使我在后来的科研工作中受益很多。

我的硕士论文研究工作是林先生亲自指导的。当时对于兼职导师指导的研究生，系里一般都要安排一位系内的全职教师作为副导师，但林先生没有赞同这一做法，他坚持亲自指导。我的论文题目也是林

---

① 程晓陶：铭记终生的两件事。2012年12月，内部资料。

先生亲自指定的。背景是当时国内有学者提出了一种比较理想的浅水方程求解的破开算子方法，即对破开算子以后的方程采用解析的方法求局部解。林先生认为将这一方法用于一维流动的 St. Venant 方程意义非常大，要求我完成这一任务。这个课题目标非常清楚，技术路径也非常明确，只是构建的格式能否适用于拟线性双曲型方程求解时经常遇到的间断问题等方面还有一些存疑，或者说在这些方面可能存在一些需要解决的问题。论文工作期间，林先生对我的要求是每周给他打个电话，每个月去面见他一次，汇报研究进展。①

**宿俊山**：记得第一次与他谈话，他说，口语自然重要，但更重要的是如何快速阅读文献，尤其是长句子是不是看懂了。林先生很重视现场观测。他跟我多次说过：做数学模型的，现场观测很重要。很多系数的选取都取决于现场观测。林先生的这个教诲对我以后的工作帮助很大。我在美国参加工作后主要负责水文及水力学计算机模型的建立与审查。凡是我负责的项目，一定要求有现场资料的验证。外面公司、大学送来的模型，我的第一个问题就是："你怎么知道你的模型是正确的？"如果他们回答没有做验证（calibration/verification），我就说不用往下看了，回去做完这两件事再来吧。由于有这样的要求，我所负责的几十个项目中，还没有出现过大错。②

**向立云**：研究生期间，在林先生的指导下收益颇多，其中多是潜移默化的，让我受益终生。1985 年我考取了林先生的研究生，面试时，先生让我写一篇命题作文，题目似乎与今后的打算有关。事后了解到，林先生对当时许多科研人员写的研究报告和论文逻辑性差、语句不通，不能清晰表述研究成果和学术思想，有的甚至不知所云的状况十分忧虑，在许多场合，一旦有机会便会强调写作对于科研人员的重要性。一入师门，先写作文，表明了先生对写作的重视，也是对学生的鞭策。读先生的文章给人一种平实、明白、丝丝入扣、一气呵成

---

① 余锡平：师从林先生是我一生的财富。2013 年 1 月，内部资料。
② 宿俊山：关于林先生的回忆。2012 年 10 月，内部资料。

的感觉，非大家难臻如此境界。①

**郭振仁**：林先生治学严谨是有名的和公认的。由于在我的研究中球群的排列是规则的，因之整个层流流场在空间上是周期性的，故此我将适用层流的流体力学方程的解采用傅立叶原理展开成三角级数，然后用当时有的学者颇推崇的截断法和配置法确定级数的系数，由此得到了较为合理的流场和拖曳力数值计算结果。我当时对自己的"首创"还颇为自得，两篇论文被国内两家重量级杂志全盘接受，但林先生在最后时刻却决定论文暂不发表。他说：采用截断法用级数的有限项代替无限项，除非我们从数学上证明所采用的级数的系数是收敛的，这一方法才有了理论可靠性，否则该方法即使不是现在、一百年后还有可能被人质疑甚至推翻。林先生的严谨不仅考虑当前，一百年后他也在乎！林先生的言传身教，使我在科研业务工作中也坚持了比较严谨的学风，虽然有时给自己甚至别人增加了不少"麻烦"，但对国家和社会的尽责和对科学事业的忠诚所换得的认可和信任是对一个科研人员的最大回报。

林先生是一个心胸开阔、永远看到正面、思想情操非常高尚的人。我们在工作中时常也会遇到一些挫折，也会看到社会上存在一些不公甚至歪风。每当我们谈及至此，他都会以一种理解的眼光默默地倾听，然后总是说，要相信社会的主流是好的，而且一定会越来越好；我们每个人首先要尽量从自己做好，特别是作为科研人员要努力排除一切干扰，集中心思在业务上为国家和社会做出成绩和贡献。这些谆谆教诲在我最困难的时候成了我宝贵的精神食粮。②

**周建军**：长期以来，先生的为人、操守和胸襟不断感染着我，他做学问的价值取向和严于律己的作风深刻影响着我，他是我学习的榜样：①治学严谨。多年来，我与先生合作发表过很多论文。他对每篇论文都要求很严，要求文章写好后不但要反复推敲和修改，而且还要把写好的文章搁置和沉淀一段时间，从不同角度理解、修改，满意后

---

① 向立云：学问的导师，做人的楷模。2012年9月，内部资料。
② 郭振仁：跟随林先生的岁月点滴。2012年9月，内部资料。

才送出去。②为人谦虚、坚持、更善于合作。1993年，我到清华后长期参与他领导的三峡坝区泥沙与通航研究，参加单位和部门很多，涉及三峡坝区的河势变化、引航道布置、冲沙和往复流控制等问题。不同部门对同一问题提出的试验结果相差大、意见分歧更大，协调起来非常困难，每次会议都有大量争论。我知道，林先生自己对很多问题是有研究、有主见的。在这期间除安排了大量模型试验研究外，先生自己还花费了大量时间亲自研究国内外通航建筑布置……作为专家组组长，他本有很大话语权，可推行自己的主张，但是，为了团结、妥善处理问题，他总让出发言时间，认真倾听各家的想法，尽量多的吸取大家的意见。③坚持科学精神、严于律己。在三峡论证和坝区问题研究等基本完成时，先生已九十高龄，潘家铮先生曾在给他生日致辞中高度赞誉他为三峡工程做出的贡献，这时他完全可以心安理得、安度晚年并等待三峡建成的捷报了，然而，林先生总是不断思考问题，仍然在为长江的命运着想。2010年秋天后，90岁高龄的先生住进了医院。在病榻前，他更多关心的却还是三峡。让我给他讲三峡工程的见闻、介绍研究问题，他很关心试验性蓄水后的运行情况、下游冲刷情况。他迄今仍然惦记着三峡的泥沙问题，因为他早已把三峡工程当成了终身的责任。①

2010年4月21日，学生们和他的家人聚会为林秉南庆祝九十诞辰，呈上祝寿长联与宝塔诗，表达了后人对导师的崇敬之情。

### 贺林秉南先生九十寿辰

横批：一代宗师

上联：沙颗粒细微论以专著知絮凝沉浮疏江河湖泊变黄为清化害为利一生呕血铸工程辉煌

下联：水点滴无形授为上学识喧哗奔腾平潮波骇浪溯源梳流因势

---

① 周建军：林秉南——为人师范。2012年9月，内部资料。

而导半世哺乳报桃李芬芳

## 贺恩师林秉南九十华诞

2010 年 4 月 21 日，北京

贺

恩师

林秉南

九十华诞

少怀救国志

发愤求学彼岸

毅然回国图奉献

水利科技领军闯关

学风严谨弟子深受益

回报师恩再造壮美河山

图 5-8　2012 年 4 月，学生在友谊医院为林秉南举办 92 华诞聚会

# 第六章
# 高峡平湖遂夙愿

## 结 缘 三 峡

### 志存高远

长江之水，生生不息，日夜向东。在重庆奉节至湖北宜昌之间的地形陡坡上，在几千万年的江水切蚀与地壳运动相互作用下，逐渐形成了三个大的峡谷地段，这便是举世闻名的长江三峡。

三峡工程曾是无数仁人志士的梦想。三峡开发的文字最早见于孙中山1919年的"实业计划"，他提出在三峡"以闸堰其水，使舟得溯流以行，而又可资其水力。"20世纪40年代，美国垦务局总工程师萨凡奇两度查勘三峡，编写了《扬子江三峡计划初步报告》，提出了兴建三峡工程的具体建议。1958年毛泽东主席视察三峡，写下了"截断巫山云雨，高峡出平湖"的壮丽诗篇。

就在萨凡奇着手勘察三峡坝址的时候，年方25岁的林秉南正在贵州修文水电站的建设工地上，为解决电站输水渠水面的波动问题苦思冥想，为生活的艰辛、病痛的折磨以及移民的苦难倍感煎熬。面对艰难的现实，一种无奈时时涌上他的心头：在极端落后的条件下，即便是完成一项小型水电工程也要付出千辛万苦。

　　1946年，在萨凡奇的努力下，国民政府资源委员会与美国垦务局正式签订合约，由该局代为进行三峡大坝的设计，中国还派出技术人员参加了此项工作。于是，不时有关于三峡工程的资料从国外寄来，有的还几经辗转传到修文的技术人员手中，不经意间三峡工程朦胧的身影第一次映入林秉南的眼帘。然而这些资料并没有使他感到兴奋和激动，因为在他看来，在积贫积弱的中国，建设一个几千万千瓦的巨型电站，只能是一个梦想。

　　果不其然，1947年5月，面临崩溃的国民政府终止了三峡水力发电计划的实施，撤回了派出的技术人员。社会上关于开发三峡的热情也逐渐冷却下来，最终化作了人们心中苍凉的记忆。半个世纪后，回忆起当时的心情，林秉南淡淡地一笑说："那个时候三峡也好，10万里铁路也好，我认为我这一辈人是不可能见到的了。"

　　国民政府放弃三峡水力发电计划的那一年，林秉南已经在爱荷华大学研读河流动力学了。他是那种具备学习天赋的人，对于感兴趣的科目，可以排除各种干扰，潜心钻研。然而，在那段日子里却有一种声音时时打破他内心的宁静，那便是不断从当地媒体传出的国民党即将崩溃、红色中国即将诞生的消息。他预感到中国有希望了，新中国必将展开大规模的建设，三峡工程是迟早的事情。因为业界普遍认为三峡大坝会建成像胡佛水坝那样的高坝，高速水流问题将是研究的主要方向，所以在以后的数年里，他大量阅读和收集了有关高速水流的文献。此外，鉴于第二次世界大战和朝鲜战争时期因水坝被摧毁造成重大损失的案例，他阅读了许多相关资料，对于三峡工程非常状态下免于溃坝损失的问题颇有心得。

　　1950年，林秉南给自己的诤友钱宁写信，表达了要回国服务的决心。后来他在回忆钱宁的文章中写道："我写信提到，祖国有长江黄河等大江大河，是水利工作者的用武之地。他很快回信说，这也是他的想法，而且他已经决定回国了。对其他问题，如科研单位建立的途径，应用研究与基本研究的关系，流体力学的研究原理在水利科研中的应用和人才在科研单位中的重要性，我们也有类似的看法。"这一段文字清晰地反映了林秉南回国的主要原因，说明早在 1950 年，他已立志投身祖国大江大河的开发和治理，开始为未来的事业勾画蓝图。

然而，由于朝鲜战争的爆发和美国政府的阻挠，林秉南的回国计划直到 1954 年才启动。就在这一年的汛期，长江中下游发生了特大洪水，受灾耕地达 5000 万亩，受灾人口 2000 万，死亡 3 万多人。1955 年党中央决定立即开展流域规划工作，并要求苏联派遣专家来华提供帮助。同年 6 月，苏联专家陆续来华，国内也有 30 多个单位相继参加了流域规划工作。1955 年底，周总理在征求各方面的意见后指出，三峡有"对上可以调蓄，对下可以补偿"的独特作用，初步明确了三峡是长江流域规划的主体。

1956 年年初，当林秉南摆脱羁绊，踏上阔别已久的故土时，三峡工程建设的序幕已徐徐拉开。深感生逢其时、大有作为的他内心充满喜悦。当时他被分配到中科院水工研究室工作，担任水力学组副组长。领导交给他的任务是：积极着手建立实验平台，组织研究队伍和搜集专业资料，为展开高速水流的研究奠定基础，以适应国内高坝建设的需要，也就是说要随时准备为三峡等一批重点工程提供技术支持。

## 牛刀小试

建设超大型水电枢纽对于 20 世纪 50 年代的中国人来说，是前所未有的事情。我国政府对三峡工程采取了积极而又慎重的态度。1958 年 3 月党中央成都会议通过了《中共中央关于三峡水利枢纽和长江流域规划的意见》。《意见》指出："从国家长远的经济发展和技术条件两方面考虑，三峡水利枢纽是需要修建，而且可能修建的……初步设计应争取在 1962—1963 年交出。"

1958 年 6 月，长江三峡水利枢纽科学技术研究会议在武汉召开，林秉南怀着愉悦的心情参加了会议，并有生以来第一次乘船查勘了西陵峡。那充满泡漩的激流给他留下了很深的印象。这次会议建议的课题包括了三峡水库水体突然泄放的研究，并要求在次年的第二次三峡科研会议上对水库下游整个流域的水情作出预报。林秉南代表刚刚成立的水科院承担了这个课题。回到北京后，他带领研究小组开始了"三峡水库水体突然泄放的研究"。

所谓三峡水库水体突然泄放的研究，即对三峡水库非常状态下，溃坝洪水的涨消过程、行径路线和淹没范围的研究，对避免因突发事件导致的灾害损失至关重要。试验是按正常蓄水位200米、库容700多亿立方米作为控制条件设计和展开的。

天道酬勤，林秉南多年来有关溃坝研究的积累在这个项目上几乎都起到了作用。他在满足相似准则的前提下，通过加大模型变态率、将区间洪水典型化以及组织人员调整制作工艺、自制观测工具等方法，使模型制作和试验过程大为简化，克服了物资奇缺、人员不足和时间紧迫等困难，终于在1958年底提交了第一份研究报告，圆满完成了一项原本难以完成的任务。

50多年前完成的这个项目，林秉南认为具有比较重要的意义。首先，它是国内最早开展的有关溃坝波的实验研究，不仅对后来三峡工程泄洪建筑物的规划设计有较大影响，而且对国内同类研究有引导作用。其次，它以事实表明，中国的水利专家有能力单独承担三峡工程的科研任务。在1959年10月召开的第二次三峡科研会议上，苏联专家在大会上表扬了这项工作，并让林秉南做了大会发言，这在当时迷信苏联的氛围中不同凡响。第三，试验中各单位通力合作，体现了良好的学术价值观。据当事人回忆，物资供应改善后，水科院的技术人员又和长江流域规划办公室的技术人员协作，在林秉南指导下，按原设计重建了模型，并用原方法进行了重复试验，试验结果和原先基本吻合。试验报告的最终稿于1962年完成，并毫不保留地移交给了长江流域规划办公室。

三峡水库水体突然泄放试验完成后，伴随环境的突变，林秉南逐渐淡出了对三峡工程的相关研究。1960年4月，由于国内经济暂时困难和中苏关系恶化，三峡工程建设被迫推迟，轰轰烈烈的筹备工作转为漫长的、时断时续的科学研究。20多年后，当林秉南的名字再次出现在与三峡工程有关的文件中时，三峡工程的建设已箭在弦上。

# 论 证 三 峡

## 天降大任

"文化大革命"结束后,为摆脱经济发展与能源供应不相适应的局面,沉寂已久的三峡工程又逐步提到国家的议事日程上来。

泥沙专家陈济生[1]回忆道:

> 20世纪80年代初,全国性电荒制约经济发展。1982年邓小平同志提出在三峡建移民较少的电站,长江流域规划办公室根据中央要求提出了一个库水位150米的方案。同年5月国家计委主持审查时,感到对泥沙问题不放心,要水利部牵头拿出科学依据,并指名要张瑞瑾[2]负责,陈济生、谢鉴衡[3]协助,组织全国科研协作[4]。

1984年4月,国务院原则上批准由长办提交的《三峡水利枢纽可行性研究报告》,初步确定三峡工程实施蓄水位为150米的低坝方案。而后部分有关单位和专家从充分发挥工程效益出发,提出抬高蓄水位的要求。为此,国务院委托国家计委和国家科委对三峡工程蓄水方案进一步组织论证。水库泥沙淤积由于直接影响工程效益的发挥,是此次论证的重点之一。1985年6月,国家科委成立了由13人组成的三峡工程泥沙攻关专家组。当时,由于林秉南的好友、长期负责三峡工程泥沙研究的钱宁教授已罹患

---

[1] 陈济生(1928-),安徽省铜陵县人。现任国务院三峡工程建设委员会办公室三峡工程泥沙专家组专家,原长江科学院院长,早年留学苏联,曾于1955年10月被水电部最早派去与苏联专家共同参加三峡工程工作。

[2] 张瑞瑾(1917-1998),湖北巴东人。水利科学家和教育家。原武汉水利电力大学校长,曾任三峡工程论证泥沙专家组顾问。

[3] 谢鉴衡(1925-2011),湖北洪湖人。原武汉水利电力大学副校长,历任三峡工程泥沙专家组专家。

[4] 陈济生访谈,2012年8月15日,北京。资料存于采集工程数据库。

第六章 高峡平湖遂夙愿

癌症，国务院有关领导经过认真衡量，选择林秉南作为泥沙专家组组长。

就在蓄水方案论证的同时，社会上对三峡工程的质疑之声持续放大，水利界内部也产生了一些不同意见。据此，党中央和国务院于1986年5月决定，由水利电力部负责三峡工程的可行性重新论证，"以求更加细致、精确和稳妥"，并成立了以水电部部长钱正英为组长的三峡工程论证领导小组，组织412位专家和21位特邀顾问，按10个专题成立了14个专家组，开始了长达两年零八个月的全面的重新论证。国家科委也集中了3000多人配合进行科技攻关。

1986年8月，三峡工程泥沙论证专家组在攻关专家组的基础上成立，专家组成员增至27人，由林秉南任组长，严恺、钱宁、张瑞瑾、杨贤溢[①]和石衡[②]任顾问，戴定忠[③]和张启舜[④]分别兼任专家工作组正、副组长，并聘请潘庆燊[⑤]担任长江流域规划办公室联络员。水科院亦成立了专门的办公室，并委派了三名专职人员。当时，年届67岁的林秉南深感责任重大，为了不辱使命，他向上级请辞了时任的5项职务（如：国务院学位委员会学科评议组土建水分组第一召集人等），全身心投入这一伟大工程。

泥沙专家组面临的局面是严峻的。虽然通过长期对三峡水沙规律的分析以及对超大型水库工程正反两方面经验的积累，泥沙专家们已初步认识到，采取合理调度、蓄清排浑的方法，三峡水库的泥沙淤积问题是基本上可以解决的，但是要用量化方法证明这种认识的客观性和可行性却绝非易事，不仅要面临复杂的技术问题，还要承受舆论压力和历史的检验，令人

---

① 杨贤溢(1914-2006)，安徽怀宁人。长江流域规划办公室总工程师、副主任。长期从事长江水利水电工程设计与科研工作。是丹江口、葛洲坝水利工程的主要负责人之一。1985年获国家科技进步奖特等奖。

② 石衡(1914-2008)，河北省保定人，港口和航道工程建设专家。1984年任交通部三峡工程航运领导小组副组长兼办公室主任，1993年任交通部水运规划设计院副总工程师。

③ 戴定忠（1932-），湖北麻城人。原水利部科技司司长、论证专家组组长兼工作组组长、国务院三峡工程建设委员会办公室三峡工程泥沙专家组副组长、顾问。

④ 张启舜（1937-2002），福建宁化人。中国河流泥沙专家，中国水利水电科学院副院长、国际灌溉与排水委员会副主席。参加并领导三门峡水库清淤改建工程的设计和研究工作。

⑤ 潘庆燊（1935-），广东省南海县人。原长江科学院副总工程师、现任国务院三峡工程建设委员会办公室三峡工程泥沙专家组专家。

颇有"泰山压顶"之感。

泥沙专家潘庆燊回忆：

> 林秉南对三峡工程的贡献，就是从那时开始的。他承担这项任务，现在不一定说是临危受命，但至少是直面困难，勇担重任。因为泥沙问题被认为是三峡工程能否上马的关键技术问题之一，甚至有泥沙问题是三峡工程拦路虎的说法。①

林秉南是水力学专家，让他带领泥沙研究的"国家队"去解析三峡工程泥沙问题，其难度可想而知。据说，最初对于承担这项任务他有过犹豫，后来在领导尤其是钱宁的动员下，他挑起了这副重担。他很少对人谈论这段经历，谈也只谈泥沙研究，以至于许多人对他在三峡工程中的贡献不甚了解。好在历史是有记载的，透过文献和当事人的回忆，仍然可以看到他的艰辛、忘我与成就。

### 攻关夺隘

三峡工程重新论证的那个时期，社会上对泥沙淤积问题的关注有两个焦点。一是水库寿命是否会大幅度缩短，二是是否会引起重庆市洪水位抬高和影响航运。为了满足三峡枢纽建设和未来运行的实际需要，泥沙专家从专业角度对论证课题进行了拓展。

泥沙专家组要论证的主要问题是：水库长期保留防洪库容和调节库容问题；水库变动回水区航道和港区的泥沙淤积问题；水库淤积引起重庆市洪水位抬高问题；坝区泥沙淤积问题以及水库运用对下游河床演变和河口的可能影响问题。②

论证的主要问题确定后，论证工作先后按开发方案的确定和开发方案

---

① 潘庆燊访谈，2012 年 8 月 15 日，北京。资料存于采集工程数据库。
② 长江三峡工程论证泥沙专家组：长江三峡工程泥沙与航运专题泥沙论证报告。1988 年 2 月，内部资料。

的可行性分析两个步骤展开。在论证开发方案过程中，专家组研究分析了水库正常蓄水位160—180米的各种方案和两级开发方案，先后排除了可导致万吨级船队不能抵达重庆的160米以下方案和导致重庆港大量淤积、洪水位偏高、移民量大的180米方案以及因下泄调节流量不足、会造成葛洲坝枢纽下游碍航和汛期重庆港推移质淤积不利通航的170米方案。两级开发方案因投资大且效益低于一级开发方案亦被排除在外。最终建议采取一级开发方案，水库正常蓄水位175米，防洪限制水位145米。同时建议将130米左右水位设定为一个非常排沙水位，相应的泄流能力应不小于约40000立方米/秒，以应对不可预见因素的出现。论证领导小组批准了正常蓄水位175米方案，相应的防洪限制水位定为145米，枯季最低消落水位定为155米（即175-145-155米方案）。

开发方案初步确定后，林秉南带领泥沙专家，组织各单位以方案提出的特征水位和蓄清排浑的运用方式为条件，对水库长期运行下，库区、回水变动区和坝下游河道的泥沙冲淤进程及形态进行了量化模拟分析。在数学模型计算方面，包括水库的淤积进程及运用百年后保留的有效库容、库区洪水位、变动回水区泥沙模型试验所依据的水沙边界条件以及坝下游河道冲刷和长江与洞庭湖关系的变化等。在实体模型试验方面，先后进行了青岩子、洛碛、铜锣峡和重庆主城区河段的试验研究。特别是重庆主城区河段的试验研究，由于其重要性，共建造了4座模型分别进行试验。此外在通航建筑物方案未定的情况下，对坝区通航也进行了初步的试验研究。专家组最终做出的主要结论如下：

> 三峡水库采用"蓄清排浑"的方式运用，大部分有效库容，包括防洪库容和调节库容，可长期保留。175-145-155米方案运行下，每年汛后至汛前的五至六个月里，九龙坡以下航道基本上可满足万吨船队通航的尺度要求，对变动回水区的航道和港口存在的问题，可以通过优化水库调度，结合港口改造研究整治和疏浚措施加以解决；三峡水库经过百年运用后，如遇百年一遇洪水流量，重庆朝天门水位约为199米，变幅约为1—3米等。

三峡泥沙问题的研究因涉及诸多不确定因素十分复杂，为使论证结果具备客观性，林秉南在论证过程中强调量化分析的合理性，他的一些做法令有关专家印象深刻。

潘庆燊回忆：

> 林秉南在三峡论证工作中认真和严谨的工作态度令人敬佩。我举两个例子，一个与水库变动回水区的泥沙模型试验有关。交通部门对变动回水区的泥沙淤积碍航问题非常关心。要解决这个问题，一靠原型观测资料，二靠泥沙模型试验，三靠数学模型计算。对通航问题的解决主要靠泥沙模型试验。泥沙模型通常被称作"物理模型"，是从英文术语翻译过来的。林秉南根据他对英文的理解，认为应该翻译成"实体模型"。实体模型到底能解决多少问题，包括我们在内心里都不太有底，希望对其可靠性加以检验。于是找了丹江口水库变动回水区油房沟的原型实测资料，由长江科学院做了一个实体模型进行验证试验。当时林秉南搞的是"闭卷考试"，把试验资料给你，模型试验结束后才将原型实测资料与模型试验结果对照，分析模型试验成果的可靠性。他预先不通知，带着助手直飞武汉，到了长科院就要看模型试验资料，包括试验记录和计算结果，再同试验报告内容加以比较。当

图6-1 1997年11月4日，塘沽天津水运科研所三峡工程模型试验现场

时陈济生院长和参加试验工作的同志都很紧张，最后结果林秉南还是基本满意的，以后对实体模型的可靠性就比较放心了。林秉南的另一个措施就是几个实体模型平行进行试验，重庆主城区河段的实体模型有4个，水科院、清华、长科院和南科院各1个，4个模型平行进行试验，这样结果就可靠了。

第二个例子是关于数学模型计算的。数学模型的可靠性，是他亲自组织泥沙专家组进行评议的。1986年10月，针对水科院和长科院的水库淤积数学模型，他写了一篇关于泥沙数学模型合理性和适用范围的评议文章。实体模型解决了可靠性问题，数学模型的可靠性由他亲自加以评议，这说明他的工作很细致、很具体、很深入。①

陈济生回忆说：

在我国开展三峡工程全面论证的同时，加拿大与中国联合编制了符合世界银行国际标准要求的长江三峡工程可行性研究报告，并于1988年完成了这一代表国际科技水平的文件。其第五卷"理论、计算

图 6-2　1999 年，林秉南在清华大学三峡坝区模型试验现场

---

① 潘庆燊访谈，2012 年 8 月 15 日，北京。资料存于采集工程数据库。

图6-3 1997年11月12日,林秉南在清华大学三峡模型试验现场

与数学模型"一节中说"重要的应该指出:三峡工程整个控制泥沙策略所依据的平衡坡降与保留水库长期库容理论在中国已发展成完美的艺术。世上再没有别的国家有使水库防洪调节库容得以永久保持的如此丰富的经验。对这项工作做了审慎的复核。加拿大扬子江联合设计公司(CYJV)进行了一系列独立的计算,它们全都肯定了中国三峡模型(CTGM)的结果,认为CTGM可以放心使用。"[1]

在三峡泥沙论证的日子里,林秉南的谦逊、公正和讲求民主同样给有关领导和专家留下了深刻印象。他以学术上的威望和人格上的魅力将32位专家的智慧凝结起来,转化成了解析三峡泥沙问题的实际能力。对此,一些专家记忆犹新。

原长江航道局总工程师荣天富[2]从1985年起参加泥沙专家组的工作,最初他像交通部门的许多专家那样,不太赞同马上建三峡,担心造成重大资源的浪费。后来随着研究的深入,认识有所改变。他感到当时泥沙专家组有种风气,就是不笼统地谈赞成或不赞成建三峡,而是发扬民主、集思

---

[1] 陈济生:水库长期使用是科学技术上的重要跨越。内部资料。
[2] 荣天富(1928年-),四川省璧山县人。原长江航道局总工程师、现任国务院三峡工程建设委员会办公室三峡工程泥沙专家组专家。

广益，通过研究找出可能出现的问题和解决问题的方法，为决策者提供参考。他觉得林秉南重视航运部门对处理航运泥沙问题的意见，彼此间可以开诚布公、无话不谈。开始时认识并不一致，经过试验研究后达成了很多默契。他认为水库枯季最低消落水位的提出，是林秉南的一项比较重要的贡献。如今情况虽然有所变化，但论证的结论总体上不错。①

三峡水库的枯季最低消落水位是关乎航运及发电的特征水位。偏高会减少下泄流量，影响下游航运；偏低会使上游河床裸露，有碍航运。专家组通过研究将其定格为155米，对今天航运和发电效益的发挥产生了良好作用。

三峡水库的特征水位由于对调节有制约作用，直接影响到水库的蓄清排浑和效益的发挥，在论证中受到专家的高度重视。访谈中，现任三峡工程泥沙专家组组长张仁②从另一个角度对林秉南在这方面的贡献评价说：

> 三峡的工作我们做的比较好，林秉南立了非常大的功劳。他听得进别人的意见，凡是正确的意见都归纳起来加以采用。比如，钱宁先生有一个很好的意见，三峡水库的汛期限制水位设在145米，这样三峡水库的泥沙淤积末端就不会影响到重庆的主城区，林秉南就采纳了这个意见，并且引用在他的书里。我觉得林秉南主要的功劳在于，正确汲取大家的意见，总结归纳在三峡工程规划的主要问题上，包括怎么保护有效库容，怎么保持航运的良好条件。航运现在为什么这么好，跟这个有关系。③

泥沙专家戴定忠在接受访谈时，用研究葛洲坝时的4句话概括了泥沙研究的基本原则，即：定性准确、定量合理、综合分析、留有余地。他说：

---

① 荣天富访谈，2012年8月15日，北京。资料存于采集工程数据库。
② 张仁（1928年－），江苏松江人。1993年至今历任国务院三峡工程建设委员会办公室三峡工程泥沙专家组专家、组长，清华大学教授。
③ 张仁访谈，2012年8月15日，北京。存地同①。

林秉南有一大特点，比较注意听取各位专家的意见，把他们的意见统一起来。泥沙论证专家组当时有5位顾问，还有各单位的20多位专家，集各家之长并统一到最后结论中来很不容易。[1]

原全国政协副主席钱正英对林秉南的贡献给予了肯定，她说：

三峡工程论证共十个专题，泥沙问题是重点之一，我们郑重地选林秉南做专家组组长，选他别人没意见，他很公正。泥沙专家中学派不同，他能把各方面协调起来。他是水力学专家，以他的水平能驾驭泥沙论证工作，他对三峡泥沙论证绝对有功。林秉南的道德品质和学术成就应该好好宣传。[2]

1988年2月，以林秉南为组长的三峡工程论证泥沙专家组在南京通过了三峡泥沙专题论证报告。专家组的5位顾问、27位专家（除清华大学钱宁教授在论证期间病逝外）均在泥沙专题论证报告上签字同意。泥沙专题论证报告的结尾一行郑重地写道："三峡工程可行性阶段的泥沙问题经过研究，已基本清楚，是可以解决的。"

这是对历史的承诺。从那一刻起，笼罩在人们心头的关于三峡工程泥沙淤积问题的疑云开始逐渐散去。经过近三年的努力，1989年，三峡工程可行性论证各专题报告先后通过，三峡工程的实施开始纳入法定程序。

1991年，国务院审议通过了三峡工程可行性研究报告，同意兴建三峡工程，并提请第七届全国人民代表大会审议。1992年4月3日，第七届全国人民代表大会第五次会议审议了《国务院关于提请审议兴建长江三峡工程的议案》，并以表决方式通过了这一议案。

1993年，三峡工程正式破土动工，参加三峡工程论证的14个专家组的工作暂时结束，但三峡工程泥沙问题的研究并没有因此停止。就在三峡工地机具的轰鸣声回荡山谷的时候，1993年9月，国务院三峡工程建设委

---

[1] 戴定忠访谈，2012年5月25日，北京。资料存于采集工程数据库。
[2] 钱正英访谈，2012年7月18日，北京。存地同上。

图 6-4　三峡工程泥沙专家组 2002 年度工作总结会

员会第二次会议召开，会议指出："泥沙问题是三峡工程建设与运行中的关键技术问题之一，需要进行长期的试验、研究与验证。"会议"同意委员会办公室下设泥沙课题专家组，协调整个泥沙科研工作。"并再次聘请林秉南为组长，由 5 位专家组成三峡工程泥沙课题专家组。三峡工程泥沙研究工作新的一页展开了。

## 立 言 三 峡

### 居安思危

2003 年，84 岁的林秉南在文章中写道："今年三峡大坝蓄水到 135 米，左岸永久船闸成功通航，电站机组陆续投入运行。这标志着三峡工程已克服了所有技术难题和最困难的施工环节，今后只要继续努力、小心从事，全部建成已经指日可待。这在全国乃至全世界的水利建设中都是空前的大事。参加建设的人们都会为之大声欢呼。我个人更是欣喜若狂，自庆今生还能见到这样的盛事。"林秉南还赋诗一首刊登在《中国三峡工程报》上：

### 追贺三峡工程蓄水到 135 米高程

*高峡平湖惊世人，百年奇梦竟成真。*
*孽龙洪水锁清库，豪杰高歌遏行云。*
*已庆巨机输迅电，重忻舟队薄北辰。*
*艰难创业真堪敬，百尺竿头钦万民。*

同年 1 月 20 日，《中国三峡工程报》的记者采访了林秉南并传递出如下信息：三峡工程泥沙专家组顾问、原组长林秉南院士日前表示，由于金沙江上将陆续建成几座大型水电站，进入三峡水库的泥沙将显著少于可行性论证阶段所依据的数字。与此同时我们正在大力研究三峡水库的优化调度措施，因此对 2009 年三峡工程建成后即提前蓄水至 175 米可持乐观态度，而不必像可行性论证阶段所建议那样须经历 10 年，即至 2013 年才将水位由 156 米提高到 175 米。

林秉南的兴奋和乐观是有缘由的，因为他预感到自己和其他专家历尽

图 6-5　2001 年，长江三峡"九五"泥沙研究表彰大会合影

第六章　高峡平湖遂夙愿

千辛万苦做出的关于三峡工程泥沙问题的结论,将在三峡水利枢纽逐步实现正常运行的过程中,被证实是比较客观的。他的这种预感今天已经成为现实。

张仁说:

> 大家可以看一看在林秉南写的《三峡工程泥沙》里有一个"结论",这个结论中的内容都归纳在1988年的泥沙论证报告里。这些结论在三峡水库运用的10年期间受到检验,得到的反馈都是正面的,说明它是站得住脚的。我感觉林秉南的贡献在于听取了各方的不同意见,提出了解决不同意见的办法,通过研究得到一些结论,这些结论被证明是正确的。从2003—2012年,三峡水库运用了10年,运行状况比之前预想的要好。三峡水库的运行去年就非常好,今年越来越好。重庆主城区河段不仅没淤,而且冲刷得非常好,通航运量现在已经1亿吨,超过了2030年的标准,三峡工程年发电量这几年都是800多亿千瓦时,今年肯定要超过,因为地下厂房又多了6台机组,汛期都满发了。①

然而,林秉南从未被成功的喜悦冲昏头脑,2003年他在接受记者采访时表示,根据"七五"期间进行的可行性论证,三峡工程泥沙问题是可以解决的。但这并不意味着"天下太平"。我们对于三峡工程的泥沙问题还要进行大量研究。必须居安思危、充分考虑将来可能出现的新问题。三峡工程是举世无双、效益非常巨大的工程,泥沙研究工作的最终目标是力求使三峡工程在防洪、发电、通航中遇到的泥沙问题得到合理的解决。

林秉南接着阐释了对待三峡工程泥沙问题为什么要"居安思危"。他举例说,在长江上游修建大型水电站对解决三峡水库泥沙问题无疑会有许多好处,但也要想到它可能带来的问题。例如,在上游建成众多水库拦截泥沙后,三峡水库下泄的泥沙将长期减少。这样长期下泄"清水"对下游

---

① 张仁访谈,2012年8月15日,北京。资料存于采集工程数据库。

河道会产生什么不良的影响。比如下游河道是否会有展宽趋势，会不会危及护岸，使护岸坍塌增加？其次下游河道的河型如发生转变，不论是否更加蜿蜒都会严重影响堤防的险工位置。再如三峡水库库容很大，但这并不意味着可以随便使用。防洪库容一定要在大洪水时启用。如果经常在小洪水时动用三峡水库，会导致三峡库容迅速淤损。

当林秉南通过媒体发表上述谈话时，三峡工程泥沙课题专家组对三峡工程泥沙问题的跟踪研究已进行了 10 年。在国务院三峡工程建设委员会办公室和中国长江三峡工程开发总公司的领导和支持下，三峡工程泥沙专家组充分发挥了集体智慧，结合工程建设的需要，会同 20 多个单位组织实施了"九五"、"十五"及"十一五"泥沙科研计划，对三峡工程的泥沙问题进行了广泛研究。研究的重点是如何长期保持水库的有效库容不被泥沙淤废，预估泥沙淤积对重庆洪水位的影响，防止水库变动回水区泥沙淤积影响航运以及坝区和坝下游的泥沙问题。研究中有不少技术创新，所采用的数学模型的理论和水平、实体模型的设计和规模、原型观测的范围和技术，在当时均处于世界泥沙研究的前列。通过研究，泥沙课题专家组做出了一系列相关的预报，并探索了解决问题的途径和方法，对三峡水利枢纽的运行和综合效益的发挥产生了重要作用。

2008 年 2 月 4 日，国务院三峡工程建设委员会根据国务院领导的批示精神，委托中国工程院组织实施了对 1986 年三峡工程可行性研究结论的阶段性评估，对当年泥沙专家组做出的结论给予了评价。评价认为泥沙问题是三峡工程需要解决的关键技术问题之一。在"原论证"期间，对泥沙问题进行了广泛研究，所取得的成果为三峡工程建设的决策提供了科学支撑。"原论证"结束后，结合工程建设和运用的需要，继续进行了一系列泥沙的原型观测和研究分析的工作，取得了丰硕的成果。评估专家组认为："原论证"的结论基本上是合理可信的。然而，泥沙的冲淤变化及影响是一个逐步累积的过程，工程运行历时尚短，而且还在低水位运行，尚未达到正常蓄水位，入库水沙也还未经历大水大沙年份，可能还有一些问题尚未暴露。今后应密切监测，逐一解决"原论证"提出和实际发生的各种问题，在更长时间之后，对三峡工程的泥沙问题做出更全面的评估。

## 鞠躬尽瘁

从 1986 年论证到 2008 年对原论证的评估，22 年过去了，在此期间，由于受上游水库工程拦沙等综合因素的影响，三峡水库上游的来沙量明显减少，泥沙淤积造成的压力有所缓解。然而水库的泥沙淤积是一个逐步积累的过程，来沙量的减少可以延长这一过程，但不能改变泥沙淤积的必然性。因此泥沙专家组的工作始终不能懈怠，林秉南对三峡泥沙问题的思考也从未停止过。据统计，1993—2008 年，他先后发表的相关论文包括《三峡水利枢纽工程几个关键性问题的应用基础研究》[1]、《1998 年大洪水后的一些思考》[2]、《三峡水库双汛限水库调度方式研究》[3] 等 20 多篇，并多次向有关部门提交相关报告和建议。2009 年以后，林秉南已不能参加泥沙专家组的活动了，工作人员整理资料时，在他的电脑中发现了一篇写于 2009 年尚未公开的文章。现将此文收录如下：

### 我对三峡工程泥沙问题的认识[4]

三峡泥沙问题牵涉很广，主要包括在设计年限内（80 年）的下列问题：（1）水库长期淤积量的预报，（2）重庆最高洪水位的预估，（3）下游河道、湖泊的可能演变。回答这些问题的途径一向是开展室内外试验观测和数学模型计算。室内试验的条件也是由数学模型提供的。所以数学模型在三峡泥沙研究中具有关键性的影响。

1. 目前世界上还没有一个根据计算成功预报水库百年淤积的先例

基于多年在国外与美、欧学术界的接触及对学术刊物的浏览，笔者在可行性论证开始以前已知世界上还没有能成功预报水库百年淤积量的先例。首先，这是数学模型本身功能所决定的。数学模型的功能

---

[1] 林秉南：三峡水利枢纽工程几个关键性问题的应用基础研究。《中国科学基金》，1997 年，第 11 卷第 1 期。

[2] 林秉南：1998 年大洪水后的一些思考。见：林秉南，《林秉南论文集》。北京：中国水利水电出版社，2000 年。

[3] 林秉南：三峡水库双汛限水库调度方式研究。《水利学报》，2000 年，第 9 期。

[4] 林秉南：我对三峡工程泥沙问题的认识。2009 年，未刊稿。资料存于采集工程数据库。

限于在给定的外部条件所适用的范围内对可能出现的情况通过计算、进行预报。所以，给定的外部条件所能适用的年限便决定了预报的有效年限。百年悠悠，自然和人文条件都会起意想不到的变化（例如近10多年长江流域来沙的大幅度减少）。这些变化都不是泥沙数学模型所能预报的。当然，目前在三峡采用的泥沙冲淤数学模型本身也还处于发展中的阶段，还待进一步提高。例如，床面形态和相应的紊流现象（包括猝发等）及其对泥沙输移的影响，都还不清楚。但如对未来外部条件如何演变没有把握，对模型本身细节的改进、意义便不那么大了。因此，笔者首先考虑的是对水库淤积要有一定的调节手段，以防出现意外的淤积。为此，在1987年3月开始讨论175-145-155米水位方案的第一次全体专家组大会上，代表泥沙专家组，做了一个关于"安全阀"的发言，主张必要时可将水库水位下降到坝前水位130米或更低、藉以冲刷水库，以此作为应对水库出现意外大淤积的措施。这便是优化调度的思维。当时无人反对、获得通过。基于同一认识，1988年2月在南京讨论泥沙专家组专题报告时，在笔者的建议并坚持下，专家组全体同意，通过对计算的重庆洪水位应预留1—3米的变幅。这么大的洪水位变幅是为意外的大淤积准备的。因为外部条件的变化不是泥沙模型所能预报的。想用泥沙数学模型预报水库百年淤积的企图应该说是无把握的。误差会很大。

2. 优化调度的重要性

优化调度的内涵是降低水库水位、冲刷水库淤积，以此控制水库淤积。水库建成后，优化调度是人工调节水库淤积的唯一手段。在任何时候都不应放弃；在数模还待进一步完善之时，更不能放弃。优化调度也有利于清理水库污染。优化调度引起的流动是不恒定流。运用恒定流模型进行优化调度的计算就是运用恒定流模型计算不恒定流，这显然是不能成立的。所得的结果会起误导的作用。根据以上有关情况，笔者以为水库淤积的预报时限很难超过30年。因此，似可考虑在优化调度的制约下以30年为一个阶段进行预报。约每25年总结上一阶段的预报，准备下一段的预报。这样，每个阶段的外部条件都有可能比较落实，加以优化调度的节制、水库泥沙淤积的预报也就可能比较落实。

3. 优化调度与水库防护

当前世界并不真的太平。我们力争保持世界和平但也不排除"树欲静而风不止"，所以也不得不有所准备，三峡水库是一个超大型水库。战时必须大力防护。最有效的防护办法之一是：战时迅速降低水库，例如降到130米高程以下。这就相应要求加固水库库岸的稳定性。据了解，目前三峡库岸（茅坪等关键部位）是按水库每日下降3米设防的。如果库岸的稳定性能允许水库每日消落5米，则如一旦国际风云突变，3天之间便可将水库水位由145米降低到130米，这便可以大大减少水体突泄对下游的可能影响。满足了这个要求，优化调度对库岸地质稳定性的要求也就得到满足了。

4. 泥沙数学模型的进一步发展

笔者以为现阶段的泥沙冲淤数学模型，也还处于发展中的阶段。计入流量扰动与泥沙浓度扰动传递速度的差异后，堵住了模型的一个理论漏洞。这个理论漏洞对总淤积数量的影响可能不很大，但对淤积分布的影响，则应高度注意。流动的扰动传递快而泥沙浓度的扰动传递较慢。因此，计算的淤积分布将出现上游淤积增多的趋势。重庆一带的淤积如因此增大几亿吨，其影响便可能是严重的了。所以模型的数学框架必须正确无误。其次应力求模型符合自然物理现象及流体力学原理。各种床面形态出现的条件及其影响，特别是与之相关的猝发等紊流现象与水流的分离现象都是有关联的。实验的定量成果与天然情况会有差别，这是可以理解的。但物理现象的定性结果应是一致的。例如峡江常见的泡漩是否与河床猝发现象有关，可以分析。

在流体力学方面，解决这类问题的主要困难在于，必须兼顾水流黏滞性和惯性的影响。这是流体力学中经典的难题。对惯性起主要作用的许多问题可以得出理论解（见Lamb的巨著 *Hydrodynamics*）。当黏滞性单独起主要作用时，也有许多理论解（见章梓雄，董曾南著黏性流体力学）。但黏滞性和惯性同时起作用的课题（如紊动）则迄今没有深入的理论解。三峡的泥沙问题与床面附近的紊动掺混、密切相关。归根结蒂、也是黏滞性和惯性同时起作用的问题，求解不易。笔者以为可考虑循两种途径进行研究，即

图6-6 2012年1月，林秉南同来友谊医院看望他的钱正英院士讨论工作（马静摄）

（1）与观测资料拟合。关键是需要大量观测资料。在这方面潮汐河流的条件比较优越。几年之间即有可能收集到足够的大、中、小潮资料，供拟合之用。在非潮汐河流则往往需长时间等待，才能取得大、中、小洪水的资料。共同的缺点是不能看见河床，不知河床相应具有什么形态。

（2）开展应用基础研究、采取理论与实验相结合的方针，争取解决问题。为此，必须精心设计、建造设备和试制仪器。估计即使有了适当的人才，高质量设备的设计、建造和调试，也需约4年。以后的试验也很费时。取得准确的试验结果是关键。还应结合流体力学原理和原型观测进行研究。为了使研究人员安心于应用基础研究工作，应参考数模计算及其它试验工作，周转期较短、回报较丰的特点，制定适合于应用基础研究人员的待遇和考绩办法。高质量实验设备的设计和建造是一门高度专门化的学问。通过实践掌握流体力学的知识是关键（应注意这里指的不只是那种只注意摆方程求解的工作而是指直接应用于解决试验设备的设计和运用中遇到的流体力学问题）。

2010年，林秉南因病住院，由于身体原因他不能再写作了，上述文章有可能是他对三峡泥沙问题最后的思考，透过字里行间，不难体会到他对三峡泥沙研究的执着、期望和热爱……

三峡工程泥沙问题研究，是国际上迄今为止规模、难度和影响最大的泥沙研究项目。中国泥沙专家在三峡工程泥沙研究中取得的成就，受到了

世界水利界的高度评价。著名泥沙专家沃林[①] 2004 年在接受《中国三峡工程报》记者采访时说：

> 中国的泥沙专家对三峡工程的泥沙问题进行了长达 20 多年的深入、透彻的研究，对因修建大坝所造成的各种负面影响研究得非常仔细，并有很多科学、详尽的数据为论证提供坚实的基础。因此，我认为像阿斯旺大坝那种情况是不会在三峡工程出现的。1980 年，我首次来到中国，在游览长江经过三峡时，中国工程师告诉我，将来三峡大坝就建在这个地方。他们还向我介绍了泥沙问题。从那时起，我就对三峡工程十分关注。在我的印象中，中国专家工作态度非常严谨、刻苦。多年来，中国政府对河流泥沙问题十分重视。在河流泥沙研究方面，中国拥有一支庞大的科研队伍，可谓人才济济。他们开展了大量的卓有成效的工作，建立了泥沙研究的实体及数字模型，取得了很多科研成果。三峡工程泥沙问题的研究和解决是中国泥沙专家最为成功的典范。

---

[①] 沃林（Desmond E.Walling），世界泥沙研究学会主席，英国埃克塞特大学教授，著名泥沙专家。2004 年在第九次河流泥沙国际学术讨论会期间，《中国三峡工程报》记者专访了沃林。

# 第七章
# 国际交流结纽带

## 再 出 国 门

  1980年，回国已24年、历经创业艰辛和动荡磨砺的林秉南，获得了再次走出国门的机会。那年4月，已逾花甲之年的林秉南和许协庆、范家骅、陈惠泉等4位专家出访欧洲，他们在11天的行程中，访问了荷兰代尔夫特水利研究所和法国EDF夏都（Chatou）国家水力学实验室等5家研究机构的6个实验基地[①]。这是水利水电科学研究院在"文化大革命"之后自行组团出访的第一个代表团，也是林秉南在新的历史时期积极放眼世界、推动国际交流工作的开端。

  经历过回国受阻挠、创业的艰辛和"文化大革命"期间动荡、科技荒芜的林秉南，格外重视和珍惜这次具有开创性意义的出访。为了确保出访的顺利和取得实际成效，出发前，他亲自负责联系外方，并做好了详细的

---

[①] 水利部对外司，出国考察报告《荷兰法国水力学研究机构概况》。1981年4月，内部资料。

图 7-1　中国水利专家代表团访问荷兰代尔夫特水利研究所（1980 年摄于荷兰）

日程安排。访问期间，林秉南一行详细考察了荷兰和法国两国的多个国家级水力学实验室，重点调研其相关试验设备和研究内容，具体涉及实验室建设、泥沙、空穴水流和冷却水等多个方面。回国以后，林秉南牵头认真编写了长达 27 页的考察报告。如今来看，这份出访报告不仅记录了林秉南带领的水利水电科学研究院代表团在欧洲收获的技术性内容，将此次出访的所见所闻所思以文字的形式分享给国内同行，更为后来的出国访问学者们提供了一个涉及赴外学术考察、开展国际交流及撰写出访报告等多个方面的范本。

可以说，林秉南再出国门的这一步，也是国内水利水电科学研究机构在新的社会历史时期重新开始国际交流活动的重要一步。随后几十年内，水利水电科学研究院各个专业的学者不断出国考察访问、参加学术会议、开展合作研究、承担国际项目，逐步建立起研究院同诸多欧美国家级水利研究机构的联系，为水利水电科学研究院自身的改革开放以及同世界一流科研机构的合作与接轨打下了良好基础。

1980—1981 年，林秉南应邀赴美国科罗拉多州立大学担任客座教授近一年。回国前曾在美国高校工作过的经历，让这一次任教对林秉南而言并无陌生感，但他赋予了自己新的使命——将中国的研究成果传播出去。尽管当时中外科技水平存在显著的差距，林秉南依然抱着极大的热情与自信，在担任客座教授期间，不断将国内的最新水力学研究成果（如"宽尾墩"）介绍给国际水利学界。他在美国土木工程学会的水利年会上发表了题为《宽尾墩——高速溢洪道水力学设计中的新理念》(*Flaring Gate Piers-an Innovation Idea in the Hydraulic Design of High-velocity Spillways*)的论文，并以此获得了应邀做大会主题报告的机会，向与会专家介绍中国水力学研究的概况。

当时，国内水利科研界开展国际交流与合作的工作才刚刚起步，林秉南放眼世界，凭借自己曾经的留学和海外就职经历、长期积累的专业素养与标准、严谨的英文表达，尤其是在国际交流中表现出的谦和、坦诚、彬彬有礼与自强自重，为他在国际水利学术领域赢得了广泛尊敬，积累了新的人脉，也为中国水利水电科技界重返国际舞台、不断扩大国际交流与合作作出了新的贡献。

1983年，林秉南带领中国泥沙考察团访问日本，接待他们的是日本京都

图7-2　二滩水电代表团访问美国科罗拉多水利电力工程研究中心（1981年1月摄于美国）

第七章　国际交流结纽带

大学的岩佐义朗教授。岩佐教授是日本水利界著名学者，也是美国爱荷华大学的毕业生，且对不恒定流研究有着浓厚的兴趣。作为晚林秉南几届的师弟，岩佐义朗在学生时代就对林秉南在学术上的成绩和贡献十分钦佩。

那年正在京都大学留学的刘树坤（林秉南的学生之一）回忆[①]：

> 当时林先生带团访日，嘱咐我在日本等待随团考察。岩佐教授听到林先生即将来访的消息十分高兴。他动员了东京大学、中央大学、早稻田大学、北海道大学等高校的知名教授以及当时日本建设省河川局的官员，对代表团一行给予了高规格的接待，这次来访打开了中日水利学界的正式交流。

其实，接触过岩佐义朗教授的人都知道，他性格耿直、略带几分清高，能让他佩服的人不多，但他对林秉南的赞誉却经常挂在嘴边。他在京都大学讲课时，经常向学生讲述林秉南在美国留学时的故事，以此激励后生们刻苦攻读：在没有计算机的年月，林秉南用特征线法计算巴拿马运河的不恒定流。常常见他将图纸铺在地上，一边画图一边计算，算一个方案便需要花费一个月的时间。

图 7-3 1984 年，在日本东京参加中日河川水利学会议

---

[①] 刘树坤：关于林先生的记忆。2012 年 9 月，内部资料。

1983 年访日期间，中日双方达成协议：第二年在日本正式召开"中日河川比较学学术研讨会"。1984 年，林秉南再次组织国内专家参加了分别在日本京都、东京、札幌连续召开的讨论会，中日与会双方都展示了很高的学术水平，盛况空前。

会议结束前，日方建议将这种民间交流上升为政府间的交流，把会议名称改为中日河工坝工会议，并纳入中日两国政府科学技术交流协定；会议每年举行一次，轮流在中日两国举行。回国后，林秉南向水利部就此建议作了汇报，并经科技部正式批准。中方秘书处便设在水利水电科学研究院。这项双边交流机制延续多年，至 2011 年会议已经成功举办了 26 届，开创了一条中日两国水利界沟通交流的良好渠道。

林秉南多年以后在接受采访时回忆：

> 那时候的出访，令我印象深刻的单位有美国的爱荷华大学和密西西比大学、荷兰的代尔夫特水利研究所、日本的京都大学和北海道大学等。

此后，随着国门的打开，林秉南出访和参加国际学术会议的机会更多了。1985—1993 年，他的足迹遍布美国、加拿大、德国、瑞士、匈牙利、日本、韩国、泰国、印度和马来西亚等国家，参与过国际泥沙学术讨论、冲积河流学术讨论，参加过国际河流水力学会议、国际城市暴雨排水会议、国际水利学大会和亚太地区水利学大会，进行过三峡工程可行性论证考察，并不断通过大会主题报告等形式向世界各国介绍中国在水力学研究领域的最新进展。在他看来，参加国际学术会议并不是单纯发表自己的研究成果，而是自觉带着两个任务：一是培养年轻学者；二是在学习国外先进经验的同时宣传新中国水利成就。

1987 年 8 月，第 22 届国际水利学大会（IAHR）在瑞士召开，中国大陆首次参加此项国际水力学盛会，派出了 15 位学者，由林秉南率团前往瑞士洛桑。此前，在国际水利学术界上，因为大陆学者的缺席，一直是台湾地区的代表坐在"中国"的席位上。第 22 届 IAHR 大会成为 1949 年后中国内地水利学者第一次在该组织的大会中亮相。出发前，林秉南对团员们说："咱们一定要把研究的东西拿出去。"

作为代表团成员之一的李桂芬[①]在谈起当年的参会情况时说：

> 林先生让我准备了两篇文章，并提出来英文要翻译好，他帮助修改，改好之后再念给他听。行前开会的时候，他亲自坐在台下听我试讲，特别认真，哪一点对、哪一点不对，都给予指导。对泥沙所的万兆惠等其他人的文章和报告，林先生都非常重视。

在此次国际水利学大会上，台湾地区派去15人参会，与中国大陆代表团人数相当。会议召开的初期，中国内地代表和台湾地区的代表彼此心有芥蒂，互不见面。伊利诺伊大学的颜本琦教授等美国华裔学者看出了端倪，出面帮助协调双方代表见面。后来，林秉南一行同台湾地区代表在会议期间的会谈，成为海峡两岸水利学者的第一次正式见面，也开创了海峡两岸水利学者交流的先河。这一见面机制从此逐渐发展为延续至今的"海峡两岸水利科技交流研讨会"，该会议至2013年已经召开了17届。

## 请 进 派 出

改革开放初期，由于"文化大革命"导致的国门封闭与发展停滞，我国的科技水平与发达国家形成了显著的差距，具备国际交往能力的人才更是奇缺，学术交流中语言不通成了瓶颈。在最初的国际交往活动中，林秉南不仅要悉心指导国内专家英文报告的撰写与发言，而且时常要亲自担当起"翻译"的角色。为了推动国际交流与合作，林秉南积极贯彻"请进来、走出去"的方针，一方面充分发挥自己留学美国结识了许多知

---

[①] 李桂芬访谈，2012年8月14日，北京。资料存于采集工程数据库。

名学者的有利条件，在水利水电科学研究院与水力学所领导和专家们的协助下，大胆地、有选择地陆续邀请了一批国际著名学者来中国讲学，通过他们向国内学人带来发达国家水利学科的研究进展和前沿成果；另一方面也十分重视科技人员的外语培训，积极推荐、安排优秀中青年学者出国留学与进修。

从1980年开始，林秉南不断将国外的专家及学术资源引进国内来。1980年，邀请法国夏都国家水力学实验室的贡日（J. A. Cunge）教授讲授计算水力学；1981年，邀请美国爱荷华大学的饶斯教授讲授流体力学发展；1982年，邀请美国伊利诺伊大学颜本琦讲授明渠水力学；1985年，分别邀请美国爱荷华大学章梓雄讲授边界层理论及紊流，日本京都大学岩佐义朗教授讲授计算水力学发展；1986年，邀请美国爱荷华大学霍利（F.M. Holly）教授讲授计算流体力学；1988年，邀请瑞士洛桑科技大学格拉夫（H. Graf）教授讲授实验室建设与泥沙研究……为开启国内水利学界的视野、引进先进的水利科学技术起到了积极的推动作用。

1981年4月，美国爱荷华大学饶斯教授应林秉南邀请来华讲学。周志德在采访中谈及饶斯教授与林秉南的关系：

> 据说Hunter Rouse的学生有500人左右，中国的林秉南、钱宁、冯启德、肖天铎、许协庆等都是他的研究生。饶斯曾指出，他的中国学生英文好的有3个人，其中一个便是林秉南。[1]

这次访华期间，饶斯教授在水利水电科学研究院开展了一场英文讲座，专题讲授流体力学的发展。在当时，国内科研人员极少有机会聆听国际大师的讲课，饶斯的讲座无疑吸引了很多听众，一时间，成为我国水利学界国际学术交流领域的一件大事。来听讲的学员，除水利水电科学研究院的工程师（李桂芳、陈惠泉、万兆惠等）外，还有40多位全国各大院校水力学、流体力学专业的老师和研究人员，其中，清华大学的余常昭和

---

[1] 周志德访谈，2012年6月5日，北京。资料存于采集工程数据库。

张仁、天津大学的陶建华、武汉大学的李炜、成都科技大学的赵文谦、安徽水利科学研究所的毛昶熙、河海大学的王惠民等，日后都成了国内该领域的知名学者与领军人物。

1982年，林秉南出任水利水电科学研究院院长。他在处理繁忙的院务工作的同时，十分关心对全院科技人员英文素质的培养，举办科技英语培训班便是具体措施之一。在林秉南的指导下，每期培训班为期半年，每次都会邀请外国教师和刚从国外回来的中国专家授课；培养对象起初定位在全院中级职称以上的科研人员，后来逐步扩展到中级以下工程技术人员，让尽可能多的人参与进来。科技英语培训班的连续举办，有效地提高了水利水电科学研究院科技人员的整体英文水平。这些培训学员后来通过陆续出国考察和学习，逐步成为水利水电科学研究院国际学术交流工作的中坚力量。

改革开放以后，中国政府逐年派遣学者赴发达国家留学或进修。在水利部和教育部的统一部署下，水利水电科学研究院从1981年起每年都会有计划地派出留学和进修人员。在被派出人员选择派往何处，跟随国外哪位学者学习等具体事项上，林秉南等归国学者起到了很大的作用。同时，作为研究生导师，林秉南不遗余力地帮助自己的学生创造出国求学的机遇。1987年，学生余锡平（清华大学）赴东京大学攻读海岸工程方向的博士学位，林秉南亲笔撰写推荐信；几年后，他又支持获得博士学位的余锡平前往香港大学随章梓雄教授做博士后研究工作。1989年，周志德赴日本攻读博士学位，林秉南出面联系并鼎力推荐；1990年程晓陶申请日本文部省奖学金赴京都大学留学，也是林秉南先生写信推荐；1996年，林秉南又为研究生周建军撰写推荐信申请洪堡奖学金（Alexander von Humboldt Foundation）赴德国开展研究。

周志德回忆：

> 1989年，林先生已经不再担任院长，但由于他和日本北海道大学关系密切，岸力（Kishi）教授应邀来到院里进行学术交流。交流期间，岸力提出可以派一位访问学者到他的研究所做论文博士。林秉南

先生着手挑选合适人选。他征求我的意见,我觉得机会很好,但是当年我已经 56 岁。由于林先生的鼎力推荐,北海道大学的研究所很重视,还约陈炳新院长赴日具体洽谈。其实,就在 20 世纪 80 年代初,我也曾参与出国考试,但因体检不合格没能成行。而这次是林秉南先生给了我难得的机会,让我实现了在国外完成博士论文的夙愿。[①]

在国际交流与合作工作中,外事礼仪格外重要,家庭教养良好并熟悉西方礼仪的林秉南在这方面也做出了表率。他待人接物彬彬有礼、不卑不亢,各种场合既注意倾听他人意见,又不失时机真诚地表述己见,由此也在国际学界收获了广泛的尊重。许多在林秉南身边工作过的工程师,后来出国参加学术交流时总会见到一些曾接触过林秉南的外国学者,他们总要问候林秉南,也会非常热情接待林秉南推荐的人和认真对待林秉南拜托的事。

## 促 进 交 流

改革开放 30 多年以来,经过几代人的努力,我国水利系统的国际交流与合作日趋活跃。以林秉南为代表的一批早年留学归国学者,在促进国际学术交流、推动中国水利走向国际舞台方面发挥了不可替代的作用。在这个过程中,林秉南的人脉关系、学术成就和人格魅力产生了尤为重要的影响。

我国水利界在"文化大革命"以后举办的第一个国际学术会议是 1980 年 3 月在北京召开的第一次河流泥沙国际学术研讨会(International Symposium on River Sedimentation),有来自 14 个国家 230 位代表参加了会议,出席人员达 500 多人。那时候刚刚改革开放,这样规模的国际会议

---

① 周志德访谈,2012 年 6 月 5 日,北京。资料存于采集工程数据库。

图7-4　1985年，在清华大学举办的水库泥沙国际培训班

还很少见。该会议于1978年开始筹备，1979年以前是钱宁教授负责。会前，钱宁为大会写了一个比较长的主题报告，那时候钱宁已经发现患癌症了，写成中文之后，钱宁说，这个稿子一定要请林秉南修改和翻译，因为他对林秉南的英文水平很信服。当时参与会议具体筹备工作的周志德[①]回忆：

> 我记得当时派我送稿去的，跟他说了这个意思。林先生欣然接受，花了很多时间，改好拿回来一看，确实是花了相当多的心血。冯启德看了以后，他说林先生改得太好了，仔细认真，字斟句酌。后来也拿给钱先生看了，钱先生非常感谢林先生花这么大的精力和时间，改得这么好。我一直想找到底稿，很可惜，没有找到，真是很宝贵的。我记得林先生改的东西，都是手稿。林先生改稿只用铅笔，为什么呢，我问过林先生，他说在看到后面可能还有变动，钢笔改了以后不好再改了，铅笔可以擦了再改。

这次河流泥沙国际学术讨论会成功举办之后，在联合国教科文组织等国际组织的大力支持下，河流泥沙国际学术讨论会成为泥沙领域每3年一次的连续性国际学术交流会议，得到了全球越来越多学者和专家的广泛关注和参与，至今已在中国、美国、德国、印度、埃及、俄罗斯、南非等国家和地区成功召开了11次，河流泥沙国际学术讨论会已经成为泥沙领域最为重要、最有影响的国际学术盛会。1987年，UNDP和UNESCO联

---

① 周志德访谈，2012年6月5日，北京。资料存于采集工程数据库。

合资助的泥沙中心在北京举办冲积河流数学模型高级培训班（Advanced Course and Workshop on Mathematical Modeling of Alluvial Rivers）。为学员讲课的专家中，除了国内的著名学者窦国仁、林秉南、韩其为与韩曾萃等之外，林秉南还出面邀请了四位世界顶级专家，有德国的霍尔兹（P. Holz）、法国的贡日、荷兰的德·弗里斯（M. de Vries）和美国的王书溢（Sam S.Y.Wang）。这次讲座为国内搞泥沙数值模拟的教学和研究人员70多人（包括7位国外学员）介绍了当时世界上的前沿成果，并为以后国际泥沙研究培训中心多次举办同类的培训班开了个好头。

1988年9月，中国水利学会举办了高坝水力学国际学术讨论会（International Symposium on Hydraulics for High Dams），这是在中国召开的水力学领域第一个国际学术研讨会。林秉南和水力学所李桂芬所长具体负责大会诸多筹备和学术事务，泥沙中心参与了大会会务工作。大会邀请了许多国际水利学界知名专家，会后30多位外宾赴重庆和三峡参观，参观了开工前的三斗坪坝址，并在中堡岛工程捐款处捐款留言。

1995年3月，由中国水利学会和国际泥沙研究培训中心联合举办的第二届国际水科学与工程学术会议（The Second International Conference

图 7-5　1988年秋，在北京友谊宾馆参加高坝国际会议

图7-6 1989年11月，林秉南在第四次河流泥沙国际学术讨论会上发言

on Hydro-Science and Engineering, ICEC）在北京召开，林秉南担任大会国际组织委员会主任之一。大会文集发表了300篇论文，林秉南撰写了前言。

由于林秉南的学术成就和国际影响，1997年在美国旧金山召开的第27届国际水利学大会上，国际水力学研究协会[①]理事会决定将该年的IAHR荣誉会员的称号授予林秉南，以表彰其在促进水利工程领域国际交流方面的持续努力和在IAHR亚太分会工作中的不可估量的贡献。这一届大会由美国土木工程师协会（ASCE）主办，因此，这一奖项还包含ASCE水利工程分会1997年奖。颁奖书称：

---

① 国际水力学研究协会（International Association of Hydraulic Research，IAHR），后改名为国际水利与环境工程学会（International Association for Hydro-Environment Engineering and Research），成立于1935年，是世界水利学界历史最为悠久、影响力最为广泛的国际学术组织之一。会员来自从事水力学及相关学科与应用领域的工程师、专家和学者。学会的活动领域涉及河流与海洋动力学、水资源、环境与生态水力学、冰工程、水信息学以及继续教育与培训等。

1997 IAHR Honorary Membership Dr. Bingnan Lin receives IAHR Honorary Membership in recognition of his continuous efforts to promote international exchange in Hydraulic Engineering and his invaluable contribution to the activities of the IAHR Asia and Pacific Division (1991–1995). [兹接受林秉南博士为 IAHR 荣誉会员，以表彰他为促进水利工程学界的国际交流而付出的不懈努力以及他为 IAHR 亚太分会活动（1991—1995）所作出的杰出贡献。]

图 7-7　1992 年，林秉南在印度普纳第 8 届亚太地区国际水力学大会上作主旨报告

图 7-8　1992 年，林秉南在印度普纳参加第 8 届亚太地区国际水力学大会，在主席台就座

　　林秉南是获得这一奖项的第二位中国学者，第一位是严恺（1995 年第 26 届国际水利学大会）。由于健康原因，林秉南未能赴美领奖，仅在大会上发表了书面讲话。

　　2001 年 9 月，第 29 届国际水利学大会（The 29th IAHR Congress）在北京召开，林秉南和严恺担任大会科学委员会主任委员，对大会学术活动安排作了悉心指导。大会邀请林秉南同王兆印合作准备题为"中国泥沙研究及展望"（Sedimentation Studies in China-Past and Future）的主旨报告，

第七章　国际交流结纽带　　*165*

图7-9 中日双边环境流体力学国际研讨会合影（1994年摄于清华大学，第二排右八为林秉南）

由于健康欠佳，林秉南仅拟了报告的提纲，而由王兆印教授做在大会上报告的准备。多年后，王兆印依然清晰记得当时的情景[①]：

> 题目是林先生定的，"中国泥沙研究及展望"，当时我接到任务，林先生出了很多主意，他有很多很好的思想，我写了个东西，觉得差不多了，实际上里面还有很多语法错误，当时比较匆忙，我去了一趟加拿大。回来林先生批评我，这么重要事情你不管，到加拿大玩儿去（其实到加拿大也有个任务，做个学术交流），当时说得我不好意思。他说，你看看这里面有多少错误，我一看真是错误很多，我当时脸红的不得了，赶紧根据林先生意见修改。林先生说这种事情一定要认真，代表国家的水平，在这么大的会上做主题报告，中国人有这种机会本来就不多，你一定要重视。作报告之前我是特别练了好多遍，还找别人来听，只有40分钟，我要讲好。林先生身体不好，没去现场，我做完报告，他立刻打了电话，第一时间问了他的老朋友德国的Plate

---

① 王兆印访谈，2012年8月1日，北京。资料存于采集工程数据库。

图 7-10　1998 年 9 月 7 日，流域综合治理国际研讨会参会人员合影

教授，他们都说很好。林先生就放心了，后来还夸了我几句，说以后这种大的活动，代表国家声誉的，一定要认真对待，我也是得了一个教训。以后出国做报告，我都是认真对待，每次会找别人听一下，临上台还要改一下，也基本上能做到抓住听众，这一点受益于林先生的严格要求。

作为国际知名学者，林秉南一直活跃在国际水利科技交流舞台上，为中国水利争得了荣誉。林秉南获得的国际奖项还有：

1996 年 2 月，美国爱荷华大学及工学院的杰出校友（Distinguished Engineering Alumni Academy），表彰他对本职行业和社会做出的杰出成就；

1997 年获美国土木工程学会干旱地区水利工程奖（Arid Lands Hydraulic Engineering Award），表彰他在干旱与半干旱气候下对水利工程发展做出的显著贡献；

2007 年获世界泥沙学会荣誉会员奖（World Association for Sedimentation and Erosion Research Honorary Membership），表彰他在泥沙淤积研究领域做出的杰出成就以及他对发展泥沙学会做出的突出贡献。

# 搭建平台

我国特有的水系特征与治河需求，决定了河流泥沙研究的重要性，也为我国河流泥沙研究进入国际前沿水平提供了机遇。中国水利要走向世界，河流泥沙研究无疑是一个亮点。为了搭建泥沙研究国际交流的平台，林秉南作出了突出的贡献。

早在 1980 年 3 月，第一次河流泥沙国际学术讨论会在北京召开时，会上一些老专家就提出了成立国际泥沙研究培训中心的建议。1981 年，水利部、教育部、国家科委和外交部联合向国务院上报了《关于筹建国际泥沙研究培训中心的请示》报告。1982 年经国务院领导批准，出席联合国教科文组织（UNESCO）第 21 届大会的中国代表团在会上正式提出在中国建立国际泥沙研究培训中心的议案，获得大会支持。1983 年，UNESCO 在

图 7-11　国际泥沙研究中心在北京友谊宾馆科学会堂召开第一届顾问委员会会议（1985 年摄，第一排左四为林秉南）

巴黎召开的第 22 届大会通过了在中国建立国际泥沙研究培训中心的决议。1984 年，UNESCO 总干事姆博先生和中华人民共和国政府代表、水利电力部部长钱正英分别在关于建立国际泥沙研究培训中心的协定上签字。同年 7 月 21 日，中心揭幕式在北京举行。按照协定规定，中心的体制在联合国机构中属于 B-2 型，即由联合国有关组织资助，当地政府主办的实体。中心设有两个组织机构，一个是顾问委员会，林秉南任顾问委员会主任（钱宁患病住院，担任顾委会副主任）；另一个是管理委员会，主任由水科院院长张泽祯兼任。在国际泥沙研究培训中心筹建的过程中，林秉南积极出主意，想办法，与国际顾问们保持密切的联系，不断扩大交流、达成共识。每有外国代表团来考察，林秉南都陪同、咨询与答疑，全力以赴，全程参与。

1985 年 1 月 11—12 日，国际泥沙研究培训中心第一次顾问委员会会议和第二次管理委员会会议在北京召开。会议对中心的发展方向、章程以及 1984—1987 年计划等进行了深入讨论，并提出了建议。第一次顾委会包括多名国际知名专家，如美国的沈学汶、荷兰的普林斯（Prince）、德国的普拉特、加拿大的戈登（Gordon）和英国的沃林（Walling）等。

当时出席会议的周志德[①] 回忆：

> 会议开得非常热烈，外国委员对中国成立这样一个中心请他们做顾问的热情都很高，提了很多建议，并提出这个泥沙中心要建成一个非常优秀的中心。有一个

图 7-12　国际泥沙研究培训中心第一届顾问委员会成员在杭州考察（1985 年摄，左一为林秉南）

---

① 周志德访谈，2012 年 6 月 5 日，北京。资料存于采集工程数据库。

第七章　国际交流结纽带

图 7-13　1987 年，在北京举办冲积河流数学模型高级国际研讨班

小插曲，关于怎样用英语表达"优秀的中心"，国际委员争论很厉害，荷兰的普林斯说是"an excellent center"，德国的普拉特说应该是"the center of excellence"。主持会议的林先生不好表态，就说咱们问问英国的专家沃林，沃林说普拉特的那个更好。会议讨论非常认真，尤其是国际委员提了很多意见，林先生主持会议，既让大家畅所欲言，又达到很好的一致意见。那时候钱宁先生病重，很少说话了。会后，钱先生说要不是林先生在这儿掌握，很难开得这么好。林先生从那时候开始对泥沙中心的发展起着举足轻重的作用。那几年，每年开一次顾委会会议，开了 3 次。普林斯特别满意，我后来去荷兰，跟他关系比较密切，他对泥沙中心和对林先生的工作都表示非常钦佩、非常满意。

林秉南非常重视 UNESCO 在中国代表处的作用，每年活动他都参加，保持中心同 UNESCO 代表处的密切关系，包括与 UNESCO 驻北京的代表和在巴黎的官员，如泰勒、杜米、UNESCO 总干事松浦晃一郎等都建立了很好的友谊，他们对林秉南也很尊重。

有一段时间泥沙中心处于低潮，水利部有人提出中心和院泥沙所合并。泥沙中心老主任戴定忠回忆：

林先生给汪恕诚部长写了一个报告，关于发挥国际泥沙培训中心积极作用的建议。之前他发送给张光斗等7位院士，大家在报告上都签了字。报告指出水科院的泥沙研究所同泥沙中心是两个不同性质的机构。报告中提了5条建议，一是加强与教科文组织合作，保持中心的国际性，确立其地位不变，扩大我国的影响；二是鉴于水利部科技体制改革的繁重，考虑中心的现实与地位，水利部作为中国政府执行单位，建议继续保持中心为水利部直属事业单位，公益性的，加强领导，明确中心的独立法人地位，完善中心运行机制；三是按中心建立时的宗旨，充分发挥国内外同行专家的团结协作精神，加强中心顾问委员会的作用，改善咨询机制，共同促进泥沙学会的发展和人才培训的健康发展，真正做到拓展领域、立足国内、面向世界、加强信息、优质服务，更好地发挥中心作用；四是建议尽快成立国际泥沙学会；五是希望国家主管科技部、水利部继续为中心开展活动创造方便条件，给予有限的财政支持，使其完善对外窗口的功能，为21世纪水资源的可持续开发、利用、保护，为国际泥沙研究与培训做出新的贡献，为国争光。①

图7-14　1991年，水利部副部长张春园在北京会见出席亚洲地区流域治理投资政策研讨会的各国代表

---

①　戴定忠访谈，2012年5月25日，北京。资料存于采集工程数据库。

图 7-15　2000 年，林秉南在北京参加洪泛平原及湿地开发与治理国际研讨会

报告于 2000 年 6 月 20 日提交，汪恕诚部长批阅"请国科司、人劳司阅，给予大力支持。"部长指示很明确，据此，水利部同 UNESCO 于 2005 年 11 月 30 日再次在北京续签协议，汪恕诚部长代表中国政府和 UNESCO 总干事松浦晃一郎在协议上签字。

林秉南还亲自参与泥沙中心承担的研究项目。1989 年，国际泥沙研究培训中心负责实施联合国开发计划署项目"亚洲土壤侵蚀和河流泥沙地区培训计划"（RAS/88/026），有 12 个成员国，林秉南担任项目经理，吴德一和周志德任副经理。第一次代表会议于 11 月 7—8 日在北京召开。林秉南作为项目经理倾注了大量心血。主要工作是培训班和研讨会两个内容，研讨会在各国轮流召开，每次项目经理要去参加。在此期间先后组织召开了 3 个培训班，2 个研讨会，5 次学术会议。林秉南以 70 岁的高龄，多次出国参加项目计划的会议。1990 年，林秉南和周志德赴泰国参加河流和水库泥沙野外测验研讨会，1991 年林秉南赴韩国参加冲积河流学术讨论会。1993 年 10 月 12—14 日，项目总结性会议"成员国高层决策者泥沙管理研讨会"在北京举办，林秉南亲自起草了项目实施的总结报告。

国际泥沙中心的成立和运行都是非常成功的，其中倾注了林秉南的大量心血，可以说是"文化大革命"后我国学术界走向国际舞台的成功范例。2004 年 7 月 21 日，国际泥沙研究培训中心成立 20 周年庆祝大会上，钱正英院士、水利部索丽生副部长、联合国教科文组织代表青岛泰之、中国联合国教科文组织全国委员会秘书长田小刚、张光斗院士、林秉南院士等出席了会议。会议充分肯定了中心 20 年来的成绩，称"泥沙中心用不懈的努力，发扬水利人负责、求实、奉献的职业精神，在探索中不断发展，得到了国内外同行的认可，在国际上赢得了良好声誉，多次受到联合国教科文组织、开发计划署、粮农组织等国际组织的表彰。"①

2009 年 7 月 29 日，国际泥沙研究培训中心成立 25 周年庆典上，水利部部长陈雷、联合国教科文组织助理总干事埃德伦等出席会议并致辞，中心顾问委员会名誉主席林秉南到会祝贺。陈雷充分肯定国际泥沙中心 25 年来取得的成绩。他说，25 年来，国际泥沙中心在联合国教科文组织的关心支持和水利部的直接领导下，锐意进取，开拓创新，在实践中探索，在探索中成长，各项工作取得了丰硕成果。通过开展大量国内外学术交流、技术培训、研究咨询及搭建信息平台等活动，推动了世界各国在泥沙领域的科技合作与知识共享，传播推广了世界先进的江河治理、泥沙管理、生态建设和防洪减灾等方面的经验与技术，促进了全球泥沙领域技术的进步和问题的解决。国际泥沙中心逐步发展成为专业实力强、合作信誉好、世界影响大的国际知名机构，奠定了在全球泥沙领域的主导地位，为国际泥沙事业的发展提供了重要支撑，为推动世界泥沙研究和技术进步发挥了积极作用。国际泥沙中心取得的成就，得到了国内外水利行业的广泛认可，得到了联合国教科文组织的高度评价，被誉为中国政府与联合国教科文组织在中国合作的典范。教科文组织中国国家委员会称其为先驱。

作为国际泥沙研究培训中心的英文出版物《国际泥沙研究》（International Journal of Sediment Research，IJSR）创刊号于 1986 年出版，林秉南于 1987—1994 年任杂志主编。他很关注期刊的成长，亲自组稿、写稿和审稿。为了在国际上逐渐打开局面，林秉南提出到国际上请一些著名学者参与编辑工作，并亲自提了很多人选。杂志不断发展，1986—1989 年出版时每卷 1 期，1990 年出版每卷 2 期，1991—1997 年每卷为 3 期，从 1998

---

① 国际泥沙研究培训中心成立 20 周年庆祝大会隆重召开。国际泥沙信息网，2004-07-21。

年以后改为季刊，每卷 4 期。现在来稿一年达 250 篇左右，每年发稿 50—60 篇。1986—2001 年共出版了 17 卷 45 期。该刊自 1997 年开始全部为美国工程索引（EI）收录，自 2007 起成为 SCI 源刊，被 SCI-E 收录。至今该期刊已面向 32 个国家和地区发行 26 年，是国际泥沙界专家学者交流信息、推广成果的主要刊物，受到国内外同行的一致好评。目前已成为世界泥沙研究学会的会刊。

世界泥沙学会的成立是林秉南晚年积极促成的又一件大事。在 1998 年 10 月举行的泥沙中心顾问委员会的会议上，林秉南提出了筹建世界泥沙学会的建议。林秉南的思想是"中国泥沙研究在世界上有影响，是我们做得多，但是我们贡献并不大。我们自己觉得我们世界领先，但实际上没有中国人的理论在国际上被公认，这点是我们的缺陷，我们要把中国泥沙研究打到世界上去，就得建立世界泥沙研究学会。"1998 年 12 月第 7 届河流泥沙国际讨论会在香港举行，会上就成立世界泥沙学会一事征求各国专家意见，不少专家表示支持。以后在其他国际会议上继续征求意见，也得到广泛的支持。虽然一些水利方面的国际学会都设有泥沙委员会或泥沙组，但由于规模和专业面较小，不足以反映泥沙的全部重要影响和跨学科的性质。现在所建议的世界泥沙学会是跨学科的，广泛涉及与泥沙相关的各个研究领域，除水利工程外还包括地学、化学、历史、土壤、农业与放射物理的应用以及有机物和生物对水和泥沙的污染及影响等非工程内容。

1999 年，第 28 届 IAHR 大会在奥地利举办，其间 IAHR 理事会专门为是否成立世界泥沙学会组织了一次讨论会。王兆印应邀出席了这次会议，他回忆：

在奥地利，国际水利学会当时的主席给我写信，要我去谈一谈。会上去了 28 个外国人，都是大人物，国际水利学会主席、副主席在场，我先讲为什么要建立泥沙学会，把林先生思想讲出来，结果国际水利学会的人都来批我，说没必要做这个世界泥沙学会，说可以在 IAHR 下面建个分会，当时 7、8 个大人物都反对，弄得我很尴尬，本来说英语就差一点，他们再批一下，都词穷了，当时国内去的其他人都没发言。一个是语言问题，另外人家是大人物，气势都压住了，根本没办法再说什么。这时候最大的助力是美国华裔学者杨志达。他语言很好，站起来反驳，他说在美国做了这么多的工程，最难解决的就是泥沙问题，现在非常需要加强泥沙方面的工作，非常需要有这方面的机构把大家联合起来。当天下午以双方争论没有结论而终止，似乎他们也没说服我们，我们也没说服他们。当时有一个 IAHR 理事是瑞士人，他说"如果在国际水利学会下面建世界泥沙学会，我们会给你们全力支持，你可以少做很多工作。"当时条件很有诱惑，回来我跟林先生汇报了这一情况，我说他们讲得很有道理。林先生听了以后批评了我，他很坚定，他说这个一定要做成，你不要受外界影响，要排除一切干扰[1]。

    林秉南于 2000 年在给汪恕诚部长的报告中，提出了建立国际泥沙学会的主张，他在水科院为他举行的 80 寿辰庆祝大会上，表示希望在有生之年看到世界泥沙学会建立起来。2001 年 9 月，林秉南起草了"Notes about the Proposed World Association for Sediment Research"。后来经过 D. E. Walling and Cheng-Lung Chen 的修改，正式写成建议书"Proposal to Organize a World Association for Sediment Research"，又以国际泥沙研究培训中心顾问委员会名誉主任林秉南和中心秘书长胡春宏的名义发给各国，征求意见。该建议首先阐述了泥沙问题是一个全球关心的问题，当今需要有一个学术组织来推进泥沙研究；建议书提出了可能采用的组织名称、会员制度、秘书处地址、学会章程等内容。建议得到了广泛的响应，其中有 37 国的 140 人签字，愿作为学会发起人。在 2004 年 4 月 7 日泥沙中心成立 20 周年大会上，林秉南的发言专门谈到了这一过程。[2] 在中国成立世界泥沙学会的设想终于得到了国际泥沙界的积极响应，联合国教科文组织和国际水文科学协会等明确表示支持。

    世界泥沙学会（World Association for Sedimentation and Erosion

---

[1] 王兆印访谈，2012 年 8 月 1 日，北京。资料存于采集工程数据库。
[2] 林秉南：国际泥沙研究培训中心建立 20 周年献词。2004 年，未刊稿。存地同上。

Research，WASER）的筹建包括国内事务（在民政部注册）和国际支持两个大的方面，最终得以建立是众多专家共同努力的结果。2004年10月，在北京召开了第一次理事会会议，选举英国的沃林教授担任第一任学会主席，意大利的希尔沃（Giampaolo di Silvio）教授和美国的杨志达（C.Ted Yang）担任副主席，王兆印担任秘书长。林秉南年事已高，担任理事会理事。接着在三峡召开的第九次河流泥沙国际学术讨论会上，宣布正式成立世界泥沙学会，汪恕诚部长接见17个理事，IAHR也为成立世界泥沙学会表示祝贺。

林秉南在建立世界泥沙学会上花了很多精力，英国的沃林教授曾称林秉南是世界泥沙学会之父。林秉南说起此事，也说：

> 世界泥沙学会，我一手搞起来。起初教科文在巴黎有个代表（注：Steven Bruk），不大愿意跟泥沙中心联系，他本来对我并不太友好，要跟他说话他不愿意，办我们事儿也是三心二意。后来世界泥沙学会成立以后，对我们转变了，泥沙学会成立那天，他要求一定要跟我说几句话。

世界泥沙学会成为国际水利界第一个总部设在中国的世界性学会，它极大地促进了我国泥沙界与国外同行的交流，推动了中国和世界泥沙问题的研究，既有利于我国泥沙问题的解决，也有助于带动我国水利技术和设备的输出，开拓国际市场，进一步提高我国在国际学术界的地位。世界泥沙学会成立后，充分利用现有的组织机构、会议机制与交流手段，达到了扩大交流与促进发展的目的。

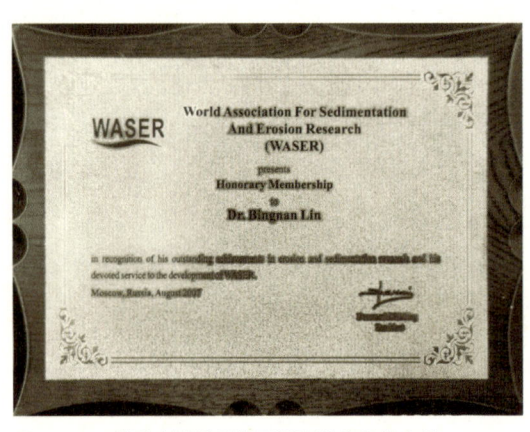

图7-16　林秉南被授予世界泥沙学会荣誉会员（2007年）

# 结　语
# 洒下浓荫蔽后人

参加林秉南院士学术成长资料的采集工作，追寻一位科学家学术成长的心路历程，不仅要完成一系列访谈与大量资料的研读，而且也经历了一次次心灵的冲击与净化。在笔者采访的诸多人眼中，林秉南是一位目标坚定、锲而不舍、品德高尚、虚怀若谷、治学严谨、躬行实践的人。他如何做到广收博纳而厚积薄发，为何能够历经坎坷却矢志不渝，他的经历给后人留下了怎样的思考与启迪？由于林院士年事已高，一些往事已不能再像当年那样侃侃而谈，这使笔者在采访中增生了越来越强烈的紧迫感。在项目接近尾声之时，只能以自己有限的理解，从家庭熏陶、师长培养、社会动荡、民族忧患、爱国情怀、信仰追求、时势机遇、国际交融等方面，来探索这一具有无限价值的人生话题。

## 家庭熏陶，养成优良品性

林秉南父亲林黄卷早年下南洋谋生，白手起家，创业有成。在华侨学校代课教书起步，靠自学进取，尔后升任学校校长；到垦殖橡胶园、开采锡矿，逐步积累起一定的财富。但为追随孙中山革命，又不惜抛家舍业，应召回国到大元帅府效力。父亲这种吃苦耐劳、好学上进、自立自强、勇于开拓、深明大义、为报效国家不计个人得失的品格，自小便为林秉南树立了鲜活的榜样,透过言传身教,潜移默化,日后在林秉南身上也得以很好的体现。

林秉南具有良好的文学素养,写得一手好文章,这同样与家庭环境有直接关系。幼时,父亲在晚饭后常为全家讲解诗文,母亲家务之余亦喜好读诗。受父母影响,他自幼"喜爱古文和旧诗,小学四年级时开始读古文评注。在家里跟父亲读唐诗和千家诗,也学会分平仄,懂得绝诗及律诗的格式,觉得很有意思"。考中学时,虽因时局变故选择了工科,但良好的文学功底仍使其受益终生。林秉南一生发表的大量论文,总给人结构清晰、文笔流畅、用词精准、思辨性强的美感。可以说,良好的文学素养亦为林秉南成长为知名学者增添了光彩。

所有熟悉林秉南的人,皆公认其具有学风严谨、做事认真的优秀品质,而这一品质的形成缘于大姐林畹对他的严格要求。"大姐做事的特点之一是精益求精,不怕麻烦。"一次学校留的作业是用墨水绘相切的椭圆、圆和直线。林秉南自以为是用心画了,但大姐看了却毫不满意,认为切点不是相搭太多、便是太少,要求必须画得恰到好处。"我费了很大的功夫,多次重绘,才勉强改过来。后来这份作业在班上得到了老师的表扬。这个经历为日后我在唐山交大学画机械图打下了基础。"从一件小事上获得教益,并将其转化为终身遵循的行为准则,这正是林秉南能够成为国际知名学者并赢得广泛尊重的原因之一。

## 内忧外患,培育爱国情怀

林秉南的童年与少年时代,兵荒马乱,社会动荡,内忧外患频仍。1894年中日甲午战争中国战败之后,"祖父对清廷的腐败以致败于日本,痛心疾首。在家庭中经常评论清廷腐败,训勉子女要自强,为父亲林黄卷青年时期即参加反清的革命活动,播下种子。"[1]然而,推翻清朝,建立民国,却并未摆脱军阀混战与列强欺辱;面对日本的侵略与暴行,民情激愤,抵制日货,却无以阻挡日寇的铁蹄。在这种民族危亡的背景下,少年

---

[1] 林秉南:关于林黄卷的文史资料。2010年,未刊稿。资料存于采集工程数据库。

的林秉南开始感到救国要有实力,"我初中时本想学文科,高中后决定学理科了,尤其想学物理。这个转变跟日本侵略有关,因为觉得学理科可以发展国家工业啊。"①

林秉南的爱国情怀,体现为自立自强的精神。从立志学工起,林秉南一改过去对数学、英文不感兴趣的状况,转变为学习数学的积极分子,假期还将英文作为学习的重点,"除做家务之外,每天坚持读8小时。两个月下来,从开始每天只读1页,加快到每天30—40页"②。大学二年级时,林秉南因病影响了学习,从三年级起才逐渐恢复健康,但他并不气馁,四年级时成绩又名列前茅。以后从出国留学到回国创业,林秉南始终保持着这种自强不息的精神。

林秉南的爱国情怀,体现出矢志不移的信念。从立志学工救国,林秉南就期盼中国能改变贫困落后的状况,走上繁荣昌盛的道路。新中国成立后,毅然放弃在美国的优越条件,回国白手起家,艰苦创业。"文化大革命"期间,尽管遭受了常人难以忍受的不公正待遇,但他从未陷入耿耿于怀、怨天尤人的境地,始终都未放弃自己的目标与追求。正是这一矢志不移的信念,使他能够自觉将个人荣辱与祖国命运联系在一起,渡过了艰难困境和厄运冲击。"文化大革命"之后,林秉南立即全力融入到改革开放的洪流之中。

林秉南的爱国情怀,体现于为国担责的勇气。有两件事最为反映出林秉南的这一特点:一是改革开放初期,面对重重困境出任水利水电科学研究院院长;二是在三峡论证期间,顶着极大争议出任泥沙专家组组长。1978年,林秉南一回到百废待兴的水科院,就为使科研工作重返正轨不遗余力。1982年,时任水利部部长的钱正英提名推荐林秉南担任水科院院长,并亲自找他谈话。林秉南列举了水科院发展存在的一系列问题,说自己难以胜任。钱部长说:你了解存在的这些问题,正说明你是合适的人选。时年62岁的林秉南担任院长后,深感责任重大,任职4年期间,团结全院职工,落实发展规划,推进国际交流,重新奠定了水科院在国内外的地

---

① 林秉南访谈,2011年10月13日,北京。资料存于采集工程数据库。
② 林秉南自述。2010年,未刊稿。存地同上。

位，为长远发展打下了良好的基础。

20世纪80年代中期，随着改革开放后经济的复苏，长江中下游防洪压力日增，全国性电荒开始成为经济发展的重大制约因素，鉴于此党中央、国务院作出了开展长江三峡工程论证的重大抉择，而当时泥沙问题被认为是三峡工程能否上马的关键技术问题之一，甚至有泥沙问题是三峡工程"拦路虎"的说法。当时领衔泥沙问题论证的钱宁先生，身患重病，在院治疗的钱宁先生考虑再三，提出唯有林秉南出任这个职务才是最合适的。"林先生开始并不是特别想参与此事"，周志德回忆说。为此钱先生还特地约了林秉南去医院面谈。在钱先生的恳请和动员下，林秉南同意承担这项工作。"当时，年已66岁的林秉南感到肩上担子的沉重，为了不辱使命，他向上级请辞了时任的5项职务，便全心投入了这一伟大工程。"[1]

为而不争，不计个人恩怨；肯担重任，重在国家富强。正是这种发自内心的爱国情怀，激励着林秉南一生自强不息，无怨无悔，矢志不渝。

## 尊师崇教，造就博学典范

林秉南在他的回忆录中对中学、大学以及在国外学习时的老师都有详尽的描述，字里行间充满感激和敬畏。而他津津称道的各位老师的那些优点，日后在他身上很多都得以体现，表明林秉南不仅专心跟老师学知识，而且也潜心跟老师学做人。

林秉南记得初二那年高水平教员的重要作用"林励儒先生来任中学部校长之后，为学校请到很好的教员，学校面貌大改。"改革开放之后，为了切实提高科研攻关能力，他热心聘请了一批国外知名专家、教授来院讲学，相信与此领悟深有关联。

林秉南记得，中学时代的数学老师方斗垣是当时广州最好的8位数学老师之一，"他第一天上课先给全班一个测验，发现我们程度太低，便从头教起"，"在方老师执教的两年中，全班对数学的兴趣都大大提高"。日后，林秉南带的学生们与众多年轻一辈的同事也多因他重视打好基础而受

---

[1] 周志德访谈，2012年6月5日，北京。资料存于采集工程数据库。

益匪浅。

在留学爱荷华的学生中，林秉南的英文水平负有盛名。他将此归功于中学的英文老师兼班主任黄云蔚。"他教学特别重视文法"，"黄老师给我打下的英文文法的基础，至今铭记"，林秉南回忆说："我去旧书店买了一本英语化学教材进行研读，既复习化学又学英语。但我把学英语作为重点。对每句都作文法分析，遇生词只查字典，强记而不作笔录……"林秉南下的这番苦工不仅对日后留学大有裨益，也使几十年后他带出来的学生受益匪浅。

大学时期的老师同样也给林秉南留下了很深的印象。他说"当时院长是茅以升先生。在茅院长的领导和争取下，唐山交大的老教师几乎原班人马到平越任教。数学教授黄寿恒、力学教授罗忠忱、铁路教授伍镜湖、结构工程教授顾宜孙、英文教授李斐英、测量教授罗河、工程画教师李汶等都是很好的教师。他们的共同特点是学问好、严格而认真。他们除了为学生打好基础外，还通过言传身教传给学生严格敬业和光明正大、刚直不阿的精神。这些都是学生一辈子受用不尽的东西。"而在学生与同事们的眼中，严格、认真、敬业、守法、正直，这些精神与品质，也实实在在体现在林秉南的工作与为人处世之中。

在美国留学与工作的日子里，林秉南更是有幸遇到了一批知名的学者。

> 爱荷华大学是一所很好的大学。我在那里得以转变成为水利工程师，主要是得力于它有出色的教师队伍。教流体力学的 H. Rouse、水工建筑的 A.L. Alin、明渠水力学的 C. J. Posey、水流量测的 J. W. Howe、泥沙工程的 E. W. Lane 都是著名学者或经验丰富的工程师。理论与工程知识的密切结合是美国在应用领域中创新的途径。我在美国 9 年多主要的收获便是这方面的。

林秉南在硕士论文选题时，导师普赛教授知道他对在修文遇到的不恒定流问题感兴趣，为他选的题目是"从 Massau 观点研究明渠不恒定流"。

论文通过后,导师建议他设法改进。计算方法改进后,导师又建议他写成文章,并亲自推荐发表。林秉南一生中最初的重要学术成就之一就是提出了指定时段的不恒定流特征线解法,而这一成就的取得显然与导师的指导密不可分。日后林秉南在指导学生时也遵循了这一有效模式。

林秉南博士论文的完成需借助实验观测。论文初稿完成后,导师麦克南教授认为论文已可以申请答辩,但又告诉林秉南爱荷华水利研究所正在建造活动泥沙循环水槽,准备研究泥沙输移和床面形态,需要人主持试验,为此建议林秉南先参加实际研究工作,论文可以利用业余时间进一步加工。林秉南接受了这个建议,多年后他回忆说"在爱荷华水利研究所工作的三年多里,我学到很多当研究生学不到的东西。"而这段经历也为林秉南日后回国创业积累了宝贵的经验。

在美国,开放式的学习与工作环境令林秉南受益匪浅。他说:

1948年夏季,密歇根大学主办一个大型、面向全美国的流体力学讲习班,我去参加了。这个班邀请了国际知名的流体力学名师19人为学生讲课,名师云集。其中如 Th. v. Karman、S. Goldstein、B. A. Bakhmeteff、H. L. Dryden、V. L. Streeter、H. Rouse 等都堪称大师。可能是因为结业时我的考试成绩比较突出(全班仅有的两个 A+ 之一),回到爱荷华后,饶斯教授便约我担任他的助教。

令林秉南难以忘怀的还有在美工作期间,爱荷华水利研究所每年召开一次的全国性水力学会议。

1949年的第6次会议是一次特殊的会议,是为集体出版《工程水力学》专著而组织的。我第一次参加这样的大型会议。发觉会上交锋很激烈……其中洪水计算一章,原作者因故不愿做修订。可能因为该章收入了较多我的硕士论文内容,也可能系里有人推荐,饶斯教授决定由我负责修订和增编例题。当时我还只是入学不久的青年研究生,可见美国大学中有用人不拘一格的风气。

一个人到了老年之后，能够如此清晰地记得青少年时期那么多教授过他的老师们，记得每位老师的名字与特长，记得从他们那里获得的点滴教益，并将他们的优点融会贯通、学以致用、传承光大，这是多么的难能可贵。

## 治水兴邦，成就学术大家

中国是一个传统的农业大国，正处在向现代社会过渡的发展阶段，发展水利水电，治水兴邦，意义重大。林秉南的学术研究正是在这种社会背景下，顺应国家发展各个阶段展开的。

他1956年初回国时，恰逢新中国第一次水利建设的高潮。那个时期，他一方面要白手起家，负责实验室的规划设计和施工；另一方面还要按高坝建设的需求开展高速水流研究，特别是在十分简陋的条件下开展三峡论证初期的溃坝实验，工作压力极大。他回忆说："1956—1958年是我国高速水流的研究从无到有的时期。当时要求同时进行几项大的工作，给我们以'大雨倾盆'的感觉。"为了填补空白、缩短差距，1957年，林秉南拿出回国前精心收集的一批高速水流文献，和钱宁、杨秀英等共同主持编译出版了约120万字的《高速水流论文译丛》，为当时国内开展高速水流研究提供了主要的参考资料。1959年，林秉南带队组织了水工水力学首次原型观测，在模式口进行陡槽泄流底流速、掺气、脉动压力等测量。其后，他自行精心设计建造的掺气陡槽，多项性能在国际上位居前列。将理论研究、模型试验与原型观测相结合，这是林秉南一生倡导、坚持的研究方法。截至1965年，他先后提交的报告有《长江三峡水库水体突然泄放问题研究》、《三峡洪水演进计算方法研究》等11篇，先后公开发表的科研成果包括明渠掺气水流的一些运动特性、坝面高速水流掺气发生点的计算等5项，实现了他学术成长道路上一次艰难的跨越。

在1978年3月召开的全国科技大会上，邓小平提出了"科学技术是第一生产力"的著名论断。林秉南参加了这次会议，并获得先进个人。此后他先后担任过水力学所所长和水科院院长，在重建水力学所和谋求水科院长远发展的同时，他高瞻远瞩，积极引导开展学术活动和培养研究生，努力为水利水电建设提供科技支撑。例如，1973年他与龚振瀛一起发明了宽尾墩这一新型消能形式，其后又进一步根据国家发展需求不断拓展、完善，使其成功应用于国内多个大型水电工程，1985年"宽尾墩、窄缝挑坎新型消能工及掺气减蚀的研究和应用"获国家科技进步奖二等奖。再如，他指导研究生采用破开算子法计算二维不恒定流，开发出可模拟杭州湾潮流流场的数学模型，满足了钱塘江口及其他大江河口开发整治的需要，并引发了同类多用途数值模型的建立，等等。特别是他全程参加了世界上最大的水电工程——三峡水利工程的论证与建设，担任了泥沙专家组组长，组织全组专家，群策群力，博采众长，提出了水库控制泥沙淤积、保障长期效益的运行方案，为枢纽的成功建成、试验性蓄水阶段的有效安全运行和长期效益的实现提供了重要的科技保障。

改革开放，国门打开，为林秉南重返国际舞台提供了机遇。早年勤奋的留学经历、长期积累的专业素养、标准严谨的英文表达与温文尔雅的学者风范，为林秉南在国际水利学术界赢得了广泛尊重与良好声誉。早在20世纪80年代初，他就积极邀请国际知名学者来华讲学，当时的一批学员，许多日后都成了国内该领域的知名学者与领军人物。林秉南在国际交往中总是自觉带着两项任务：一是培养年轻学者；二是在学习国外先进经验的同时，将新中国的水利成就译成英文对外宣传，不仅为国内培养了人才，而且使交流的双方均有收益。晚年林秉南担任联合国教科文组织国际泥沙研究培训中心顾问委员会主席，并力主促成了国际泥沙学会的成立，为扩大中国水利的国际影响作出了重大贡献。

随着国民经济的持续快速发展，我国在灾害与环境领域出现了一系列治水新问题。林秉南虽然年事已高，但总能较早敏锐地察觉到水力学研究的新方向，鼎力支持水利水电科学院开展防洪减灾相关水力学模型和实验的研究以及环境水力学的研究等。早在1990年，国际减灾10年活动开展的第一年，林秉南在中科院地学部召开的中国自然灾害灾情分析与减灾对策研讨会上，就作了"关于我国城市防洪排涝的历史与现状"报告，明确指出"我国城市防洪能力普遍偏低，需引起各方面足够的重视"，呼吁要"尽快制定城市防洪对策，以减轻洪涝灾害损失"。20年后的现实表明，林秉南当年的主张具有何等的先见之明；而90年代以来，水利水电科学院自主研发的城市洪涝仿真模型已经在北京、上海、哈尔滨、济南、福州、佛山等许多不同规模的城市得以广泛运用和推广。

　　以上是采集小组对林秉南院士学术成长过程中主要影响因素的探讨。事实表明，无论境遇如何，林秉南在不同历史转折时刻所做出的抉择以及他的执着笃行、从不懈怠，都基于一种强烈的愿望，那就是他的强国梦想。而为他的行为提供不断动力的，是心灵深处对祖国和人民的热爱。这份报告的编写过程，既是笔者对林秉南院士的了解与认识逐步深化的过程，也是一次不可多得的自我学习、反省与心灵净化、升华的过程。上善若水，利而不害；智者乐水，为而不争。作为老一辈科学家中的杰出代表，林秉南为我们树立了学习的榜样。如今，林秉南院士等老一辈科学家艰苦创业的年代似乎已经远逝了，但为祖国构建更加欣欣向荣的美好未来，仍需要有一大批像林秉南这样的青年知识分子。他们将传承老一辈科学家的优秀品质，视国家繁荣和社会进步为己任，开拓进取，前赴后继，孜孜不倦，发奋图强。这就是林秉南院士学术成长历程留给我们的精神启示。

# 附录一　林秉南年表

### 1920 年

4月21日，生于马来亚（现马来西亚）挂罗庇叻。原名秉兰，取其音与庇叻相近，后改名为秉南，字士光，是林家第二个孩子。大姐林雪兰（林畹）2岁。父母在新加坡和马来亚一带教小学和垦殖橡胶园并开锡矿，事业有成。

### 1922 年

随母亲、姐姐回国，定居广州。
6月16日，父亲林黄卷带家人辗转避难香港。
7月，二弟林士明（又名林秉芗）出生。

### 1924 年

入广东省立女子体育学校附属幼稚园。

### 1925 年

入广东女子学校附属小学就读。

### 1928 年

在广州市立第六十七小学就读，受父亲的影响，喜爱古诗文，小学四年级。开始读古文评注、唐诗和千家诗，学会分平仄和绝诗及律诗的格式，对英语、数学不感兴趣。

### 1929 年

小学五年级。聪慧、贪玩，学习不下功夫，喜欢打篮球、踢足球、放风筝、看电影，还喜欢做动手、动脑筋的游戏，做各式各样的风筝。

### 1931 年

考入广州市立师范学校附中初中。

"九一八"事变爆发。跟同学们一起上街和郊县宣传抗日。开始感到救国要有实力，萌生了将来要学理工，以工业救国的念头。

### 1932 年

就读初中二年级。

在学校教育和家庭影响下，开始思考人生的目标，励志强大自己的国家，如饥似渴地读书、锻炼。

### 1934 年

考入广州市立第一中学高中。

逐渐养成良好的学习态度和学习方法，对数理化、英文课等都产生了浓厚的兴趣，各科成绩优秀。

### 1936 年

就读高中二年级。开始感受到升学的压力，暑假开始研读英语化学教材（Deming 著），既复习化学，又学习英语。

### 1937 年

6 月，以毕业会考总平均分数 79.72 的成绩毕业于广州市立第一中学。从不喜爱数理化到转而报考理工学院，励志强大祖国，走工业救国之路。

9 月至 1938 年 9 月在广州中山大学土木系学习。

### 1938 年

参加大学招生统考，考取了交通大学唐山工学院土木系。学校正在南迁途中。

10 月 21 日，广州沦陷。父亲带全家逃出广州，几经辗转于 1939 年春节前到香港。

### 1939 年

2 月，从香港经越南、云南，经过约一个月的奔波到达贵州平越。

3 月，进入交通大学（今西南交通大学）贵州分校（第三十学年度）土木系学习。

### 1940 年

大学二年级。由于寒衣不足，冻疮、胃病、牙病等使身体变得很虚弱，学习成绩受到了影响。积极治愈了疾病，度过了与病痛抗争的一年。

### 1941 年

大学三年级。逐步恢复了健康，获得全班最高奖学金。

### 1942 年

6 月，毕业于交通大学唐山工学院土木系，并于毕业前夕被选入斐陶斐励学会。毕业后留校任混凝土设计助教。

### 1943 年

8 月，离开交通大学贵州分校。

9月，任贵州修文资源委员会修文水电工程处工务员，先后参加了坝址、输水渠和运料公路的地形和选线测量，并负责输水渠道的选线和定线以及渠道水流的波动计算。工作中遇到两个问题——进水渠水面波动和修文河、猫跳河的泥沙问题，日后带着这两个不解的问题赴美学习。

初次见到中国赴美设计三峡工程的人员寄回来的英文技术资料。

### 1944 年

12月，考取国民政府教育部的公费留美研究生，并参加了国民政府考试院高等文官土木工程科的考试，成绩优等。

### 1945 年

年初，在重庆参加英美留学生3周的讲习会，并继续参加重庆高等考试科目集训。

8月，任重庆及南京交通部路政司技士。

12月，日本投降。随同交通部路政司迁南京。

### 1946 年

3月，收到民国政府教育部出国通知。辞职，从贵州经南京至上海，乘船起程赴美。

4月7日，到达美国，在西雅图登岸。

4月，到美国爱荷华大学力学和水力学院攻读硕士，用大半个学期修完了全学期的课程，并以优秀成绩通过。

### 1947 年

秋季，普赛教授接收他为硕士论文研究生，论文选题受到修文电站引水渠波动问题的启发，论文的题目是《从Massau观点研究明渠不恒定流》(*Unsteady Flow Problems from Massau's Link Attack*)，提出了明渠不恒定流数值解法，称作"等距特征线计算方法"。

### 1948 年

获美国爱荷华大学水利硕士学位。

在普赛教授启发下，提出了指定时段构造特征线网法，并撰写论文。得到教授的肯定，并推荐于 1950 年在洛杉矶召开的水力学年会发表。1952 年该文在美国地球物理学会上刊出，是最早提出两种指定时段构造特征线网法的明渠不恒定流计算法，后来被分别收入四部水力学专著中。

夏季，参加密歇根大学主办的全美流体力学讲习班。因结业成绩突出（A+），回爱荷华大学后即被饶斯教授约请为中级流体力学的助教。

开始攻读博士，导师是麦克南和饶斯教授。博士论文的选题为"泥沙群体沉降速度的研究"。利用课余帮助美国地质调查局在爱荷华水利研究所设立的泥沙分析室开展研究工作，学会了各种泥沙分析方法。论文研究中，采用水分法第一次得到了浓度和雷诺数对沉速影响的试验结果。

秋季，在美国爱荷华大学中国同学会年会上，结识了爱荷华大学药理系硕士研究生王宝琳。

### 1949 年

3 月，任爱荷华大学水利研究所副研究员（至 1952 年）。参加了委内瑞拉国家水力学试验室的设计，学会了水力学实验室的规划设计。

当选为美国 Sigma Xi 艾奥瓦分会会员。

5 月，与王宝琳结为伉俪。

### 1950 年

麦克南教授作为富尔勃莱特学者（Fulbright Scholar）去法国访问后，林秉南以副研究员身份开始正式参加爱荷华水利研究所的研究工作。水力学试验室设计完成后，进行了为期 3 年的水槽试验输沙研究。对泥沙起动和悬移、沙波的形成和消失、沙床形态的转化以及悬沙在水流各部位的分布等都加深了认识，奠定了学习泥沙学科的基础。

在拉尔森的指导下，设计了供试验室使用的精密泥沙取样器。论文通过实验和理论分析突出了泥沙颗粒雷诺数对泥沙浓度效应的影响，认识到泥沙颗粒雷诺数是研究浓度效应的另一重要参数，以奥辛方程为基础扩展了原来的近似分析，证实了浓度效应的存在。

加入美国科学工作者协会。

提出明渠非恒定流等时段法，被列入中国水利大事年表。

11月14日，长子林寿华出生。

### 1951 年

8月，经过反复的试验研究，在饶斯教授指导下完成了博士论文，题目是《泥沙群体沉降速度的研究》(*Effects of Spacing and Size Distribution on the Fall Velocity of Sediment*)，在爱荷华大学获博士学位。

在美国第二届中西部流体动力学会议发表同合著论文 *Sediment Concentration and Fall Velocity*。

一家定好回国船票，但由于美方禁令，未能脱身。帮助其妻弟王启东回国。

### 1952 年

9月，应邀去美国科罗拉多州立大学任教和从事研究工作，任助理教授（至1954年），为研究生讲授明渠水力学、进级流体力学和泥沙运动，同时进行了泥沙输移和水库水面蒸发的研究，并培养了两名美国硕士生和一名泰国的博士生。

在科罗拉多州大学，听莱恩教授讲解印度 Chosi 河的泥沙问题，并与他合作讲授泥沙输移力学部分。

### 1954 年

开始回国之旅。以前去新加坡刚刚筹办的南洋大学任教为借口，辞去了科罗拉多大学的工作，以便随时起身回国。年初驾车向南经新墨西哥、德克萨斯等州，然后经密西西比、马利兰等州进入纽约市。在一家工程公司临时做水利设计员的工作，维持家人生活。

### 1955 年

7月18日，女儿林衍翔在纽约出生。

12月底，得移民局通知可以回国，一家人迅速动身，于12月31日飞离纽约到旧金山，登船经夏威夷到达香港。

### 1956 年

1月，全家4人（夫妇及一子一女）从香港乘火车经罗湖到广州父母家中。

2月，从广州转来北京，被分派到中国科学院水工研究室工作，职称是研究员，任水力学组副组长，参加高速水流的研究。和钱宁、杨秀英等共同主持编译出版了约120万字的《高速水流论文译丛》，成为当时研究高速水流的主要参考资料。开展内部科技人员业务培训，负责讲授理论水动力学课程。

论文《明渠不恒定流的解法和验证》发表在1956年《水利学报》创刊号。

### 1958 年

年初，中国科学院水工室、北京水利科学院、北京水电科学院合并成立水利水电科学研究院（简称水科院）。林秉南担任水工所副筹备人，带领时启燧等开始活动掺气陡槽的规划、设计和建造工作。

年初，出差辽宁，经实地调研，提出了解决辽宁清河水库岸边溢洪道工程改造的合理建议，以较少财力物力，解决了世纪工程问题。

9月，任水科院水工所副所长，任国家科委水利组组员。

完成中国第一座大型活动高速水流掺气陡槽设计，为当时世界三座试验用大活动陡槽之一。按分工领导开展掺气水流研究工作。翻译了奥地利R.依伦伯格的《陡槽水流掺气》的论文。

10月，参加第一次全国三峡科研协调会议和三峡初设要点报告会。受委托负责领导设计第一个三峡水库水体突然泄放实体模型研究的实体变态模型（水平比例尺三万分之一，垂直比例尺百分之一）。在国庆前模型建成放水，并提交了初步报告，年底提出了第一份试验报告。

### 1959 年

带领陶芳轩等人完成中国第一个水流试验室的规划设计，其规划布置采用了国外先进经验，实验室于 1959 年建成。

5 月，国家科委在杭州召开大型讨论会，讨论钱塘江建潮汐电站的问题，林秉南、钱宁、陈吉余等参加，开始介入钱塘江研究，并负责非恒定流问题。

7 月，完成"长江三峡水库水体突然泄放问题研究"课题，提交报告共 18 卷。

8 月，完成提交《三峡洪水演进计算方法研究报告》。

带队水工所首次野外原型观测，对北京郊区上马岭、模式口水电站等的流速、掺气、脉压等实地测量，为研究刘家峡高速水流问题提供依据。

### 1960 年

10 月，完成提交《溢流坝面水流发生掺气位置的研究》报告。

10 月，同钱宁一起在河口海岸研究所总工戴泽蘅和室主任李光炳陪同下，考察钱塘江，后来派周志德、龚振瀛等同该所开展合作研究。

### 1961 年

1 月，完成提交《掺气专题历年研究大纲汇集（1958—1960）》。林秉南领导的掺气研究小组完成 6 篇研究报告（1960—1963）。

### 1962 年

建议成立了波浪研究小组（李桂芬负责），建立了 30 米长的波浪槽和 60 米长的风波槽（当时国内第一）。

### 1963 年

9 月，完成提交《掺气水流的量测方法》研究报告。

指导研究掺气对挑流消能的影响。在陡槽采用出射角为60度的反常挑坎，试验初步表明大挑射角可以加大射流长度，增加掺气，从而减少掺气水流的冲刷作用，增进消能效果。

在国内招收第一位研究生（王连祥）。

### 1964 年

1月，完成提交《坝面 6 曲线的计算研究（1962年1月至1964年1月）》报告。

12月，完成提交《钱塘江河口潮波变形计算杭州湾一维潮波电子数字计算机计算》研究报告。

9月，被派往河南新乡县大召营公社刘大召大队参加"四清"工作，约9个月。

### 1965 年

1月，掺气小组完成提交《自然掺气水流浓度和速度量测方法的实验研究》报告。

12月，完成提交《松涛水库泄洪洞原型观测》研究报告。

### 1966 年

林秉南被打为"资产阶级学术权威"，行政管理和科研工作的权力均被剥夺，家庭、事业都受到无情冲击。

### 1969 年

下放到河南省平舆县水电"五七干校"，在劳动中专研烧砖技术，改进制砖机。

### 1972 年

5月，调入水利电力部科学院技术情报所任工程师。撰写了《国外高速水头泄水建筑物》等一批综述文章。

### 1973 年

出差安康工地，在实验场地注意到了龚振瀛进行挑流消能的方尾墩后消能效果胜于常规流线型尾墩的相应情况。由此提出了进一步加宽墩尾的大胆设想，与龚振瀛共同发明了宽尾墩消能工。

### 1974 年

在情报所针对葛洲坝的过鱼问题专门编写出版了一本专辑，搜集了一大批国外文献资料，出版《国外过鱼工程》。

1974 年，应浙江省钱塘江管理局（1978 年改名为浙江省河口海岸研究所）的邀请，指导两个课题：二维特征锥方法不恒定流计算和一维动床计算。

### 1975 年

引进西班牙工程中的"收缩式挑流坎"技术，在我国被称为"窄缝式挑坎"。

撰写了水利电力部信息所报告《国外高水头泄水建筑物》。

### 1976 年

经水利部批准，被聘为浙江省河口海岸研究所技术顾问。

### 1977 年

兼任清华大学水利系教授。

### 1978 年

3 月，全国科技大会召开，获全国科学大会先进个人奖。

4 月，水利水电科学研究院恢复重建，从情报所调回水科院工作，任水工冷却水所副所长。力主水科院恢复招收研究生制度。招收刘树坤、陆吉康二人为"文化大革命"后首届硕士研究生。

当选全国政协第 5 届委员，连任 4 届（1978 年 2 月至 1998 年 2 月）。

泥沙专业委员会成立，钱宁任主任，林秉南任副主任。

### 1979 年

在浙江河口海岸研究所合作研究，用二维特征理论法研究杭州湾潮波运动。

任国家科委水利工程学学科组组员。

获水利电力部先进工作者称号。

招收硕士研究生何少苓。

### 1980 年

任水利水电科学研究院水力学所所长（1980 年 10 月至 1982 年 12 月）。

主持翻译了《明渠不恒定流》（*Unsteady Flow in Open Channels*）一书，为当时明渠水流数值计算研究的广泛开展提供了参考工具。

获浙江省优秀科学技术奖。

4 月，与许协庆、范家骅、陈惠泉 4 人访问荷兰代尔夫特水利研究所和法国 EDF 夏都（Chatou）国家水力学实验室等 5 家研究机构的 6 个实验基地。

6 月至 1981 年 3 月，赴美国科罗拉多州立大学土木系任客座教授。在美国土木工程学会的水利年会上作主题报告，介绍中国水力学研究概况。

8 月，任中国海洋工程学会副主任委员。

### 1981 年

1 月，完成提交《特征理论在二维潮流和污染物扩散场计算中的应用》研究报告。

被国务院技术干部局聘任为高级工程师。

任中国水利学会水力学专委会副主任（1981—1987）；任中国水利学会副理事长（第三、第四、第五、第六届理事会 1981 年 2 月至 1999 年 3 月）。

与金泰来等人参加水电科学技术考察组去美国考察。

### 1982 年

8 月 23 日，任水利水电科学研究院院长（至 1984 年 12 月）。

招收硕士研究生皮占忠、程晓陶。

### 1983 年

4 月，带领中国泥沙考察团访问日本。

年底，领导的水力学所水工新试验厅基本建成。

招收硕士研究生刘智、孙宏斌。

### 1984 年

7 月，在林秉南积极支持与推动下，国际泥沙研究培训中心在北京成立，林秉南兼任泥沙中心首届顾问委员会主席（至 2000 年）。

12 月，完成提交《破开算子法在二维潮流和污染物扩散场计算中的应用（1981—1984 年）》研究报告。

代表中国水利学会率团赴日本东京参加中日河川水力学会议。与日本创立了每年轮流在两国召开的"中日河工坝工会议"，纳入中日两国政府科学技术交流协定。

招收硕士研究生余锡平。

### 1985 年

受聘为水利水电科学研究院咨询委员。

任国务院学位委员会学科评议组成员。

9 月，提交《三角形网格在二维不恒定流计算中的应用（1984—1985）》研究报告。

12 月，经钱正英和李桂芬介绍，加入中国共产党。

任美国土木工程学会水利年会特邀总报告人，讲稿《中国水力学研究》载于 1987 年该会学报水利工程分册，113 卷，1 期；*Trends of Research on Tidal Flow in Estuaries of China*（在科罗拉多的研讨会"Symposium on Megatrends in Hydraulics"上发表）。

《宽尾墩、窄缝挑坎新型消能工及掺气减蚀的研究和应用》项目，水力学所集体获国家科技进奖二等奖。

任国家科委及水利电力部三峡工程泥沙论证专家组组长以及世界银行三峡工程可行性研究国际咨询组成员。

招收3名硕士研究生：姚运达、宿俊山和向立云，2名博士研究生：郭振仁和周建军。

### 1986年

当选为美国爱荷华大学杰出校友。

英文学术期刊《国际泥沙研究》创刊，林秉南任主编至1994年。

1986—1988年作为中加合作"三峡工程可行性研究"世界银行专家组成员3次赴加拿大作短期咨询。

3—4月，出席在美国召开的第三次国际泥沙学术讨论会。

8月，三峡工程泥沙专题论证专家组成员增至27人，林秉南任三峡工程泥沙专题论证专家组组长。

### 1987年

率15名中国水利学者首次参加国际水力学研究协会（IAHR）第22届大会（瑞士洛桑）。会议期间同台湾学者见面，会同美华水利学会，开始了海峡两岸水利科技交流。

主持翻译的《明渠不恒定流》由中国水利电力出版社出版。

### 1988年

9月，筹备举办了"高坝水力学国际学术讨论会"，这是在中国召开的水力学领域第一个国际学术研讨会。

以林秉南为组长的三峡工程泥沙专家组在南京水利科学院通过了泥沙专题论证报告。

任钱宁泥沙科学奖基金会主任委员至2005年。

### 1989 年

任联合国开发计划署项目"亚洲土壤侵蚀和河流泥沙地区培训计划"项目经理至 1993 年。

### 1990 年

任水利水电科学研究院名誉院长。

7 月，赴日本参加第五届国际城市暴雨排水会议，作主旨演讲。

11 月，赴泰国参加河流和水库泥沙野外测验研讨会。

11 月，第七届 IAHR 亚太地区国际水利学大会在北京召开，林秉南出任 IAHR 亚太地区分会主席（1991—1996 年）。

### 1991 年

当选为中国科学院学部委员。

7 月，出席在韩国汉城举行的联合国冲积河流特殊问题讨论会，并做主题报告。

### 1992 年

出席在马来西亚举行的"联合国多沙河流建库库容保持方法讨论会"，并做主题报告。

以亚太分会主席身份出席在印度举行的第 8 届国际 IAHR 亚太分会大会，并做特邀报告。

出席在德国举行的第五次国际泥沙讨论会，并做主题报告。

撰写《三峡工程小丛书》8 册中的《工程泥沙》分册。

### 1993 年

当选为美国爱荷华大学杰出校友工程院成员。

出席在美国举行的国际水科学与工程学术会议，并做特邀报告。

国务院三峡建设委员会办公室下发国三峡办发技字［1993］033 号文"关于成立三峡工程泥沙课题专家组的通知"，聘请林秉南为组长。由 5 位专家组成泥沙课题专家组。

提出三峡水库双汛限调度方案。

### 1994 年

2月23日，在国务院三峡建设委员会办公室主持召开三峡工程泥沙专家组工作汇报会上作了《关于三峡工程泥沙研究规划》的报告，再次明确"泥沙问题是关系三峡工程成败与效益的重要技术问题之一"、"泥沙的科研仍要抓紧，不能放松。"

### 1995 年

3月，由中国水利学会和国际泥沙研究培训中心联合举办的第二届国际水科学与工程学术会议在北京召开，时任中国水利学会副理事长和国际泥沙研究培训中心顾问委员会主席的林秉南担任大会国际组织委员会主任之一。

3月，国务院三峡建设委员会办公室发出《关于制定和审查三峡工程"九五"期间科研规划的通知》，批准了三峡工程泥沙专家组制定出的《三峡工程泥沙科研"九五"（1996—2000年）计划》。

### 1997 年

在美国旧金山召开的第27届国际水利学大会上，获国际水力学研究协会（IAHR）荣誉会员称号（终身）。

获美国土木工程学会（ASCE）干旱地区水利工程奖。

### 1998 年

撰文《大洪水后的一些思考》，指出"由于大洪水不一定要隔很长时间才会再出现，所以对防洪建设要有紧迫感"。

### 2000 年

三峡工程"九五"泥沙科研计划成果汇编入《长江三峡工程泥沙问题

研究》（1996—2000）（1—8卷）。

4月21日，中国水科院召开"祝贺林秉南院士从事水利工作51周年暨80华诞座谈会"，会上发表"八十年回顾"感言，表达了他对党对国家的赤诚情怀。

在给水利部汪恕诚部长的报告中，正式提出建议成立世界泥沙学会。

### 2001年

1月，《林秉南论文选》由中国水利水电出版社出版，文选包括林秉南本人及其与他人合著的研究论文中外文36篇（1951—2000年）。

5月，林秉南等17人获国务院三峡建设委员会办公室、中国长江三峡工程开发总公司颁发的"长江三峡工程'九五'泥沙研究荣誉证书"。

9月，第29届国际水利工程研究协会（IAHR）大会在中国北京召开，和严恺院士同任大会科学委员会主席，并和王兆印合作发表大会主题报告《中国泥沙研究及展望》(Sedimentation Studies in China-Past and Future)。

### 2002年

任国际泥沙研究培训中心顾问委员会名誉主席。

### 2003年

1月17日，中国三峡工程报采访林秉南，并在三峡网上刊登采访文章《三峡泥沙研究要居安思危》。

7月25日，作为钱宁泥沙科学奖基金会主任在第六届钱宁泥沙科学奖颁奖大会上发表讲话，激励获奖者。

### 2004年

发起和推动的"世界泥沙研究学会"在宜昌成立，任理事会成员。

5月20日，中国长江三峡工程开发总公司新闻中心采访林秉南，并在6月24日三峡网站登采访文章《三峡工程宏观泥沙问题及有关措施——论证工作中的心路历程》，报道了他在论证工作中对三峡工程宏观泥沙问题的认识和考虑的对策。

### 2005 年

给水利部汪恕诚部长的报告中，提了 5 条关于发挥国际泥沙培训中心积极作用的建议。

### 2006 年

在《水利学报》（2006 年第 12 期）发表《河流悬移质泥沙冲淤数学模型导论》，这是他最后正式发表的学术论文。

### 2007 年

"十五"泥沙问题研究任务圆满完成，并出版《长江三峡工程泥沙问题研究》（2001—2005），还收录了三峡总公司委托进行的《2007 年蓄水位方案泥沙专题研究报告》，共编辑成 6 卷，由知识产权出版社出版。

获得世界泥沙学会荣誉会员奖。

### 2008 年

6 月，为中国水利水电科学研究院 50 周年院庆题词"五十载筚路蓝缕创基业 新世纪前程似锦立新功"。

担任中国工程院组织实施"三峡工程及可行性研究结论的阶段性评估"工作泥沙课题组顾问。

### 2009 年

撰文《我对三峡工程泥沙问题的认识》（未发表）。

4 月 18 日，在学生们为他举办的 90 岁寿辰宴会上发表九十华诞感言。

### 2010 年

4 月 21 日，中国水科院及国际泥沙中心领导前往林秉南住所，送上生日祝福。

9月1日，林秉南夫妇住进北京莅瀛老年公寓。

10月，因病住进北京友谊医院。

10月28日，钱正英院士在中国水科院匡尚富院长的陪同下，前往医院亲切看望林秉南。

### 2011年

9月至12月，在友谊医院接受采访先后共8次。

11月11日，在友谊医院接受广州市第一中学党委书记带领的访问团采访，该校有6位校友是两院院士。

### 2012年

4月22日，7位在京学生在友谊医院为林秉南庆贺生日。

### 2014年

1月3日，在北京逝世。

# 附录二　林秉南主要论著目录

## 论　文

[1] Lin Pin-nam, H. Putman. Discussion of "Unsteady Flow in Open Channels" [J]. Transactions, American Geophysical Union, 1948, 2 (30).

[2] John S. Mcnown, Bingnan Lin. Sediment Concentration and Fall Velocity [C] //Second Midwest Conference on Fluid Dynamics, 1951.

[3] Pin-nam Lin. Effect of Spacing and Size Distribution on the Fall Velocity of Sediment [C] //A dissertation submitted in partial fulfillment of the requirements for the degree of Doctor of Philosophy, 1951.

[4] Lin B. Numerical Analysis of Continuous Unsteady Flow in Open Channels [J]. Transactions, American Geophysical Union, 1952, 2 (33).

[5] Lin B, E W L A. Discussion of "Turbulent Transfer Mechanism and Suspended Sediment in Closed Channel" [J]. Proceeding American Society Civil Engineers, 1952 (78).

[6] James R. Barton, Pin-nam Lin. A Study of the Sediment Transport in Alluvial Channels [R]. 1954.

[7] J. E. Cermak, Pin-nam Lin. Vapor Transfer by Forced Convection from

a Smooth [R]. Plane Boundary, Civil Engi. Dept. Colorado A & M College, 1955.

[8] 林秉南. 明渠不恒定流的解法和验证[J]. 水利学报, 1956(1): 3-16.

[9] 林秉南. 光滑平面上的二元风蒸发问题[J]. 水利学报, 1958(1): 1-22.

[10] E. W. Lane, Lin Bingnan, H K. Lin. The Most Efficient Stable Channel for Comparatively Clear Water in Non-cohesive Materials Civil Engineering Section [R]. Fort Collins, Cotorado, 1959.

[11] 林秉南, 姜凯, 温丽林. 不恒定流的闸门流量系数[J]. 水利学报, 1960(1): 49-52.

[12] 林秉南, 龚振瀛. 明渠掺气水流的一些运动特性[J]. 水利学报, 1963(2): 65-68.

[13] 林秉南. 坝面高速水流掺气发生点的计算[J]. 水利学报, 1965(5).

[14] 林秉南. 国外高水头泄水建筑物[R]. 北京: 水利电力信息所, 1975.

[15] 林秉南, 龚振瀛, 刘树坤. 收缩式消能工和宽尾墩[R]. 北京: 水利水电科学研究院, 1979.

[16] 林秉南, 赵雪华, 施麟宝. 河口建坝对毗邻海湾潮波影响的计算(二维特征理论法)[J]. 水利学报, 1980(3): 16-26.

[17] 林秉南. 明渠不恒定流研究的现状和发展[M]//水利水电科技进步. 北京: 水利出版社, 1980.

[18] Lin B, Wang L, Gong Z. Dam-site Hydrographs due to Sudden Release[J]. Scientia Sinica, 1980, 23(12).

[19] 林秉南, 龚振瀛, 王连祥. 突泄坝址过程线简化分析[J]. 清华大学学报(自然科学版), 1980(1): 17-31.

[20] Lin B. Flaring Gate Piers-an Innovative Idea in the Hydraulic Design of High-velocity Spillways [R]. Colorado State Univ., 1981.

[21] 林秉南, 黄菊卿, 李新春. 钱塘江河口潮流输沙数学模型[J]. 泥沙研究, 1981(2): 16-29.

[22] Bingnan Lin, Zheheng Pai, Kuanbin Li. Unsteady Flow Studies in China[J]. Proceedings of the American Society of Civil Engineers, ASCE, 1982, 108 (WW3).

[23] Bingnan Lin, Gong Zhenying, Pan Donghai. A Rational Profile for Flip Buckets of High Dams[J]. Science in China, Ser. A, 1982(12): 1343-1352.

[24] 林秉南, 龚振瀛, 潘东海. 高坝溢洪道反弧的合理形式[J]. 水利学报, 1982(2): 1-8.

[25] Jikang Lu, Bingnan Lin, Zhengying Gong. Dam-Break Waves in Prismatic Channels[C] //Proceedings of the Second Asian Congress of Fliuid Mechanics, 1983.

[26] Bingnan Lin, Juqing Huang, Xinquen Li. Unsteady Transfer of Suspended Load at Small Concentrations[J]. Journal of Hydraulic Engineering-Asce, 1983, 1(19).

[27] 时启遂, 郭志杰, 黄荣彬, 陈炳新, 林秉南. 自然掺气水流浓度和速度量测方法的实验研究[M]//水利水电科学研究院论文集: 第13集. 北京: 水利电力出版社, 1983.

[28] 何少苓, 林秉南. 破开算子法在二维潮流计算中的应用[J]. 海洋学报（中文版）, 1984(2): 260-271.

[29] Pin-Nam Lin, Hsieh-wen Shen. 2-D Flow with Sediment by Characteristics Method[J]. Journal of Hydraulic Engineering-Asce, 1984, 5(110).

[30] 林秉南. 流体力学在我国水利工程中的一些应用[J]. 力学与实践, 1984(3): 2-7.

[31] Lin B. Fluid Mechanics Serving Hydraulic Engineering in China[M]. Beijing, China: Science Press, 1984.

[32] Lin B. Recent Chinese Trend of Research on Unsteady Flow in Open Channels[Z]. 1984.

[33] Lin B, Gong Zhenying. Study of Dam-break Flood[Z]. 1985.

[34] Lin B. Trends of Research on Tidal Flow in Estuaries of China [R]. fort Collins, Colorado, 1985.

[35] 何少苓, 龚振瀛, 林秉南. 隐式破开算子法在二维潮流计算中的应用 [J]. 海洋学报（中文版）, 1985（2）: 225-232.

[36] 林秉南. 我国高速水流消能技术的发展 [J]. 水利学报, 1985（5）: 23-26.

[37] 林秉南, 李乐月. 我国对泥沙不稳定输移的研究近况 [J]. 江西水利科技, 1985（1）: 61-64.

[38] 陆吉康, 林秉南, 龚振沄, 等. 棱柱体河道的溃坝波 [J]. 江西水利科技, 1985（1）: 57-60.

[39] 林秉南, 陈景森. 我国近来对明渠不稳定流研究的趋向 [J]. 江西水利科技, 1985（1）: 65-70.

[40] 林秉南, 何少苓, 慕京, 等. 河口潮流与污染扩散场的二维数值模拟 [J]. 科学通报, 1986（24）: 1916-1920.

[41] Shaoling He, Bingnan Lin. 2-D Tidal Flow by Operator-splitting Method [J]. Acta Oceanologica Sinica, 1986（4）: 508-516.

[42] 林秉南. 略谈三峡库区二维动床数学模型 [J]. 三峡工程科技通讯, 1986（1）.

[43] Lin B L, Li Guifen. The Changjang and the Huanghe —Two Leading Rivers of China [Z]. IRTCES, 1986.

[44] Zhang Qishun, Jiang Naisen, Lin Bingnan. Environmental Problems Associated with Sediment Deposition in Guanting Reservoir [J]. International Journal of Sediment Research, 1986.

[45] Lin B, Li G, Chen H. Hydraulic Research in China [J]. Journal of Hydraulic Engineering, 1987, 113（1）: 47-60.

[46] 刘智, 林秉南, 何少苓. 三角形网格在二维不恒定流计算中的应用 [J]. 水利学报, 1987（9）: 25-33.

[47] 林秉南. 关于加速发展泥沙数学模型的想法 [J]. 泥沙研究, 1988（1）: 87-89.

[48] 林秉南, 韩曾萃, 孙宏斌, 等. 潮汐水流泥沙输移与河床变形的二维数学模型 [J]. 泥沙研究, 1988 (2): 1-8.

[49] Lin B. Recent Chinese Progress in Hydraulics [C] //6th Congress of APD-IAHR. Kyoto, 1988.

[50] Zhengying Gong, Bingnan Lin. Simplified Calculation of ECN Curve for High Ski-jump Spillway [C] //6th Congress of APD-IAHR. Kyoto, 1988.

[51] Bingnan Lin, Guifen Li. Chinese Research on High-velocity Flow and Principal Developments in the Art of Energy Dissipation [C] //International Symposium on Hydraulics for High Dams. Beijing, 1988.

[52] Lin B. Hydraulic Research in Service of Design—Chinese Experience [C] //Second International Symposium on the Design of Hydraulics Structures. 1989.

[53] Bingnan Lin, Guoren Dou, Jianheng Xie, et al. On Some Key Sedimentation Problems of Three Gorges Project (TGP) [J]. International Journal of Sediment Research, 1989 (1).

[54] 林秉南, 陈志轩. 试论三峡工程泥沙问题 [J]. 科技导报, 1989 (6): 39-43.

[55] Bingnan Lin. Urban Drainage and Flood Control in China, Historic and Present [C] //proceedings of the 5th International Conference on Urban Storm Drainage, Japan, 1990.

[56] 王兆印, 林秉南, 张新玉. 非牛顿体不稳定流的研究 [J]. 力学学报, 1990 (3): 266-275.

[57] ZHOU Jianjun, LIN Bingnan, WANG Lianxiang. A New Methematical Model for 2-D Flow [J]. 1991, 6 (1): 53-70.

[58] 周建军, 林秉南, 王连祥. 河道平面二维水流数值计算 [J]. 水利学报, 1991 (5): 8-18.

[59] 谢省宗, 林秉南. 宽尾墩消力池联合消能工的消能机理及其水力计算方法 [J]. 水力发电, 1991 (1): 50-53.

［60］林秉南. 减免重庆港整治和增强三峡水库防洪能力的水库调度方式初议——双汛限水位调度方案［R］// 中国水利水电科学研究院及国际泥沙研究培训中心报告. 1992.

［61］周建军, 林秉南, 王连祥. 平面二维泥沙数学模型研究及其应用［J］. 水利学报, 1993（11）: 10-19.

［62］周建军, 王连祥, 林秉南. 明渠不恒定分离流数值模拟及试验验证［J］. 水动力学研究与进展（A辑）, 1993（1）: 28-34.

［63］林秉南. 对悬移质变态动床模型试验中掺混相似条件的剖析［J］. 人民长江, 1994（3）: 1-6.

［64］周建军, 林秉南. 2-D Mathematical Model for Suspended Sediment Part1-Model Theories and Validations［J］. 应用基础与工程科学学报, 1995（1）: 78-98.

［65］林秉南. 三峡水利枢纽工程几个关键问题的应用基础研究［J］. 中国科学基金, 1997（1）: 10-14.

［66］Wang Z, Lin B, Nestmann F. Prospects and new problems of sediment research［J］. International Journal of Sediment Research, 1997, 12（1）: 1-15.

［67］Zhou J, Lin B. One-dimensional mathematical model for suspended sediment by lateral integration［J］. Journal of Hydraulic Engineering, 1998, 124（7）: 712-717.

［68］林秉南. 大洪水后的一些思考［J］. 中国水利水电科学研究院学报, 1998, 2（2）: 1-7.

［69］Lin B, Zhou J, Zhang R. Diverting Seawater to Scour the Estuary—A Quest for New Approach to Regulate the Lower Yellow River［J］. International Journal of Sediment Research, 1999, 4（14）.

［70］Zhou J, Lin B. Sedimentation in Lock Approaches of Three Gorges Project（TGP）［C］//Procedings of Seventh International Symposium on River Sedimentation. 1999.

［71］林秉南, 张光斗. 关于防治我国洪涝灾害的意见［J］. 水问题论坛, 1999（3）.

[72] 周建军, 林秉南, 张仁. 三峡水库的双汛限水位调度方式研究 [J]. 水利学报, 2000 (9).

[73] 林秉南, 张仁, 周建军. 对黄河下游治理的管见 [J]. 中国水利, 2000 (9): 7-9.

[74] 陈稚聪, 林秉南. 用盐水减少异重流泥沙淤积的试验研究 [J]. 泥沙研究, 2000 (5): 32-36.

[75] 周建军, 林秉南, 张仁. 三峡水库减淤增容调度方式研究——双汛限水位调度方案 [J]. 水利学报, 2000 (10): 1-11.

[76] 周建军, 林秉南, 张仁. 关于兴建江汉排洪通道缓解长江和汉江洪水的设想 [J]. 水利学报, 2000 (11): 84-88.

[77] 林秉南, 周建军, 张仁. 引海水冲刷河口治理黄河下游 [J]. 中国工程科学, 2000 (4): 25-33.

[78] 周建军, 林秉南. 双汛限水位调度方案对三峡工程通航条件的影响 [J]. 中国三峡建设, 2002 (6): 4-7.

[79] 周建军, 林秉南, 张仁. 三峡水库减淤增容调度方式研究——多汛限水位调度方案 [J]. 水利学报, 2002 (3): 12-19.

[80] Jianjun ZHOU, Binliang LIN, Bingnan LIN. Rational Basis for Suspended Sediment Modeling [J]. International Journal of Sediment Research, 2003, 18 (3): 177-195.

[81] 林秉南, 周建军. 利用三峡枢纽下泄"清水"改善洞庭湖和荆江的防洪局面 [J]. 中国三峡建设, 2003 (12): 4-6.

[82] 周建军, 林秉南. 对黄河潼关高程问题的认识 [J]. 中国水利, 2003 (12): 47-49.

[83] 王兆印, 林秉南. 中国泥沙研究的几个问题 [J]. 泥沙研究, 2003 (04): 73-81.

[84] 周建军, 林秉南. 从历史看潼关高程变化 [J]. 水力发电学报, 2003 (3): 40-49.

[85] 周建军, 林秉南. 从三门峡水库水沙条件变化看潼关高程 [J]. 水力发电学报, 2003 (3): 50-58.

［86］周建军，林秉南. 从三门峡水库的运行看潼关高程的变化［J］. 水力发电学报，2003（3）：59-67.

［87］周建军，林秉南. 关于黄河治理的一些看法［J］. 科技导报，2003（6）：3-8.

［88］林秉南. 再论悬移质变态动床模型试验的掺混相似条件［J］. 人民黄河，2003（9）：14-15.

［89］林秉南，周建军. 三峡工程泥沙调度［J］. 中国工程科学，2004（4）：30-33.

［90］林秉南. 论泥沙观测方法的部分改革［J］. 中国水利水电科学研究院学报，2004（3）：77-78.

［91］Bingnan LIN, Ren ZHANG, Dingzhong Dai, et al. Sediment Research for the Three Gorges Project on the Yangtze River Since 1993［Z］. 2004.

［92］Lin B, Zhou J. Sediment Management for TGP［J］. Engineering science, 2004（6）：30-33.

［93］Zhou J, Lin B. Verification of mathematical model for sediment transport by unsteady flow in the lower yellow river［J］. International Journal of Sediment Research, 2004, 19（4）：278-291.

［94］林秉南. 河流悬移质泥沙冲淤数学模型导论［J］. 水利学报，2006，37（12）：1523-1524.

［95］周建军，林秉南，李玉樑. 关于三峡水库内源污染控制的研究［J］. 科技导报，2006（10）：5-10.

［96］林秉南，窦国仁，谢鉴衡. 从新近研究成果看三峡工程的一些泥沙问题［C］// 城乡饮用水水源安全问题与发展汇总，2009：66-70.

## 著 作

［97］林秉南，等译. 高速水流论文译丛［M］. 北京：科学出版社，1958.

［98］林秉南. 工程泥沙［M］. 北京：水利电力出版社，1992.

［99］林秉南. 林秉南论文选集［M］. 北京：中国水利水电出版社，2000.

# 附录三　我的求学之路[①]

我原籍福建莆田，1920年生于马来亚。当时父亲在马来亚任庇胜华侨学校校长，并垦殖橡胶园，开锡矿，可称事业有成。在那儿，父亲加入了中华革命党，负责在南洋华侨中筹饷与宣传的工作，积极为孙中山讨伐袁世凯筹集军费；讨袁胜利后，孙中山在广州成立大元帅府，召南洋华侨中一批革命党人回国工作。父亲也在应召之列，于1921年回到广州，先在孙中山的大元帅府内政部矿务局中任总务科科长，后主编宣传新三民主义的刊物。次年母亲携子女回国，从此全家在广州定居。

## 中 学 时 期

1931年我11岁时考入广州市立师范学校附属初中。开学后不久，便发生9·18事变，日本侵略东北。广州群情愤激。群众从商店搜出日货（称为劣货，因为日货当时质量低劣），当街烧毁；学生罢课，上街和到附近各县宣传抗日，我也跟一个小组四处宣传。这样几个月后，日本人不但没有退出东北，还进攻上海，广州珠江上停泊的日舰也仍然赖着不走。我开始感到救国要有实力，便萌生了将来要学理工，壮大中国工业的思想。

---

[①] 本文于2013年由程晓陶根据林秉南自述的回忆稿整理而成。

我在小学时，受父亲的影响，喜爱古文和旧诗，小学四年级时开始读古文评注，觉得文字优美，可以朗朗上口，老师在堂上领读两三遍，我便能背诵。在家里跟父亲读唐诗和千家诗，也学会分平仄，懂得绝诗及律诗的格式，觉得很有意思。我母亲人很聪明，虽因家贫，只勉强读到高小就停学了，但她也喜爱读诗。每当我父亲在晚饭后为全家讲解诗文时，她都十分专注。我还记得她每次听到刘禹锡的"朱雀桥边野草花，乌衣巷口夕阳斜，旧时王谢堂前燕，飞入寻常百姓家"时，都要唏嘘不已，泫然欲涕（大概和外祖父早逝后，家庭贫苦、亲友冷淡有关），而且后来常见她在家务之余披卷读这首诗。

在这样的家庭环境下，我小学毕业时，原打算以后学文科，对数学只求及格；又因为自己不打算做外交官，而且鄙视买办，所以对英文不感兴趣。到了这时立志要学理工了，才重视学习数学。又因听长辈说，当时好的数理化课本都是英文的，这才比较急切地感到要学好英文。

升入初二后，学校发生了重大的变化。当时的广东当局要以我就读的师范学校为基础，建立广东勷勤师范学院，把北京师范大学的教务长林励儒先生请来筹建学院兼任中学部校长。林校长德高望重（新中国成立后曾任教育部副部长），为学校请到很好的教员，学校面貌大改。

初二数学新老师方斗垣先生是广州"八大天王"（即最好的八位数学老师）之一。他第一天上课先给全班一个测验，发现我们程度太低（一年级时学校聘不到数学教员，由化学老师代课。这个老师化学课讲得很好，但客串讲初级代数时，连正负数都讲不清，所以全班都未学好）。方老师便从头教起，用两年的时间把初级代数、平面几何和平面三角等初中三年全部的数学课程教完。方老师教学条理清晰，声音洪亮，能紧紧抓住学生的注意力。大家上课都很专注。听过他的课，下课后不需要复习，便可以做习题。在方老师执教的两年中，全班对数学的兴趣都大大提高，星期天常有近半个班的同学主动回校，在课室集体做功课，互相讨论，全班数学水平都显著提高。我更是转变为学数学的积极分子，成绩优异。

英文老师黄云蔚兼班主任，他教学特别重视文法。当时的初中英文课本，不注意讲文法。黄老师讲课时，常常越出课本范围，选一些句子作图解，使学生了解句子的结构。对许多文法名词，他直接引用英文。当时我囫囵吞枣地都记了下来。后来学习国语文法课时，才知道哪是主语、谓语、宾语……他认为文法十分重要，常说要像学几何定理那样学文法。他要求学生去旧书店买英国人纳氏（Nestfield）为印度学生写的文法课本，作为补充读物。这套文法有4册。第3册最浅近，第2册最详细，是4册中最厚的一本。他先教最浅近的第3册。进入三年级后，他又提出每周六天、每天早上七至八时，为学生补习纳氏文法最完备的第2册。厚厚的一本，到初中毕业时也教完了。黄教师完全是义务为学生补习，使学生的英文文法水平远远超过当时对初中毕业生的要求。后来我在高中也没有学到那么多、那么完整的文法。黄老师给我打下的英文文法基础，至今铭感不忘。黄老师是班主任，他也很注意德育的培养，经常在下课前留10多分钟，对我们讲日本学校怎样向他们的学生灌输军国主义并启发学生长成后侵略中国，怎样鼓励学生锻炼身体，冬天穿短裤、喝冷水，吃冷便当，长大后好当兵打支那（对中国的蔑称）。因此黄老师鼓励全班要爱国和注意体育锻炼。他自己以身作则，每天早上跑步、打球。我们这一班日后（初中三年级）成为全校的篮球和排球冠军，这和老师的鼓励很有关系。他还对学生的行为提出要求，如不许大声喧哗，不许随地扔杂物及不许随地吐痰，甚至不许在街上吃零食（注意仪表、避免得病）。当时班里同学年龄相差很多（12岁到20多岁），他还专门讲过一堂性教育课，引导学生注意体育和重视学习，这在当时应该是个创举。他要求学生每日交日记，规定用毛笔书写，第二、三天他便用朱笔批还（40多份），对学生中文写作能力的提高和书法的改进，帮助也很大。

其他教员大多也是非常优秀的，物理教员每隔一周便借用大学部仪器，表演和讲解各种物理现象，包括手摇发电、放电、霓虹灯原理等。语文叶老师很幽默，常常在讲完课文后，下课前，讲一些富有启发性的故事。如王国维集三句宋词表达做学问的三个阶段"昨夜西风凋碧树，独上高楼，望尽天涯路"，"衣带渐宽终不悔，为伊消得人憔悴"，"众里寻她千百度，蓦然回首，那人却在灯火阑珊处。"使学生深感做学问必须努力。虽然现在知道有"遽以此意解释诸词，恐为晏、欧诸公所不许也"的说法，但当时对一个中学生来说，只觉得三个阶段的说法很有感染力。还讲过"枯藤老树昏鸦，小桥流水人家，古道西风瘦马，断肠人在天涯。"只罗列了一批名词，便表达了许多感情，使学生感受到了中国文学文字的优美和魅力。

初中毕业后，我不愿学师范，便考入了市立一中普通科。读高中的情况和初中有点相似。到了高中二年级，校长改由黄文山先生担任。黄先生原是北京师范大学的教授，在教育界交游较广，能请来好教员。如数学的林松生，英文的谢凤池，化学的陈沛京都是广州的名师。连大画家关山月也被请来教高二"图画"。很惭愧我毫无艺术"细胞"，成了关先生的不肖之徒，以后有一个时期虽然知道他在北京，也不敢和他联系。高中二年级以后，我开始感到考大学的压力，认为当时高中课本内容相对贫乏，而且听说大学里常用英语教材。因为刚从陈沛京老师那里学了高中化学，很感兴趣，所以高二放暑假时便去旧书店买了一本英文版的化学教材（Deming 著），开始研读，既复习化学又学了英语。因为这本英语教材是大学教材，所以在内容方面大有可学。但我把学英语作为重点。对每句都作文法分析。遇生词只查字典，强记而不作笔录，有些单词和短句，经过多次查字典后才记下来，但这样记下来的单词便不易忘记。我从开始便用商务印书馆的英汉双解字典，也试着勉强记英文解释。这样起初阅读很慢，第一天用了 8 小时只读了一页。但我除做家务事外，每天坚持读 8 小时，两个月下来，阅读便加快到每天 30—40 页。读数学课本则快得多。从此打下了读英文课本的基础，而且从高三开始便同时使用英文解释的《简明牛津字典》。

高三这一年得到多位名师教导获益良多。数学老师林松生用英文课本，讲授斯密二氏解析几何和范氏大代数，条理清晰。英文老师谢凤池从小在美国受教育，教中学英文绰绰有余。他把教科书中比较艰深的培根的《论大学》，马科来的《约翰逊传》，《莎氏乐府本事》中的《威尼斯商人》等都讲得清晰易懂，而且很有风趣。但他着重指出以我们当时的英文程度来说，应该学写文法无误的短句。他发给我们一本自编的"实用英语"，让我们熟读。其中有爱迪生传，林肯的盖兹斯堡演讲等比较近代的文章。

为我们学英语指明了道路。此外还用了几节课专门为学生讲解了虚拟语气，并强调它的重要性。化学老师非常重视实验。学校有一个比较大的实验室，学生可以自己动手做实验，增加感性认识，还学会了一些应注意的安全措施。语文黄老师经常评论时事，抨击社会上的不良现象。在课本之外，还油印了杜甫的"秋兴八首"及九九"登高"等诗给学生讲解，使学生体会到短短的一首诗竟能表达如许感情。从杜甫的处境也联想到我们当时的国难深重，更甚于唐王朝的安禄山入侵为患。令我们既同情杜甫，也深忧中国的前途。

总的说来，我认为自己很幸运，中学时期受到了多方面的教育，为以后的求学和做人都打下了基础。我对旧日老师深怀感激之情。

## 大 学 时 期

我是抗战时期在贵州平越进入交通大学唐山工学院学习的。当时的院长是茅以升先生。在茅院长的领导和争取下，唐山交大的老教师几乎原班到平越任教。数学教授黄寿恒，力学教授罗忠忱，铁路教授伍镜湖，结构工程教授顾宜孙，英文教授李斐英，测量教授罗河，工程画教师李汶等都是很好的教师。他们的共同特点是学问好，而又严格和认真。他们除了为学生打好基础外，还通过身教言教、传给学生严格敬业和光明正大、守法不阿的精神。这些都是学生一辈子受用不尽的品质。

广州是 1938 年 10 月 21 日沦陷的。当天早上广州的主要报纸《民国日报》还照常出版，而且说日军被阻于石龙，离广州还远，不料 1 小时后就枪炮声大作。我家是当天早晨在日军入城前随着狂奔的逃难人潮在密集的枪炮声中匆忙逃出广州的。10 月底的广州还很暖和，冬天的衣服还锁在箱子里，因为事情发生得很突然，所以带出来的只是几件单薄衣服。我们一家辗转经珠江三角洲西部和澳门于 1939 年春节前逃到香港。我父亲在香港向一位原来一起在新加坡的华侨老朋友借到 100 港元给我做路费，我便经越南、云南到贵州入学。

我是 1939 年三月初到平越的，这时校区内的福泉山桃花初放，正是初春的时候，有点春寒，但还问题不大。大学一年级基本上是在温暖的天气中度过的。当时为了要抢时间,一年级结束后,只休息约一周,二年级便开学了。不久就迎来了平越的第一个严冬,也给我带来了一个多灾多难的年头。广州逃难时未带出冬衣,因为钱少,当时也无力置办。平越的冬天,也有屋檐滴水成冰、挂着冰条和早起满地冰霜、路滑霜浓的日子。我寒衣不足,而且连厚一点的袜子和手套都没有,脚上穿的又是开口单布鞋,手脚长满了冻疮。白天疼,晚间则又疼又痒,手背冻肿,手指缝溃破。除冻疮外、还闹胃病,常常饭后胃痛、呕吐,身体变得很虚弱。胃病可能和严重的龋齿、进食不能细嚼有关。到了下学期,龋齿发展到牙龈肿痛。起初只限于局部,以后便发展到脸都肿歪了,半边脸火辣辣的痛。我去找校医室唯一的大夫陈大夫看病,起初他给我内外涂药水。因为未见效,几天后我又去找他。他让我坐下,叫我张嘴闭眼。我刚闭上眼便觉全身一震,口腔内剧痛,张开眼时见陈大夫手里拿着一把明晃晃带血的手术刀,我则已是满口脓血。原来他趁我不备,为我切开了牙龈放脓(据说他当过军医,手术很果断)。约两周后,牙龈退肿,伤口也逐渐痊愈了。虽然因为在没有麻醉的情况下切开牙龈,非常疼痛,但在当时缺乏药品和医疗设备的困难条件下,他这样果断地为我解除了病痛,避免病情的进一步发展,至今我对他还十分铭感。因为龋齿既妨碍进食,又是感染源,必须医治。刚好同室的陈广明同学也要治牙,所以二年级结束后,我俩便结伴去贵阳治牙。拔除了病牙,彻底免除了牙痛之苦,这才结束了多灾多难的一年。三年级起我便逐渐恢复了健康。

一年级时我的成绩是全班最好的,二年级因为生病成绩下降了,但三年级开学时,学校还是给了我一个新设的高额奖学金(班里有3个名额)。在奖学金和同室同学的支持下,我逐渐恢复了健康。四年级时成绩又回升到前两名,并于毕业前夕被选入斐陶斐励学会(会员有资格佩带金钥匙)。毕业后我留校当了一年混凝土建筑设计的助教。然后转去贵州修文县参加修文河水电厂的勘测设计工作。

## 在修文和重庆

修文河是猫跳河的一条小支流,流经修文县。猫跳河又是乌江支流鸭池河的支流。修文河在河口以瀑布形式泻入猫跳河，修文水电厂就利用这段落差来发电。1943年我到修文时，勘测还未结束。我先后参加了坝址、输水渠和运料公路的地形和选线测量。后来就负责输水渠道的选线和定线，以及渠道的波动计算。

当时技术资料奇缺，整个工程处只有一本美国垦务局为Semino工程发包制作的图集。这本图集不但没有技术说明，而且工程属于拱坝坝后厂房形式，和修文水电厂毫无相似之处。除此之外，便只有一些个人笔记和一般书籍。在输水渠道的水力计算中遇到电厂荷载变化而引起的渠道波动问题，当时便无法解决。设计科长手上只有一本Bakhmeteff的明渠水力学，这是一本恒定流方面的名著，和渠道波动问题也不沾边。后来只好作一些假定，据以提出渠道末端的放宽率和管道进口的淹没水深——问题其实没有真的解决。

此外，修文河是一条卵石河流，冬季清澈见底，许多地方水只及膝，可以涉水进行水文测验。但夏季遇雨时河水暴涨，会变得异常湍急，而且浑浊不堪。猫跳河平时水色碧绿，到了夏天雨后，也变成一条湍急的黄泥河。对这些现象，我当时也不了解它的内部机理，自知水利知识太贫乏。这是我后来出国后选学水利，而且特别注意明渠波动和泥沙问题的原因所在。

在修文时我曾参加修建修文工地至贵阳公路的测量工作。贵州的耕地往往在山脊上，都是一些小片的土地，小的每片只有1—2亩。贵州号称天无三日晴，经常下雨，雨水比较充足，庄稼靠雨水成长，不需要到河里取水。河流常在山脊下七八十米，取水也不易。然而，山脊线又常是公路选线经过的地方。当时我们的队长也是年轻人，公路选线很注意避开耕地。但有时受地形限制，线路只好经过一些小片耕地。虽然工程处用地是有偿的，但以当时通货膨胀的激烈，即使当时给了优厚的补偿，不久即一文不值。不似一小片土地可以年年耕种，有收成糊口。难怪小片地的主人（往往是单身妇女，丈夫被拉去当了壮丁，十分可怜）都要大哭，跪下求我们改线。我们也很同情她们的处境，总是尽可能地调改。但因地形限制有时也很难完全避开。想想修文水电厂当时只是为了改善贵阳的照明，却因此而影响了一些人的生存，心中十分矛盾和懊恼。从那时起，我便认为修工程必须高度重视移民工作，应将受影响的人真正妥善安置。

1944年修文水电厂开工了。当时开石方没有炸药，只能用黑火药，所以进展很慢。承包商为了多赚钱，不给工人盖工棚，让工人在秋雨绵绵中露宿，很多人生病，承包商也不管。加上工伤事故，工地经常死人。工程处只有一名没有受过正规训练的护士和一些红药水及药棉，除了包扎伤口外，也无法给工人和员工治病。我在工地得了疟疾，也只能托人在贵阳买到一些金鸡纳霜。没有医生指导，自己胡乱服了，病情止止发发。从1944年一直迁延到1946年在爱荷华大学时还发了一次，由大学医院诊断，开了好药，才得以彻底治好。

整个工程处当时处境是很差的。不过我在修文也有健康改进的时候。有一个时期、因为冬季没有厚袜，脚趾和脚掌外缘长了很多冻疮。冬季的修文河部分结冰，水深没膝。每次出外测量、都要赤脚涉水走过这条不到一百米宽的小河。到达对岸时，两脚都会冻得麻木、毫无知觉。但上岸走几里地后，两脚便会火热起来。这样一冻一热几次之后，冻疮居然都消失了。

大凡在旧社会上过中学的人、都知道孙中山先生写过一本实业计划，其中提到要建设三峡工程。当时内忧外患，国难当头，民不聊生。对比之下、觉得这只是一个美丽的梦想。当时我认为"他生未卜此生休"，我这一辈人是不可能见到三峡工程建设的了。四十年代在美国垦务局萨凡奇的鼓动下，旧中国也曾派人去美国搞三峡工程设计。派出的人员不时有些英文技术资料寄回来，其中一部分也转给在修文的人员看。我偶然好奇，也去翻翻；但和当时周围的现实环境对比，相差实在太远。要建设一个几千万千瓦的巨型电站，好像是在做梦。所以当时并不放在心上。今天眼看三峡工程顺利建成，真是感慨万千。

## 留美的日子

我于1945年考取了旧教育部留美研究生，1946年3月从上海乘船出国。船过日本后，遇到风暴，风浪很大，不但叠在甲板上的箱子因船大角度左右倾侧而倒下，风浪打在船身上，也轰然作巨响。后来才知道当时是阿拉斯加发生大地震，由地震引起的大海啸（或称津波）自北而南，传到夏威夷，在那里造成重大的损失。但在船上因为太平洋中部水深很大，并没有感受到这次海啸（风浪大和海啸没有关系）。

4月初船到西雅图，和许协庆、方福桓转乘大北铁路经芝加哥到达爱荷华大学。这所大学是一所很好的大学。我在那里得以转变成为水利工程师，主要是得力于它有出色的教师队伍。教流体力学的 H. Rouse，水工建筑的 A.L. Alin，明渠水力学的 C. J. Posey，水流量测的 J. W. Howe，泥沙工程的 E. W. Lane，都是知名学者或经验丰富的工程师。

我们同学3人到校时是1946年的4月初。当年的第二学期也已过半。所以当我们谒见系主任 Howe 教授时，他建议我们等到6月夏季学期开学再注册上课。我们说作为公费生，我们不能坐等两个月，我们必须立即开始学习。Howe 先生很灵活，他略加思索，便提出因学期已过半，最多可以让我们选修一半的学分，即7.5个学分（全学期最多允许修15个学分），可以参加听课；已经讲过的课，可以自修，正在讲的课必须听，最后必须参加全学期的大考（包括部分课程没有听过）。这些我们都同意了，每个人都按限度选足了7.5个学分，而且最后都以优等通过。这样做的主要原因是我们只有两年的公费，所以必须多选课、多学习。其次，我们3人都是唐山交大毕业的，大学期间技术课的课本都是英文的，主要教师讲课、考试的试题和答卷以及平时作业都用英文。所以我们上课基本没有语言的问题（包括做论文研究时需要参看大量技术资料）。这也是可以多选课、快速前进的原因之一。到了1947年初，3人便都获得硕士学位，而且都入选为 Sigma Xi 荣誉学会会员。此后便开始读博士的计划。

1948年夏季密歇根大学主办一个大型的、面向全美国的流体力学讲习班，我去参加了。这个班邀请了19位国际知名的流体力学名师为学生讲课，可谓名师云集。其中如 Th. v. Karman，S. Goldstein，B. A. Bakhmeteff，H. L. Dryden，V. L. Streeter，H. Rouse 等都堪称大师。从6月底到8月底，昼夜都有课。讲得最多的是 Goldstein 教授（他后来是哈佛大学工学院院长，讲课不用稿，全凭记忆，而条理异常清晰）。人们慕名而来，几十人坐满了一个大课室。学生分两类，一类选课，参加考试；另一类旁听，不参加考试。我作为选课生参加了讲习班。可能是因为结业时我的考试成绩比较突出（全班两个 A+ 之一），回到爱荷华后，Rouse 教授便约我担任他的助教，前后一年。工作是评作业和试卷。Rouse 教授一向以考试出题难而著名。据说，大概是 70 年代有一班学生考试及格后很高兴，定制了一批汗衫，在胸前印有"I Survive Hunter Rouse"字样（意即"我从 Rouse 那里活过来了"），集体穿上合照，表情十分自豪。

爱荷华水利研究所每 3 年召开一次全国性的水力学会议。1949 年的第 6 次会议是一次特殊的会议，是为集体出版《工程水力学》专著而组织的。我第一次参加这样的大型会议，发觉会上交锋很激烈，与会者提出了许多尖锐的问题，可以说到了不讲情面的程度，但使用的语言，则是有礼貌的。会议中发言者认真而有风度，给我留下极深刻的印象。其中洪水计算一章，原作者因故不愿做修订。可能因为该章收入了较多我的硕士论文内容，也可能系里有人推荐，Rouse 教授决定由我负责修订和增编例题。当时我还只是入学不久的青年研究生，而原作者则是美国陆军工程兵团的资深老工程师，可见美国大学中有用人不拘一格的风气。

因为在会上对这一章没有什么意见，所以我只对全章作了仔细的校核。在这个过程中，我发现了一处问题。为此我重写了一节，并重绘了一张图和编了三道例题，都经主编 Rouse 教授审定同意，按我的原稿未做修改、收入书里。第一次印刷的书出版后发现除我负责修订的那章外，其他部分有许多错字。为此，又组织了一次校对和重印。

C. J. Posey 教授是我的明渠不恒定流启蒙老师。到校后不久的一天早上我去工学院上课时，在路上遇到他，我们一起走了十几分钟。第一件使我受教育的事，是他的团队精神。我刚和他并排走，他便立即做了一个换步的动作，改为和我齐步走（本来作为学生，应该由我换步跟上他，但我当时初到美国还没有学到这个精神），然后才开始谈话。

当时我初到、还未选他的课，但我因为心里有修文引水渠波动问题，到爱荷华后便留意教授的专业，知道他教明渠水力学。所以那天早上遇到他便迫不及待地向他说起修文的不恒定流问题。他考问我怎么知道那是不恒定流，我做了解释。他比较满意。这时已到了工学院，分手时，他约我以后再谈。

1947 年秋季开学时，开始硕士论文选题。他接受了我作为硕士论文研究生。题目是从 Massau 观点研究明渠不恒定流。Massau 是一位比利时人，他的著作是加拿大教授 Putman 发现并在美洲推荐的。据了解，Massau 的原作都是用法文写成的，散见于十多厚册比利时干德大学的论文集。当时在美国找不到这些资料，而且即使找到了，我当时也不会看法语文献。Putman 教授根据法语原作在美国地球物理学会发表过一篇短文介绍 Massau 的工作。我做论文的主要依据便是他那篇短文。

　　通过做论文，我寻得了解决修文电站引水渠波动的计算方法。虽然计算很繁复，但毕竟找到了方法，心里还是相当高兴的。在论文的英文写作中，唐山交大和中学的培养都发挥了作用。Posey 教授对我的论文稿，通篇只改了一个字。24 年后的 1982 年，我有机会到 Posey 教授当时执教的 Connecticut 大学访问，并被邀在一个讨论会上介绍我在国内的研究工作。讨论会由 Posey 教授主持。他向听众介绍我时，还旧事重提，说起对我的硕士论文只改了一个字。

　　在获得硕士学位后不久，即 1948 年的夏天，Posey 教授把我找去。他说我在硕士论文中给出的明渠不恒定流数值解法虽然可用，但计算点是特征线的交点，位置散乱，不便使用，建议我设法改进。经过几周的思考和计算后，我提出了指定时段法，使计算点的位置可以随意选定。Posey 教授很满意。他鼓励我写一篇文章送美国地球物理学会发表。我在课余算了例题并于年底完成文章的写作，由 Posey 教授于 1949 年初安排他的秘书为我打字。

　　当时美、法两国有交流学者的计划。1949 年美方派去法国的是我的博士论文导师 J. S. McNown，而法方派来的则是位于法国格兰诺泊的水利研究所研究员 A. Craya 博士。Craya 先生在理论流体力学（Hydrodynamics）方面有很高的造诣，在明渠不恒定流研究方面更是久负盛名。我拿指定时段法的文章去向他请教。他很快就接受了我的想法，并提出愿推荐该文去法国著名的《白煤》学报（La Houille Blanche，指水力发电）发表，他是该刊物编委。我因 Posey 教授有言在先，仍希望送美国地球物理学报，所以虽然明知《白煤》有很高的学术声誉也婉谢了。我那篇关于指定时段计算不恒定流法的文章，1950年向洛杉矶水力协年会提出，1952年在美国地球物理学会刊出。经Rouse教授核定，上述1949年出版的工程水力学收入了一个指定时段法计算不恒定流的算例。

我的博士论文题目是《泥沙群体沉降速度的研究》。当时计算泥沙沉降速度的公式，只适用于单颗粒在无穷介质中的沉降，而河流中的泥沙都是在泥沙群体中沉降的。在群体中时，颗粒的绕流流场互相干扰，使泥沙沉降速度不同于单颗粒在无限水体中的沉速。对这个问题的研究，必须从均匀颗粒开始，否则运动将是不恒定的，试验将无法进行。所以先要取得高度均匀的样本。我采用了水分法，试验在一根用于颗粒分析的标准玻璃底抽管内进行，管上有刻度。注水到100克处后、倾入约3克的小于0.1mm的颗粒，并在管口加塞。然后将管重复颠倒，管中气囊随之上下来回移动，将水中颗粒和匀。然后将管固定在试验架，抽取其中一小部分。待这样抽取的颗粒积累到一定分量后，又重复上述水分作业。这样不断水分提纯，除了听课或做作业以外，不分昼夜，所有时间都用在制备均匀沙样上。半年后，从几公斤的密苏里河沙和加拿大渥太华玻璃球中分别提炼出两份各不到3克的"均匀"样品，在地质系的显微镜（镜头有刻度）下观察到玻璃球十分均匀。由于样品制备的工作量很大，因此使用这些样品，试验的浓度范围受到限制，只能在较小的浓度范围内取得成果。但这是第一次通过较准确的实验证实浓度和雷诺数影响的存在。以后在这方面有许多人提出了简化的经验公式，也得到引用。但主要是因为公式的形式简单，实际并没有计入雷诺数的影响也没有实验验证。

因为知道McNown教授要作为美法交换学者于1949年去法国3年，因此在他动身去法国前的1948—1949年初，我完成了博士论文的试验研究，写出了论文初稿，呈交给McNown教授。几天后他找我谈话，说他看了论文稿，认为已可以申请答辩，但因爱荷华水利研究所正在建造一座120英尺长的活动泥沙循环水槽，准备研究泥沙输移和床面形态，需要人主持试验。他打算推荐我作为该所的正式员工，去做这一项工作。如果我同意推迟答辩，保持学生身份，所里便可以合法任命。

因为在研究所工作才能获得研究经验，他建议我考虑用2至3年参加实际研究工作，获得经验。在此期间业余还可以对我的博士论文做进一步加工。McNown 教授还说他已商得 Rouse 教授同意，在今后几年内担任我的博士学位导师。我结束研究所工作时便可向 Rouse 教授呈交论文申请学位。我也深深感到参加实际研究工作的重要性，便接受了他的建议。这样从 1949 年 6—7 月间，McNown 教授作为富尔勃莱学者（Fulbright Scholar）去法国访问后，我便参加了爱荷华水利研究所的工作，直到 1952 年 9 月转去科罗拉多州大学工作为止。

在爱荷华水利研究所工作的 3 年多里，我学到很多当研究生学不到的东西。在上述循环水槽建成以前的第一年中，我参加了为南美委内瑞拉国家水力学试验室设计有关设备，包括循环系统、平水塔、水槽、称重水箱等基本设施，了解了多种试验设备的设计原理，也学会了水力学实验室的规划设计，收获很大。

循环水槽建成后，我进行了大量试验。透过水槽的玻璃边壁，清楚地看到床面附近泥沙的运动情况，对床面形态的变化，包括沙波的从无到有，从有到无，又从无到有的过程，以及河床蜿蜒的先兆等都获得了自己前所未有的概念和认识。在泥沙研究负责人 E. M. Laursen 的咨询下，我设计了供试验室使用的精密泥沙取样器，在流量高度稳定的水流中沿水深抽取沙样。结果发现在床面附近泥沙浓度是高度不稳定的。在床面附近的既定点抽取沙样，往往要连续抽取近 1 小时以上，才能获得稳定沙样。Laursen 是我很佩服的一位同事。他对泥沙运动力学有很深的造诣，对泥沙运动有非常清晰的概念。最令人心折的是他对机电设施也十分熟悉，而且精通机械设计。整个活动水槽的设计由他一人出图、监造建成。这是一座十分精美的可变坡水槽，长达 36m，使用极为方便。

通过 Laursen 我还发现了 Rouse 教授另一鲜为人知的专长。原来他作为流体力学的权威，竟然在机械设计和机电设备方面也是大行家。研究所里任何人做了设备的设计，都要主动请求 Rouse 教授审阅后才放心交付施工。他往往结合机电设计，机电设备特性，机械加工过程以及流体力学原理，指出设计的毛病，预见设备能否产生预期的流动。问者无不心服，即使受到严厉的批评也心甘情愿。Laursen 便是一个经常向 Rouse 教授请教的人。理论与工程知识的密切结合是美国在应用领域中创新的途径。我在美国9年多主要收获便是这方面的。

1946年我到爱荷华大学后不久，E. W. Lane 教授便转去联邦垦务局当顾问，所以在爱荷华没有赶上听他的课。1952年我去科罗拉多州大学工作，不久后，他来校兼课。他的办公室与我的相邻，隔墙有一个连通门，往来方便，得以时相过从，聆听教益。他常邀我过去听他讲解印度 Chosi 河的泥沙问题（他担任顾问），使我眼界顿开。我也尽自己所知，偶赞一词。他为研究生开泥沙工程课时，邀我合作、让我讲授泥沙输移力学部分。因为是合作讲授教师，所以我便顺理成章地坐在教室旁听他的课，弥补了原来的遗憾，可谓失之东隅、收之桑榆了。Lane 教授的特点是物理概念非常清楚。他年纪较大，新中国成立前曾任我国的导淮委员会顾问。学生一般认为他是老派的水利工程师，重视解决工程问题，对水流的认识是以水力学为基础的，不太注意水流内部结构。然而他却曾对坝面水流掺气的原因提出过一个深入而得到广泛接受的解答，即认为掺气是由于坝面紊动边界层发展到水面，引起水面紊动掺混而将空气卷入水流的。这个例子说明他也能够深刻分析水流现象的流体力学本质。他关于水流掺气原因的解答已成为水力学界公认的经典解答。他对泥沙问题有很强的预见力。鉴于高坝日渐增多，他提出设计从高坝水库引水的土渠时，将面临清水冲刷的不同问题；对引入清水后土渠的稳定性问题进行了大量研究。除了在解决水利工程中的泥沙问题有很高的造诣外，Lane 教授在河流地貌（Fluvial Morphology）和土渠高坝引水两方面也有深入的研究。我有机会经常接触这样一位学者是幸运的。他为人诚恳，是一位忠厚长者。在三峡泥沙问题的研究中，我首先提出要利用三峡泄放的清水，减少洞庭湖淤积，改善洞庭湖水环境和争取加强城陵矶汉口段的冲刷，应该说是受到他重视水库泄放清水的启发。

另一位令人敬佩的老师是水工结构的 A. L. Alin 教授（昵称 Oke Alin）。他来自瑞典。据传他是美国陆军工程兵团的四大坝工专家之一，擅长碾压土坝设计，对岸边溢洪道尤有研究。当时他已退休，在邻近的 Omaha 市开设顾问工程师事务所。应学校之请，他每周来校兼课3小时和工作若干小时。他强调实践的重要性。当时在爱荷华市邻近的 Coraville 正在修建一座中型碾压土坝，他特意带学生去参观并做详细讲解。他不止一次地说一个第一次欧战时的趣闻：当时驻法美军要在一条小河上建一座拱坝，形成水库供水。几个月后，当法国工程师完成了应力分析并绘成图纸来见主管的美国陆军工程兵团负责人商议建坝时，这位负责人二话没说，便带这位法国工程师到工地去。只见一座拱坝已经耸立在那里。原来美军为应急用、已凭经验将小拱坝建成了。他用这个事例强调实践的重要性。他自己对理论很重视，也很尊重流体力学家 Rouse 教授。但他强调学生不要成为书呆子工程师（Bookish engineer）。

Alin 教授很关心中国的坝工建设，曾专门为中国学生讲了一堂适用于中国的坝型。除建议应重视土坝外，他还建议在岩基上建坝时要优先考虑石质连拱坝，避免使用当时中国缺乏的混凝土。这种坝可以建得相当高而且可以在较宽的河谷采用。1956 年我回国后，发现在梅山和佛子岭都已建成了高八九十米的岩石连拱坝，也可说是"英雄所见略同"吧。

我选修了 Alin 教授的全部课程（两学期）。结业时他送我一册他的得意之作——泄槽溢洪道（Chute Spillway，也称岸边溢洪道）。还在扉页上题字说"To my friend and pupil Pin-nam Lin for knowledge and for finishing as number one in my class of 1948-49"（赠我的朋友和学生林秉南，奖励他的学问和在我教的 1948-49 班里名列第一）。

## 九 十 感 怀

每个时代的人都有追求的目标。我父亲那个时代的人追求孙中山；到我那个时代，是"九一八"、"一·二八"、"八一三"啊，日本侵略太厉害了，济南惨案把我们中国公使的眼睛都挖掉了。因此，在我那个时代来看，主要是抵御外敌侵略，抵抗日本。我们那个时候比较天真，不晓得怎么做法，没想到政治问题是主要的，就想学理工、搞工业建设，那时只想工业救国，所以选择了学工科。

我本来家里是搞文学的底子，我父亲是搞文学的，每天晚上吃过晚饭家里人聚在一起念唐诗宋词。我们下课从学校回来要在我母亲面前念首诗。受家庭环境影响，我本来是想学文学的。念初中以后，经历了"九一八"、"一·二八"，我们中国被日本欺负得太厉害了。所以那个时候感觉要有力量才行，念文学没用，就不学文学了，改学数学。

以前数学是一点不行的，也不学英文。但是学理工，要看英文课本，所以不得不学英文。那个时候学数学、学英文是为了抗日战争来的，但是现在看来那个时候还是很天真的，光靠我们多几台军舰、多几台大炮就胜利了？政治实际还是厉害的，现在我们国家政治很强，所以别人不敢侵略。

我说这些就是说，每一个时代所追求的目标是不一样的，我那个时代追求抗日战争胜利，付出了勇气。当然我的想法不一定对，但形成了一种思想，到外国也是这样。在外国一呆呆了 10 年，1955 年除夕回国，第二天就是 1956 年了，转眼之间回来已经 54 年了，当时我的小孩才 6 个月。时间过得飞快。小时读李白的诗"朝如青丝暮成雪"，还想哪有那么快，觉得太过火了，但现在这样的感觉确实有了。五十几年转眼就过去了，不知不觉头发都白了、没了，回国时才三十五六岁，正值壮年。

近些年，尤其改革开放以后，国家进步很明显。这回四川地震，过后才几个小时，温家宝总理就去了，我们国家有这样的领导是很幸运的。我们俩（林秉南和老伴）都非常高兴生活在这样的时代。我们当初回来时虽然知道我们的国家肯定要往好的方向去，但没想到会这么好。

那时我想，中国钢铁产量那么低，什么时候能超英赶美？但现在我们的钢材产量 5 亿吨，世界第一。1955 年我从美国回来之前，在芝加哥看到郊外的房子多是别墅，每一家屋顶都有电视天线，像树林一样，心想什么时候我们国家也能像这样，现在我们已经是这样了；还有在芝加哥的过街桥上，看到下面的六车道，汽车来来往往，想哪一年我们国家会有这么多汽车，现在一看满大街都是汽车。我感觉到现在是生活在幸运的时代，真切地感受到时代给予我们的好处。

林秉南

# 参考文献

[1] 张纯如. 蚕丝：钱学森传[M]. 鲁伊译. 北京：中信出版社，2011.

[2] 谷牧. 谷牧回忆录[M]. 北京：中央文献出版社，2009.

[3] 陈椿庭. 七十五年水工科技忆述[M]. 北京：中国水利水电出版社，2012.

[4] 时启燧. 高速水气两相流[M]. 北京：水利水电出版社，2007.

[5]《纪念钱宁同志》编辑小组. 纪念钱宁同志文集[M]. 北京：水利水电出版社，1987.

[6] 林秉南. 林秉南论文选[M]. 北京：中国水利水电出版社，2000.

[7] 泥沙专家组. 泥沙专家组对三峡工程水位规划方案的初步意见[C]//三峡工程泥沙问题研究成果汇编（160-180米蓄水位方案）. 北京：水利电力部科学技术司，1988.

[8] 洪庆余. 宏伟的工程[M]. 北京：水利电力出版社，1991.

[9] 中国工程院三峡工程阶段性评估项目组. 三峡工程阶段性评估报告：综合卷[M]. 北京：中国水利水电出版社，2010.

[10] K. 麦赫默德，V. 叶夫耶维奇. 明渠不恒定流[M]. 林秉南，等译. 北京：水利电力出版社，1987.

[11] 何少苓，林秉南. 中国现代科学家传记：（第四集）[M]. 北京：科学出版社，1993.

[12] 王连祥，林秉南. 中国科学技术专家传略：工程技术编·水利卷[M]. 北京：中国水利水电出版社，2009.

[13] K. 麦赫默德，V. 叶夫耶维奇编，林秉南，等译校. 明渠不恒定流[M]. 北京：水利电力出版社，1987.

[14] 何少苓，林秉南. 中国现代科学家传记（第四集）[M]. 北京：科学出版社，1993.

[15] 王连祥，林秉南. 中国科学技术专家传略.工程技术编－水利卷[M]. 北京：中国水利水电出版社，2009.